リニューアル 総合的な学習の時間

文部科学省初等中等教育局　教科調査官　◆ 田村　学
岐阜大学大学院教育学研究科　准教授　◆ 原田信之

編著

北大路書房

はじめに

　文部科学省で開催された総合的な学習の時間フェスタ 2009 において，シンポジウムに登壇した小学生，中学生，高校生に対し，フロアーから，「もし，総合的な学習の時間がなくなったらどう思いますか？」という質問が投げかけられた。
　子どもたちが語ったその答えは，
「地域の人と仲良くなれなくてさみしいと思います」
「勉強をしなくなるかもしれません」
「今の私はいなかったと思います」
というものであった。
　私は，この言葉を語る子どもたちの姿に，総合的な学習の時間の可能性を再認識した。もちろん，総合的な学習の時間が，これまでの教育の姿を大きく変えるものであることは自覚していた。しかし，それを学んできた子どもの生の声，受け応えに見られる立ち振る舞いに，さらなる確信を深めた。そして，総合的な学習の時間の必要性と重要性を広く伝え，発信していかなければならないことを強く実感した。
　では，総合的な学習の時間の必要性や重要性とはどのようなことなのだろうか。
　一言で言えば，国際標準の学力を育成することにある。OECD の PISA 調査などに見られるような，実社会や実生活で活用できる能力の育成である。いくら学校で学んでも，そのことが学校外の，いわゆる生活現実の中で活用できなければ意味がない。このことは，多くの教育関係者が実感していることであろう。
　実際の生活の中にある課題を，自ら発見し，自ら課題として設定し，自ら解決していく。そうした能力の育成を期待している。その過程においては，多くの友達や地域の大人たちとの協同的な学び合いが生まれる。伝え合い，交流し合い，協力し合って解決していく豊かな学習が生まれる。そして，そうした問題に直面しながら，自らの行為を決定していく社会の一員が育っていくのである。
　また，総合的な学習の時間の必要性や重要性としては，現代社会の課題を扱う点にもある。例えば，地球温暖化に見られる環境の問題，食品偽装など国際化した社会に現れる問題，情報化社会に見られる光と影，高齢化や少子化などの福祉や健康の問題，地域に現出する独特な問題など，さまざまな問題は，複雑で解決し得ない課題となって子どもの目の前に突きつけられている。
　これからの時代を生きる子どもたちにとっては，こうした課題に目を背けて生きていくことはできない。総合的な学習の時間は，こうした現代社会の課題に対して，真剣に，本気になって学ぶまとまった時間を供与することができる。

さらには，現代社会の課題など生活現実に対して，探究的に学んでいく総合的な学習の時間は，自らの生き方を考えていくことにつながる。

　冒頭に紹介した児童生徒が語るように，現実の社会を対象に本気になって学んでいくことは，子ども一人ひとりの今の生き方とともに，将来の生き方を考えさせることにつながる。そのことは，時として進路選択を迫ることにも寄与するであろう。あるいは，学校での学習の明確な動機付けにもなろう。

　本書は，探究的な学習を通して育成される能力の育成を全面に出した「新生　総合的な学習の時間」の指南書である。新しい時代の，新しい社会を構成する子どもの育成に向けた総合的な学習の時間の姿を，この本から学んでいただきたい。

　今，まさに，総合的な学習の時間が求められている。それは，時代の要請であり，社会の要請でもある。

　この本の読者が日本全国に豊かな実践を展開してくれることを期待している。きっとそこには，学ぶことの意味を実感した子どもの姿が豊かに生まれることだろう。それを支え伸ばすことの価値を理解する教師の姿があることだろう。

　末筆になりましたが，本書の出版を快くお引き受けくださいました北大路書房の関係者の皆様に，そして編集担当の薄木敏之氏に心から感謝を申し上げます。

2009 年 8 月

編者代表　田村　学

目 次

はじめに　　i

序章　総合的な学習の時間で育てる力　　1

1節　総合的な学習の時間の改善と育てる力　　1
2節　総合的な学習の「目標」と育てる力　　2
1. 問題解決の資質や能力を育てる　　2
2. 学び方やものの考え方を身に付ける　　3
3. 主体的，創造的，協同的に取り組む態度を育てる　　4
4. 自己の生き方を考える　　5

3節　総合的な学習の「指導計画の作成と内容の取扱い」と育てる力　　6
4節　総合的な学習の実践と育っている力　　8
1. 自分づくり（自己形成）の力　　8
   (1) 単元「結ぼう―心と心」の授業　　8
   (2) 授業のおわり　　9
2. 子どもの中で育っていく力　　9
3. よりよく問題を解決する力　　10

1章　新学習指導要領における改訂のポイント　　13

1節　学習指導要領改訂の趣旨　　13
2節　総合的な学習の時間の創設と改訂の経緯　　15
1. 創設の経緯　　15
2. 一部改正の趣旨　　16
3. このたびの改訂の趣旨　　16
   (1) 改善の基本方針　　16
   (2) 改善の具体的事項　　17

3節　総合的な学習の時間の改訂のポイント　　18
1. 趣旨および性格の明確化　　18
2. 探究的な学習としての充実　　19
3. 教育課程上の位置付けの明確化　　20
4. 学校段階間の連携　　20
5. 体験活動と言語活動の充実　　21

4節　総合的な学習の時間の改訂の具体像　　21
1. 総合的な学習の時間の目標　　21
2. 各学校において定める目標と内容　　23

5節　自校のカリキュラムの作成　　24

1. 全体計画の作成　*24*
　　　2. その他配慮すべき事項　*25*
　6節　探究的な学習が行われる授業　*26*
　7節　総合的な学習の時間が育成する国際標準の学力　*29*

2章　総合的な学習の時間をリニューアルする　*31*

　1節　"充実"を期待する「章立て」措置　*31*
　2節　総合的な学習の時間の存続意義と役割　*33*
　3節　体験活動を充実させる視点　*36*
　4節　探究を支える言語活動　*37*
　5節　要件として加わった探究的な学習　*38*
　6節　探究の質を高める協同的な学び　*40*
　7節　趣旨の貫徹　*41*

3章　総合的な学習の時間の指導計画作成の工夫　*43*

　1節　はじめに　*43*
　2節　全体計画および年間指導計画の作成のポイント　*43*
　　　1. 全体計画の作成　*44*
　　　2. 年間指導計画の作成　*46*
　　　3. 単元指導計画の作成　*48*
　3節　指導計画作成の実際　*50*
　　　1. 全体計画の作成の実際　*50*
　　　　(1) 全体計画作成の基本的立場　*50*
　　　　(2)「つけたい力」　*53*
　　　　(3)「つけたい力」の構造化・系統化　*58*
　　　　(4)「内容」の設定の仕方　*59*
　　　2. 年間指導計画　*61*
　　　　(1) 具体的な指導を見通した教科との関連の明確化　*61*
　　　　(2) 年間指導計画作成の実際　*63*
　　　3. 単元計画　*65*

4章　総合的な学習の時間における学習の成立　*71*

　1節　学習の質を高める教師の指導力　*71*
　　　1. 総合で教師に求められる構想力　*71*
　　　　(1) 実態を見取り，育成したい力を的確に設定すること　*71*
　　　　(2) 課題を設定すること　*72*
　　　　(3) 適切な教材を見つけること　*72*
　　　　(4) 単元を構想していくこと　*73*
　　　2. 子どもの内に問いや葛藤を生み出し授業を展開する力　*76*
　　　　(1) 子どもを見取り，生かすこと　*76*

　　　　(2) 授業展開を工夫すること　76
　　　　(3) 子どもを立ち止まらせ，葛藤を生む問いかけをすること　77
　　　　(4) 学習への必要感を生み，自分ごとにすること　79
　　3. 学ぶ姿勢を育む学級経営力　82
　　　　(1) 子どもを開く学級の雰囲気づくり　82
　　　　(2) 協同の学びを生む話し合いが成立する学級　82

2節　体験活動から学びを創る
　　　　―起業体験を通して人生を切り開く力を身に付ける会社起こしの実践　83
　　1. 活動の概要　83
　　2. なぜ，「会社を起こそう」なのか　83
　　　　(1) 総合的な学習の充実　83
　　　　(2) キャリア教育の視点からの充実　84
　　3. 身に付けさせたい力と評価の方法　84
　　4. 具体的な手立て　84
　　　　(1) 価値観がぶつかり合う場を設定する　84
　　　　(2) 外部人材の積極的な活用を行う　85
　　　　(3) 教科との関連を図る　85
　　5. 指導計画　85
　　6. 起業体験活動における生徒の学びのようす　87
　　　　(1) ステージⅠ：起業の基礎・基本を学ぼう！　87
　　　　(2) ステージⅡ：よりよい起業とは？　89
　　　　(3) ステージⅢ：いよいよ会社を立ちあげよう！　91
　　　　(4) ステージⅣ：営業を行い利益を上げよう！　92
　　7. まとめ　95
　　　　(1)「生徒の振り返り文」より：この活動を通して学んだこと　95
　　　　(2)「事前，事後の意識調査」から　96
　　　　(3) 教科との関連　97

3節　学習を深める評価の工夫改善　97
　　1. 総合的な学習で身に付く方法知と内容知の評価　97
　　　　(1) 方法知（学び方）の評価　98
　　　　(2) 学習内容に関する考え方・知識・理解（内容知）の評価（実践例より）　100
　　2. 学習のまとまりごとの評価　102

5章　総合を支える校内組織の改善と校内研修の進め方　105

1節　小学校における校内組織の改善と校内研修の進め方　105
　　1. 校内組織の改善　106
　　　　(1) 総合的な学習の視点から学年を組織　106
　　　　(2) 教科横断型の研究組織　106
　　　　(3) 校種縦断型の研究組織　108
　　2. 校内研修の進め方　110
　　　　(1) カリキュラム研修　110
　　　　(2) 単元構想の研修　110
　　　　(3) 授業にかかわる研修　111
　　　　(4) 評価の研修　116
　　　　(5) 学校間・学校段階間連携の研修　116
　　　　(6) 地域力活用のための場の設定　118

2節　中学校における校内組織の改善と校内研修の進め方　*118*
　　1．校内組織の工夫と改善　*119*
　　　(1) 教育課程を編成する組織　*119*
　　　(2) 総合的な学習の時間の内容（領域）に関する研修組織　*119*
　　　(3) 総合的な学習の時間の指導に関する研修組織　*122*
　　2．指導計画作成のための研修の進め方　*122*
　　　(1) ねらいや育てたい力を明確化するための全体研修　*122*
　　　(2) 単元を構成するための研修　*122*
　　　(3) 授業を構成するための研修　*125*
　　3．指導方法改善のための研修の進め方　*127*
　　　(1) 授業研究会における研修　*127*
　　　(2) 体験型・ワークショップ型の研修　*127*
　　　(3) 成果と課題を把握する評価の研修　*129*

6章　海外の総合的学習の動向　*131*

1節　アメリカにおけるサービス・ラーニング　*131*
　　1．コミュニティ・サービスからサービス・ラーニングへ　*131*
　　2．サービス・ラーニングの目的と意義　*132*
　　3．サービス・ラーニングの実践例　*133*

2節　イギリス　*137*
　　1．総合的な学習で求められる教師の能力　*137*
　　2．イギリスのトピック学習　*137*
　　3．教育改革とトピック学習　*138*
　　4．学校のカリキュラム開発と学習スキーム　*139*
　　5．トピック学習の存続　*140*

3節　ドイツ　*140*
　　1．スタンダード化した教育課程の基準　*140*
　　2．教科横断的授業の要としての「事実教授」　*141*
　　3．各教科の枠を超えて育成するコンピテンシー　*142*
　　4．コンピテンシー・ファクター　*142*
　　5．事実教授のスタンダード　*143*
　　6．おわりに　*144*

4節　フランス　*145*
　　1．はじめに　*145*
　　2．中学校：発見の過程（IDD）　*145*
　　3．高校：指導付個人学習（TPE）　*147*
　　4．問題点と課題　*148*

5節　フィンランド　*149*
　　1．はじめに　*149*
　　2．フィンランドにおける「総合的な学習」　*150*
　　3．教科横断的テーマ導入の目的と背景　*150*
　　4．カリキュラムの内容　*151*
　　5．教科横断的テーマの内容　*151*
　　6．おわりに　*151*

6節　韓国　*153*

1. 教育課程（学習指導要領）における位置づけ　*153*
   (1) 第7次教育課程における裁量活動　*153*
   (2) 2007年改訂教育課程での位置づけ　*155*
2. 公立中学校の実践にみる裁量活動の特徴：大田市立ドゥリ中学校の学校教育課程運営計画から　*156*

資料　*161*

引用・参考文献　*167*

索引　*170*

総合的な学習の時間で育てる力

序章

1節 総合的な学習の時間の改善と育てる力

　平成20年3月，小学校学習指導要領が改訂され，総合的な学習の時間（以下，総合的な学習）については次のように改善された。

- ○105時間の授業時数が70時間に削減された。
- ○「第1章　総則　第3　総合的な学習の時間の取扱い」に示されていたことを改め，「第5章　総合的な学習の時間」として章立てされた。
- ○「総合的な学習の時間のねらい」を示すことを改め，「第1　目標」を示した。
- ○「国際理解に関する学習の一環としての外国語会話等を行うときは」を改め，「第4章　外国語活動」を章立てして外国語活動と分けた。

　このような改訂に対して，授業時数が大幅に削減されたことから，総合的な学習の重要性は低下した，総合的な学習は後退である，などの声が散見される。しかし，それは量でしか価値を見ようとしない誤謬である。改訂によって，独立した1つの章立てがなされ，それによって，単独の解説書も作成されるようになる。また，「目標」が定められ，総合的な学習の目指すことや特質がいっそう明確にされた。さらに，「外国語活動」と総合的な学習とを切り離し，純粋に総合的な学習のねらいの実現を図るようにした。今回の改善を多角的に検討してみれば，指導の充実を図るための前進である，といえる。

　改善の基本方針（中央教育審議会，2008）には，総合的な学習の今日的意義や教育課程上の位置づけ，およびこの時間に何を求め，何を期待しているか，ということが明らかである。総合的な学習で育てる力に関する要点として次の事項を抜き出すことができる。

改善の基本方針（抜粋）
○総合的な学習の時間は，変化の激しい社会に対応して，自ら課題を見付け，自ら学び，自ら考え，主体的に判断し，よりよく問題を解決する資質や能力を育てることなどをね

> らいとすることから、思考力・判断力・表現力等が求められるこれからの「知識基盤社会」の時代においてますます重要な役割を果たすものである。
> ○総合的な学習の時間は、その課題を踏まえ、基礎的・基本的な知識・技能の定着やこれらを活用する学習活動は、教科で行うことを前提に、体験的な学習に配慮しつつ、教科等の枠を超えた横断的・総合的な学習、探究的な活動となるよう充実を図る。
> ○このような学習活動は、子どもたちの思考力・判断力・表現力等を育むとともに、各教科における基礎的・基本的な知識・技能の習得にも資するなど、教科と一体となって子どもたちの力を伸ばすものである。
> ○教科において、基礎的・基本的な知識・技能の確実な習得やその活用を図るための時間を確保することを前提に、総合的な学習の時間と各教科、選択教科、特別活動のそれぞれの役割を明確にし、これらの円滑な連携を図る観点から、総合的な学習の時間におけるねらいや育てたい力を明確にすることが求められる。

これらの事項から、総合的な学習で育てる力として、何を目指し、それをどのように育てるか、ということが見えてくる。

2節 総合的な学習の「目標」と育てる力

小学校学習指導要領の改訂によって、総合的な学習は「第5章　総合的な学習の時間」として章立てされ、「第1　目標」が示された（文部科学省、2008、p.1およびp.110／巻末資料1を参照）。総合的な学習でどのような力を育てるかは、まず、新たに示された「第1　目標」を具体化し、イメージを広げることが肝要である。

> **第1　目標**
> 横断的・総合的な学習や探究的な学習を通して、自ら課題を見付け、自ら学び、自ら考え、主体的に判断し、よりよく問題を解決する資質や能力を育成するとともに、学び方やものの考え方を身に付け、問題の解決や探究活動に主体的、創造的、協同的に取り組む態度を育て、自己の生き方を考えることができるようにする。

1. 問題解決の資質や能力を育てる

目標には、「自ら課題を見付け、自ら学び、自ら考え、主体的に判断し、よりよく問題を解決する資質や能力を育成する」ことが示されている。端的に言えば、問題解決の資質や能力を育てることである。それは、子どもが本来もっている知的探究心・好奇心を刺激し、引き出し、興味・関心や意欲をいっそう高めることである。また、問題に気づく力、思考力、判断力、表現力等を育てるのである。

総合的な学習は、大なり小なり、日常生活や社会とかかわっている。そこに生起す

る問題は複合的な要素が絡んでいて，正解が1つではないことがあるし，正解がないことさえある。そうした問題に対して，解決への意欲を高め，見通しをもち，ものごとの本質を見極めようとしたり折り合いをつけたりしていくのである。

　生活や事物・現象の中にはさまざまな「知」が埋め込まれている。それに気付き，それを自ら取り出し，それに学ぶ子どもを育てるようにする。人工物や自然物，生活用具や生活の営みの中に埋め込まれている「知」は，学ぼうとする者に対して，応分の顔しか見せてくれないものである。見ようと思って見る者には見せる（見える）が，そうでない者には何も見せてはくれない（見えない）。しかし，知的好奇心・探究心が覚醒した子どもには，そうした顔が次々に見えてくるようになる。そして，取り組むべき価値ある問題を見つけ，自ら学び，自ら考え，主体的に判断し，よりよく問題を解決しようとする。

　こうした，いわゆる，学びの醍醐味を実感として感じ取った子どもは，事象に対する関心が高まり「あれっ，変だな，おかしいな，なぜだろう」「おもしろいな，きれいだな，すごいな」といった新鮮な問題意識や感動などをもつようになる。また，困難な問題に出会っても「自分はだめだ」「○○がないからできない」などと言って簡単にはあきらめない。自分が何をやりたいのか，どうすればできるのか，試行錯誤をしながらも，自ら考え，判断し，表現し，そこに立ち向かっていく。

　よりよく問題を解決する資質や能力を身に付けた子どもは思慮深い。すなわち，問題意識が高まり，個別にあった「知」がネットワークされ，さまざまな角度からものごとをとらえ，判断し，決定することができるようになる。こうした力を身に付けた子どもは，独善や偏見，情報に惑わされない。それは，これからの社会を生きる上で必要不可欠な力である。

2. 学び方やものの考え方を身に付ける

　目標には，「学び方やものの考え方を身に付ける」ことが示されている。

　総合的な学習は，子どもたちの思考力・判断力・表現力等を育むとともに，各教科における基礎的・基本的な知識・技能の習得にも資するなど，教科と一体となって子どもたちの力を伸ばすものである。すなわち，各教科において学んだことを，教科等の枠を超えた横断的・総合的な学習，探究的な活動を行う中で生かし，いっそう理解を深め，習熟していく楽しさを実感できるようにする。また，まだ正式には学んではいないが，もっている知識や技能を用い，経験を生かすなどして，学び方やものの考え方を身に付けていく。それは，正式に学ぶ前の予習的学習でもある。

　問題解決や探究的な活動にあたって，情報の収集・処理，報告や発表，討論などがうまくできて，そうした知識や技能を教科でしっかり学んでおいてよかったと実感する。反対に，それがうまくできなくて，もっとしっかり学んでおけばよかったと悔やむ。そうした学習活動を通して，例えば「算数ができると便利だ。実際には数えたり

測ったりできないことでも計算で解決できる」「結局，しっかり書いたり話したりできなければだめだ」というように，知識や技能の有用性や肯定的な教科観を育てていく。子どもが，基礎・基本の大切さを実感してこそ，艱難辛苦しても学ぼうとするのである。

　学び方やものの考え方を身に付けることとは，現場を科学することであるともいえる。例えば，地域調べをして，単に「ゴミが多（少）かった」というのでは，科学的ではない。単位時間あたりや単位面積あたりの量，一定期間における量や種類の変化等を調べ，まとめ，分析，考察する。こうした力を身に付けた子どもは，漠然としてしか見ていなかった現実を，実証的・具体的に見るようになる。

　学び方やものの考え方を身に付けた子どもは，肯定的で能動的な学習観をもつようになる。例えば，「学ぶということは，自分から人や社会や自然に働きかけていくこと。じっと待っているだけでは学べない」「学ぶということは，頭や心や体を使って，地域，自然，人と交流し，それらに問いかけ，また，問いかけられながら，知的な世界を広げたり深めたりしていくこと」といった学習観が構築される。それは，変化する社会を主体的，創造的に生きていく上で大切な力である。

3．主体的，創造的，協同的に取り組む態度を育てる

　目標には，「問題の解決や探究活動に主体的，創造的，協同的に取り組む態度を育てる」ことが示されている。

　総合的な学習は，問題の解決や探究活動に主体的，創造的，協同的に取り組む態度を育てる。そのため，「第3　指導計画の作成と内容の取扱い」に，「横断的・総合的な学習，児童の興味・関心等に基づく学習など創意工夫を生かした教育活動を行うこと」「日常生活や社会とのかかわりを重視すること」「問題の解決や探究活動の過程においては，他者と協同して問題を解決しようとする学習や……などの学習が行われるようにすること」などが示されている（文部科学省，2008）。

　先にも述べたが，日常生活や現実社会に生起する問題は複合的な要素が絡んでいて，正解が1つではないことがあるし，正解がないことさえある。そうしたときの問題の解決や探究活動では，1人ひとりの子どもの現在の生活や過去の経験が反映される。すなわち，生起した問題について，それぞれの子どもが，自分の立場で，自分に引き寄せて，自分のこととして考える。それは，他の子どもの立場や考えと共鳴したりぶつかり合ったりする。それは，子どもが主体的，創造的，協同的に学ぶ限りにおいて，ますます切実感が高まり，真剣に「本当」を求めて取り組んでいく。

　例えば，職業の選択には，報酬，適性，安定性，将来性，社会的評価，自分の夢などの視点があり，選択の優先順位をどのように置くかということは，抽象的・一般的な職業観や生き方だけでなく，その子どもの過去・現在の生活や経験がたぶんに反映する。そして，自分の考えをもち，他者の考えを聞くほどに，わからなくなってくる，

ということが起こる。それは，より深くわかるようになるための前兆であり，わからなくなってきたが充実感のある学びの喜びを感じるのである。そうしたことは，学習指導上厄介なことではあるが，そこにこそ，問題の解決や探究活動に主体的，創造的，協同的に取り組む態度が育つ。

　横断的・総合的な学習，探究的な学習，児童の興味・関心に基づく学習等は，動的でダイナミックな学習が行われるようになる。また，それを意図的に行うようにしなければならない。「学習していない，教わっていない，道具がない，～がない。だからできない」というのでは，総合的な学習は成立しない。「～していないけれども，～がないけれども，～したけれども」「～すればできるかもしれない，～すればもっとよくなるかもしれない，～さんの考えを生かせばよい」というように，主体的，創造的，協同的に取り組むようにすることが欠かせない。

　動的でダイナミックな学習とは，問題に気付き，その解決に取り組み，解決をしたというところで，新たな問題が浮上し，さらに，その問題の解決に取り組む，というものである。向上的に試行錯誤が行われ，通り一遍の学習では終わらない。そうした，学習活動を通して，主体的，創造的，協同的に取り組む態度が養われる。態度とは，その場限りの興味や関心と違って，かなり持続的なものであり，いったん形成されるとかなり長期にわたって維持されるところの「対象へのかかわり方」である。総合的な学習の時間では，横断的・総合的な学習，探究的な学習，児童の興味・関心に基づく学習など，創意工夫を生かした学習活動を行うことを通して，こうした態度を形成していくことを目指している。

4. 自己の生き方を考える

　目標の最後には，「自己の生き方を考えることができるようにする」ことが示されている。総合的な学習では，先に述べた，問題解決の資質や能力を育てる，学び方やものの考え方を身に付ける，主体的，創造的，協同的に取り組む態度を育てるとともに，横断的・総合的な学習や探究的な学習を通して，自己の生き方を考えることができるようにするのである。

　「自己の生き方を考えることができるようにする」とは，取りあげた課題についての認識を深めたり広げたりしながら，自分の考えを構築し，自己の生き方について考えることができるようにすることである。また，人や社会および自然とかかわる中で，そこに映し出される自分に気付き，自己の生き方につなげていく。そのためにも，日常生活や社会とのかかわりを大切にする必要がある。

　問題解決に関与し，自分のよさを役立てることができて自信をもっていく自分。そうした自分を好ましく思い，いっそう自分を好きになっていく自分。自己の内に夢や憧れがわきあがってくることを感じて嬉しい自分など。自分が努力すれば，環境や自分自身に好ましい変化を生じさせることができるという見通しや自信をもち，生き生

きと環境や自分自身に働きかける。また、そうした働きかけに対して、自分が働き返されていることを感じ取り、環境や自分自身に対する自己の働きかけやふるまいをいっそう望ましいものに変えていくとともに充実した生活を送ろうとする。そうした、自分づくりや生活づくりができる子どもは、毎日が楽しく、退屈したり孤独にさいなまれたりはしない。それらは、子どもたちが生きる今の社会、そして、生きていくこれからの社会において大切な力である。自己の生き方を考えることは、日々の生活の仕方、精神面における自己の生き方、自分のもち味などのプロフィール、職業の選択、自分の人生など広範にわたるが、大きくは次のように整理することができる。

1つ目は、人や社会および自然との関係を保ちつつ、学んだことを生かしてよりよい生活や社会をつくり出していこうと考えることである。さまざまな角度からものごとをとらえ、自分はシステムの中で生きているという認識を育て、主体的、創造的、協同的にかかわっていくことのできる力を育てる。

2つ目は、学ぶことの意義や目的や価値に気付き、学んだことを生かし、また、これからも学び続けていこうとすることである。そのためには、探究的な学習などを通して、学ぶことが楽しい、と感じるようにする必要がある。

3つ目は、これら2つのことなどを通して、肯定的な好ましい自分についてのイメージをつくり出していくことである。結果はともかくとして、自分のもち味を出して問題の解決に関与できるという自己効力感、自分にはこんなよさや可能性があるという自己有能感、自分に誇りをもち自分を大切にしようとする自尊感情などをもち、自分についてのイメージづくりができるようにする。それらは、自己の存在を認め、自己を大切にする感情であるが、同時に、他者の存在を認め、他者を大切にする感情でもある。

以上、総合的な学習の、「第1　目標」に即して、総合的な学習で育てる力について、4つの視点から述べてきた。それらは相互にかかわり合うものであり、かかわり合ってこそ総合的な学習で育てる力となるのである。

3節　総合的な学習の「指導計画の作成と内容の取扱い」と育てる力

総合的な学習は、各学校において、学習指導要領に示された第1の目標を踏まえて、各学校の目標を定めるところに大きな特色がある。育てようとする資質や能力及び態度は、この各学校が定めた目標に含まれるものである。このような考え方は従前と変わらない。しかし、これまでの取組は、学校間の取組の実態に差があることや、学校段階間の取組が重複していることが課題となっていた。これを改善し、目標の実現を目指す学習活動が適切に行われるようにするため、総合的な学習において育てようとする資質や能力及び態度の視点が例示された。これは例示ではあるが、総合的な学習で育てる力を明確にする上で参考になる。各学校においては、これらの視点を参考に

して，育てたい力を具体的に設定することが求められている。

> 第3　指導計画の作成と内容の取扱い
> (4)育てようとする資質や能力及び態度については，例えば，学習方法に関すること，自分自身に関すること，他者や社会とのかかわりに関することなどの視点を踏まえること。

中央教育審議会の答申（2008，p.131　本文および注）では，育てようとする資質や能力及び態度の視点として次の3つの視点が提示された。

> ○学習方法に関すること
>   例えば，情報を収集し分析する力，わかりやすくまとめて表現する力など
> ○自分自身に関すること
>   例えば，自らの行為について意思決定する力，自らの生活のあり方を考える力など
> ○他者や社会とのかかわりに関すること
>   例えば，他者と協同して課題を解決する力，課題の解決に向けて社会活動に参加する態度など

こうした力をより具体化すると，例えば，地域の川を対象にして環境問題について探究する活動では，次のように考えられる。

> ○学習方法に関すること
>   生息している生物を採取し，他の川と比較するなどして分析する，わかったことなどをグラフや地図に表すなど
> ○自分自身に関すること
>   日常生活において，川にゴミを捨てない，生活排水を少なくするなど，自らの生活を見直し身のまわりの環境問題に関して意思決定し行動しようとするなど
> ○他者や社会とのかかわりに関すること
>   他の子どもと協力して調査したり，地域の人々から話を聞いたりして探究する，地域の人々と協力して川を守る活動に参画しようとするなど

このように，育てようとする資質や能力及び態度は，学習指導要領に示された第1の目標を踏まえて各学校が定めた目標を，実際の学習活動として実践化する中で，具体的・分析的に示すことが必要になる。その際，学習方法に関すること，自分自身に関すること，他者や社会とのかかわりに関することに配慮する。

学習方法に関することとは，横断的・総合的な学習や探究的な学習を主体的，創造的に進めていくために必要な資質や能力及び態度のことである。また，自分自身に関

することとは，自分自身の生活や行為のあり方，あるいは，自己理解や自己省察に必要な資質や能力及び態度のことである。他者や社会とのかかわりに関することとは，他者との協同や社会とのかかわりに必要な資質や能力及び態度のことである。

各学校においては，どのような学習活動を行い，そこではどのような資質や能力及び態度を育てたいかを，3つの視点に配慮しながら，それらが実現された際に現れる望ましい子どもの姿を具体的に描き出すようにすることが求められている。各学校の主体性，自律性，創造性が強く求められているのである。ここに，総合的な学習の大きな特色がある。

4節 総合的な学習の実践と育っている力

総合的な学習は，すでにおよそ10年にわたる実践が行われてきた。その実施状況については，「大きな成果を上げている学校がある一方，当初の趣旨・理念が必ずしも十分に達成されていない状況もみられる。また，小学校と中学校とで同様の学習活動を行うなど，学校種間の取組の重複も見られる」ことを指摘している（中央教育審議会，2008, p.130 注）。こうした状況を改善するため，総合的な学習のねらいを明確化するとともに，児童生徒に育てたい力（身に付けさせたい力）や学習活動の示し方について検討し，「総合的な学習の時間」が改善された。

1. 自分づくり（自己形成）の力

子どもが，総合の学習を振り返って，「達成感というのではなく，自分が成長し，自分の心が変われたことが嬉しくてたまらないのだと思います」と言っていた★1。学習することによって，自分が少しずつ大きくなる，という実感こそ，自分にとって価値ある学びだと言いたいのだろう。［わたし］が，［わたし自身］や，わたしを取り巻く［みんな］とかかわることによって，［より望ましいわたし］に変われたという自覚は，いっそう望ましい自己変革・自己形成を目指す学びのエネルギーになる。

(1) 単元「結ぼう―心と心」の授業★2

金沢さん親子が授業に協力した。24歳になる峰子さんには重度の障がいがある。子どもたちが峰子さんの乗っている車椅子を押す活動になった。真剣に，緊張して，こわごわと車椅子を押した。

「押すのはこわかった」

「話しかけようとしたけど，何を言えばいいかわからなくて頭が真っ白になった」と言っていた。

峰子さんのお母さんが指導する。

「ゆっくりすぎて峰子さん不安だったみたい。ふつうにね，歌でも歌いながら押すといいのよ。（実演して）どう，これでは不安になるでしょう」

次のグループが車椅子を押す。
「こんにちは」
「ぼくは大山です」
あいさつや自己紹介をする子どもが現れた。車椅子の速度もあがる。緊張が解けてくる。突然「さいた さいた チューリップの花が……」1人の子どもが歌を歌い出した。みんなはびっくりした。次に、笑いが起こった。場が一気に和やかになった。子どもたちは、担任教員と金沢さんの適切な指導の下で、みるみる心のバリアを解いていった。そして、金沢さん親子とかかわり合って、自分が変われたことを実感したのだった。

(2) 授業のおわり
「親子で招いてくれてありがとう。今度は峰子が30歳になるようにがんばろうと思います」と金沢さん。子どもたちにとっても金沢さんにとっても感動の授業だった。
実社会や実生活とかかわる総合は、自己（自分自身）と他者（人や社会及び自然）への意識が育つ。子どもは、人や社会および自然とかかわり合いながら、知を構築し、自己を形成し、個性を伸長・開花させながら、一人前の人間としての成長・発達を遂げていく。自己意識と他者意識の相互交換作用によって、自己を認め、他者を認め、よりよい自己をつくる力が育つ。現実認識が高まり、状況を適切に判断し、自己にも他者にも主体的にかかわっていくようになる。また、独善ではない、思慮深い自己主張の力が育つ。それは、一人前の人間として成長・発達を遂げていくためには欠かせない力である。

2．子どもの中で育っていく力

学習や学力の質を問うとき、「生きた学習」「生きた力」と表現することがある。人や社会及び自然とかかわり合う学習は動的で、子どもには「生きた学習」として実感される。学んだことが陳腐にならず、新鮮に増殖し増幅するのは「生きた力」である。子どもには「学んだことが自分の中で育つ」ものとして実感される。

人や社会および自然とかかわり合うことを重視する総合的な学習では、知を再構築していく力が育つ。学んだ力をフリーズして貯蔵したままにするのではない。一時、貯蔵したとしても、いつか、どこかで、自ら解凍して活用し、新たな知を付加していく。それは、一人前の人間として成長・発達していくための必要不可欠な力である。

単元「なりたい自分」は、5日間の職場体験学習を生かして立ちあげた、「仕事を選ぶ」というテーマの総合である★3。

生徒は職場体験の後、実習を通して学んだことや新たに出てきた疑問や問題を振り返り、働くことの意義や価値について考えた。そして、11の職業選択の視点（自分が好き、お金、人の役に立つ、自分に向いている等）を見つけだし、自分が将来仕事を選ぶ上でいちばん大切なこと、今後の自分に生かせそうなこと、などについて話し

合った。
　職業選択にあたっていちばん大切な視点が決められた生徒。話し合う中で，多くの視点が関係し合っていることがわかって決められなくなってしまった生徒。（今は決められないけれど）職業を選ぶときの考え方がわかったので，将来，これを絶対に使うことができるという生徒。どの生徒にとっても生きた学習であった。学ぶことによってわからなくなってしまった，というわからなさは，もっと深くわかるようになることの前兆である。職業選択の考え方，働くことや働いている人への認識が深まり，単純に結論が出せなくなってしまったのだ。生徒の問題意識はいっそう高まり，今後の学習や生活を通して，職業や職業選択についての知を再構築していくことが期待できる。

3. よりよく問題を解決する力

　総合には，各教科等で身に付けた力を相互に関連付け，生きて働く力として向上させることや，各教科等の枠を超えた力を育成することが求められている。それは，例えば「よりよく問題を解決する力」となって育つ。

　単元「みんなの町づくり」における「交通渋滞をなくそう」の学習からみておこう。

①交通量調査をする
　朝の5分間の交通量は150台。そのうちの120台は1人乗り。（社会事象の具体的な把握）
②交通量が多いわけを考える
　交通量が多いのは，車の台数が多いだけでなく1人乗りの車が多いからだ。（事象の考察と問題の発見）
③問題解決を試みる
　「150台で何人が乗っているのだろう」→ $120×1＋（150－120）×2＝180$ →「180人強（ちょっと）だ」
　「もし4人乗れば何台ですむだろう」→ $180÷4＝45$ →「45台強でよい」
　「45台は150台の3割だ。3割ですむ」→ $45÷150＝0.3$ → $1－0.3＝0.7$ →「7割減らせる」
④解決策を考え出す
　「相乗りをすすめよう」「ポスターやチラシをつくってお願いすればよい」（解決策を考える）
⑤解決策を再検討し新たな考えを出す
　「計算どおりにはいかない」（現実の問題）
　「計算通りにはいかないかもしれないが，それでも自分たちの考えを示して，相乗りをすすめることは大切だ。それに，自分たちもできるだけ車に乗らないようにしよ

う」(よりよい問題の解決と自律的人間の成長)

　総合的な学習の問題解決には，算数の力が頻繁に活用される。また，ポスターやチラシの制作にあたって，図画工作や国語の力が活用される。しかも，算数の力によって「相乗りをすすめるのがよい」と確証を得て制作するポスターは実質的なものになる。チラシには，相乗りをすすめる［見出し］にとどまらず，データを使って相乗りの有効性を訴える［論理的な文章］を加えて示すこともできる。交通量調査にあたって，［車の台数］とともに［乗車人数］も調べるという［調査力］が活用されている。「計算どおりにはいかない」というのは，現実の認識に優れている。

　自ら問題に気付き，知識・技能，思考力，判断力，表現力などの身に付けた力を活用し，現実に照らして考え，解決に意欲的に取り組み，よりよく問題を解決していくのは，よき生活者に求められる力である。総合的な学習には，そうした力を育てることが期待されている。

　総合的な学習の課題については，次のような指摘がなされている。

○総合的な学習の時間の実施状況を見ると，大きな成果を上げている学校がある一方，当初の趣旨・理念が必ずしも十分に達成されていない状況もみられる。
○総合的な学習の時間においては，教科の補充・発展学習や学校行事などと混同された実践が行われている例も見られる。

　こうした実施状況がみられる背景には，総合的な学習で育つ力についての理解や認識の不足が大きいと考えられる。育つ力，育てる力，についての理解や認識が不十分なために，総合的な学習の必要性や重要性が理解されず，教科の補充・発展や学校行事と混同したり，安直に置き換えたりしてしまうのである。総合的な学習の推進には，総合で育つ力について理解することが何より重要である。「何を育てるか」という目的論と「何が育つか」という実践論の双方から，総合的な学習で育つ力についての理解を深めるようにしたい。

註)
★1　横浜市立戸部小学校での鈴木直美教諭の実践
★2　東京都世田谷区立奥沢小学校での堀内典子教諭の実践
★3　長野県波田町立波田中学校での篠原利之教諭の実践

新学習指導要領における改訂のポイント

1章

1節　学習指導要領改訂の趣旨

　平成17年の中央教育審議会答申（「我が国の高等教育の将来像」）が指摘する通り，21世紀は，新しい知識・情報・技術が政治・経済・文化をはじめ社会のあらゆる領域での活動の基盤として飛躍的に重要性を増す，いわゆる「知識基盤社会」の時代であるといわれている。知識基盤社会の中では，課題を解決する能力が求められ，そこでの知識はつねに更新されることが求められる。例えば，インターネットの世界を見れば，そのことは一目瞭然である。知識をはじめとする情報を瞬時に得ることができるとともに，世界各地に情報を発信することも手軽に行えるようになった。

　このような知識基盤社会化やグローバル化は，アイデアなどの知識そのものや人材をめぐる国際競争を加速させるとともに，異なる文化・文明との共存や国際協力の必要性を増大させている。個人は他者や社会などとのかかわりの中で生きるものであるが，1人ひとりの個人には興味や関心，もち味に違いがあり，そうした個性を大切にすることも大切である。さらに，変化の激しい社会においては，他者と互いに切磋琢磨しつつも，自己と対話しながら，自分自身を深めることも大切である。

　このような社会の構造的な変化の中では，変化に対応する能力が求められており，次代に必要な力を一言で示すとすれば，まさに平成8年の中央教育審議会答申（「21世紀を展望した我が国の教育の在り方について」）で提唱された「生きる力」にほかならない。

　また，平成18年12月に改正された教育基本法および，平成19年6月に公布された学校教育法の一部改正よって明確に示された教育の基本理念は，これまでも重視してきた「生きる力」の育成を謳っている。

　一方，子どもの現状についてはどうであろうか。各種の調査結果や国際的な学力調査などから明らかなことは，基礎的・基本的な知識・技能の習得については，全体としては一定の成果が認められるものの，思考力・判断力・表現力等に課題があるということである。これらの力はこれまでも重視し，社会において必要とされる力であることから，大きな課題であるといわざるを得ない。また，社会や家庭環境の変化などを背景に，学習意欲や生活習慣の確立，自分への自信，体力などについても，個人差

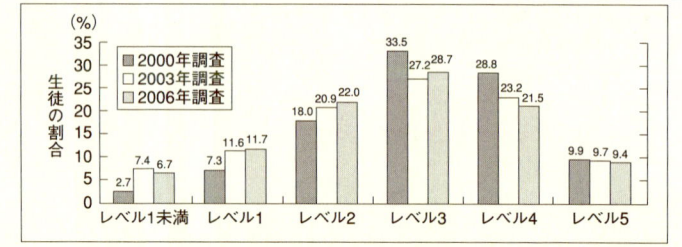

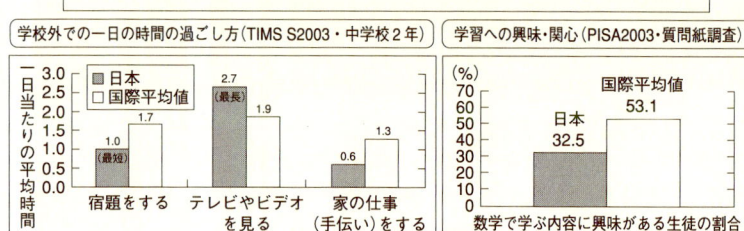

```
PISA(読解力)の習熟度レベル別の生徒の割合    平均得点はOECD平均と同程度:15位(2000年:8位, 2003年:14位)
```

図1-1　子どもたちの学力と学習状況

が広がっているなどの課題が確認されている（図1-1）。

　そこで，中央教育審議会においては，平成15年5月に文部科学大臣から包括的な諮問が行われたことを受け，学習指導要領の実施状況を検証してきた。同年10月には，「初等中等教育における当面の教育課程及び指導の充実・改善方策について」の答申を行い，同年12月には，文部科学省において学習指導要領の一部改正を行った。

　その後，平成17年2月には，文部科学大臣から，21世紀を生きる子どもたちの教育の充実を図るため，教員の資質・能力の向上や教育条件の整備などと併せて，国の教育課程の基準の見直しについて検討するよう，第3期中央教育審議会に要請があった。中央教育審議会初等中等教育分科会教育課程部会では，改正教育基本法や学校教育法の一部改正及びその国会審議等を踏まえ，教育課程の枠組みや教育内容の具体的な改善について，第3期から第4期にかけて2年以上にわたる審議を行い，平成20年1月に答申した。

　この答申では，「生きる力」のこれまでの理念は踏襲することとし，その理念を実現するための具体的な手立てを確立するという観点に立ち，学習指導要領改訂の基本的な考え方を次のように提言した。

①改正教育基本法等を踏まえた学習指導要領の改訂
②「生きる力」という理念の共有
③基礎的・基本的な知識・技能の習得

④思考力・判断力・表現力等の育成
⑤確かな学力を確立するために必要な授業時数の確保
⑥学習意欲の向上や学習習慣の確立
⑦豊かな心や健やかな体の育成のための指導の充実

　これらの学習指導要領改訂の基本的な考え方を踏まえ，教育課程の基本的な枠組み，教育内容に関するおもな改善事項，各教科等の内容が示されることとなった。
　ところで，昭和20年代の試案に始まる学習指導要領の改訂は，今回で6回目となる。前々回は新教科生活科の誕生が大きな話題を呼んだ。前回改訂では総合的な学習の時間が大きな注目を浴びた。では，今回改訂の目玉は何か。一言で言えば，それは「バランス」といえよう。言葉と体験においても，教科と総合的な学習の時間においても，教師の指導性と子どもの主体性においても，二者択一，二律背反ではない。それぞれの両者は，どちらも重要であり，学校教育，教育課程においてバランスよく行われなければならない。調和のとれた，豊かなハーモニーが奏でられることが重要なのである。
　したがって，基礎的・基本的な知識・技能の習得ももちろん重要であるし，それらを活用する能力も求められる。また，生活現実や現代社会の課題になどについて自ら学び，自ら考える探究的な学習も欠かせない。今回の新しい学習指導要領は，これまでの学習指導要領の成果を受けて成熟したものとして実施されていくことが期待されている。

2節　総合的な学習の時間の創設と改訂の経緯

1. 創設の経緯

　平成10年の学習指導要領の改訂においては，小学校の教育課程に新たに総合的な学習の時間を創設することとし，各学校が地域や学校，児童の実態等に応じ，横断的・総合的な学習など創意工夫を生かした教育活動を行うこととした。
　総合的な学習の時間については，これからの教育のあり方として「ゆとりの中で『生きる力』を育む」との方向性を示した平成8年7月の中央教育審議会「21世紀を展望したわが国の教育の在り方について」（第一次答申）において創設が提言された。この答申では，「［生きる力］が全人的な力であるということを踏まえると，横断的・総合的な指導をいっそう推進しうるような新たな手立てを講じて，豊かに学習活動を展開していくことがきわめて有効であると考えられる」とし，「一定のまとまった時間（総合的な学習の時間）を設けて横断的・総合的な指導を行うこと」を提言した。
　この提言を踏まえ，教育課程の基準の改善について具体的な検討を進めてきた平成10年7月の教育課程審議会の答申において，その改善のねらいを効果的に実現する

ように，各学校が創意工夫を生かした特色ある教育活動を展開できるようにするとともに，新たに総合的な学習の時間を創設することが答申として示されたのである。

2．一部改正の趣旨

　平成15年10月中央教育審議会「初等中等教育における当面の教育課程及び指導の充実・改善方策について」（答申）を受けた学習指導要領の一部改正では，各学校の総合的な学習の時間の一層の充実を図ることとし，学習指導要領の記述の見直し等が行われた。

　平成14年の本格実施以降，総合的な学習の時間の成果は一部で確認されてきたものの，実施にあたっての難しさも指摘されてきた。例えば，各学校において目標や内容を明確に設定していない実態，必要な力が児童に付いたかについての検証・評価を十分に行っていない実態，教科との関連に十分配慮していない実態，適切な指導が行われず教育効果が十分に上がっていない実態など，改善すべき課題が多くの学校に見られる状況にあった。

　そこで，平成15年12月には，学習指導要領を一部改正した。具体的には，各教科や道徳，特別活動で身に付けた知識や技能等を関連付け，学習や生活に生かし総合的に働くようにすること，各学校において総合的な学習の時間の目標及び内容を定めるとともにこの時間の全体計画を作成する必要があること，教師が適切な指導を行うとともに学校内外の教育資源の積極的な活用などを工夫する必要があること，について学習指導要領に明確に位置付けた。

3．このたびの改訂の趣旨
(1) 改善の基本方針

　今回の改訂は，平成20年1月の中央教育審議会初等中等分科会教育課程部会の答申に基づいて行われた。この答申において，総合的な学習の時間の課題については，次のような指摘が記述されている。

> ○総合的な学習の時間の実施状況を見ると，大きな成果を上げている学校がある一方，当初の趣旨・理念が必ずしも十分に達成されていない状況も見られる。また，小学校と中学校とで同様の学習活動を行うなど，学校種間の取組の重複が見られること。
> ○こうした状況を改善するため，総合的な学習の時間のねらいを明確化するとともに，子どもたちに育てたい力（身に付けさせたい力）や学習活動の示し方について検討する必要があること。
> ○総合的な学習の時間においては，補充学習のような専ら特定の教科の知識・技能の習得を図る教育が行われたり，運動会の準備などと混同された実践が行われたりしている例も見られる。そこで，関連する教科内容との関係の整理，中学校の選択教科との関係の

整理,特別活動との関係の整理を行う必要があること。

　こうした課題を受け,答申では,総合的な学習の時間の改善の基本方針について,以下のようにまとめている。

○総合的な学習の時間は,変化の激しい社会に対応して,自ら課題を見付け,自ら学び,自ら考え,主体的に判断し,よりよく問題を解決する資質や能力を育てることなどをねらいとすることから,思考力・判断力・表現力等が求められる「知識基盤社会」の時代においてますます重要な役割を果たすものである。
○総合的な学習の時間については,その課題を踏まえ,基礎的・基本的な知識・技能の定着やこれらを活用する学習活動は,教科で行うことを前提に,体験的な学習に配慮しつつ,教科等の枠を超えた横断的・総合的な学習,探究的な活動となるよう充実を図る。このような学習活動は,子どもたちの思考力・判断力・表現力等を育むとともに,各教科における基礎的・基本的な知識・技能の習得にも資するなど教科と一体となって子どもたちの力を伸ばすものである。
○総合的な学習の時間の教育課程における位置づけを明確にし,各学校における指導の充実を図るため,総合的な学習の時間の趣旨等について,総則から取り出し新たに章立てをする。
○総合的な学習の時間において,補充学習のような専ら特定の教科の知識・技能の習得を図る教育が行われたり,運動会の準備などと混同された実践が行われたりしている例も見られることや学校間・学校段階間の取組の実態に差がある状況を改善する必要がある。そのため,教科において,基礎的・基本的な知識・技能の確実な習得やその活用を図るための時間を確保することを前提に,総合的な学習の時間と各教科,選択教科,特別活動のそれぞれの役割を明確にし,これらの円滑な連携を図る観点から,総合的な学習の時間におけるねらいや育てたい力を明確にすることが求められる。なお,総合的な学習の時間が適切に実施されるためには,効果的な事例の情報提供や人材育成などの十分な条件整備と教師の創意工夫が不可欠であることは言うまでもない。
○学校段階間の取組の重複の状況を改善するため,子どもたちの発達の段階を考慮し,各学校における実践を踏まえ,各学校段階の学習活動の例示を見直す。また,近接する小・中・高等学校間で情報交換を行うなど,学校段階間の連携について配慮する。

(2) 改善の具体的事項

　こうした改善の基本方針を受けて,改善の具体的事項は次のように整理され示されている。

(ア)総合的な学習の時間のねらいについては,小・中・高等学校共通なものとし,子どもたちにとっての学ぶ意義や目的意識を明確にするため,日常生活における課題を発見し解

決しようとするなど，実社会や実生活とのかかわりを重視する。また，総合的な学習の時間においては，教科等の枠を超えた横断的・総合的な学習，探究的な活動を行うことをより明確にする。

(イ)学校間・学校段階間の取組の実態に差がある状況を改善するため，総合的な学習の時間において育てたい力の視点を例示する。その際，例示する視点は，学習方法に関すること，自分自身に関すること，他者や社会とのかかわりに関することなどとする。

(ウ)各学校において，総合的な学習の時間における育てたい力や取り組む学習活動や内容を，子どもたちの実態に応じて明確に定め，どのような力が身に付いたかを適切に評価する。

(エ)学習活動の例示については，小学校では地域の人々の暮らし，伝統や文化に関する学習活動，中学校では職業や自己の将来に関する学習活動などを例示として加える。

(オ)小学校において，国際理解に関する学習を行う際には，問題の解決や探究的な活動を通して，諸外国の生活や文化などを体験したり調査したりするなどの学習活動が行われるように配慮する。

(カ)小学校において，情報に関する学習を行う際には，問題の解決や探究的な活動を通して，情報を受信し，収集・整理・発信したり，情報が日常生活や社会に与える影響を考えたりするなどの学習活動が行われるよう配慮する。

(キ)中学校において，職業や自己の将来に関する学習を行う際には，問題の解決や探究的な活動を通して，自己の生き方を考えるなどの学習活動が行われるよう配慮する。

(ク)互いに教え合い学び合う活動や地域の人との意見交換など，他者と協同して課題を解決しようとする学習活動を重視するとともに，言語により分析し，まとめ・表現する問題の解決や探究的な活動を重視する。その際，中学校修了段階において，学習の成果を論文としてまとめることなどにも配慮する。

(ケ)各学校における総合的な学習の時間の学習活動が一層適切に行われるよう，効果的な事例の情報提供やコーディネートの役割を果たす人材の育成，地域の教育力の活用などの支援策の充実を図り，十分な条件整備を行う必要がある。

(コ)教育委員会の指導，助言の下，各学校においては，総合的な学習の時間の趣旨やねらいを踏まえた適切な学習活動が行われるよう，学校全体として組織的に取り組み，指導計画や指導体制，実施状況について，点検・評価することを推進する。

3節 総合的な学習の時間の改訂のポイント

1. 趣旨および性格の明確化

　総合的な学習の時間は，変化の激しい社会に対応して，自ら課題を見付け，自ら学び，自ら考え，主体的に判断し，よりよく問題を解決する資質や能力を育てることなどをねらいとすることから，思考力・判断力・表現力等が求められる「知識基盤社会」の時代においてますます重要な役割を果たすものである。そこで，今回の改訂においては，総合的な学習の時間の目標を明確にした。これは，総合的な学習の時間に

おいて国が示す目標であり，各学校は創意工夫ある取組を行いつつも，総合的な学習の時間を通して実現することが求められる目標である。従前のねらい(1)及び(2)を踏まえる形で目標を設定し，総合的な学習の時間が目指す方向を明確にした。

その一方で，総合的な学習の時間の目標を踏まえた上で，各学校において目標および内容を定めることとした。したがって，これまでと同様に，各学校において創意工夫を生かした学習活動を行うものであること，この時間の学習活動が教科等の枠を超えたものであることなどから，国の示す基準としては，目標を定め，この時間を教育課程上必置とする時間数やその取扱いにとどめ，各学校で目標や内容を定めることとしたのである。

2．探究的な学習としての充実

これまでは，自ら学び自ら考える力などの「生きる力」を育むために，既存の教科等の枠を超えた横断的・総合的な学習となることを目指して実施されてきた。今回の改訂では，このことに加えて探究的な学習となることを明確に示している。

その際，基礎的・基本的な知識・技能の定着やこれらを活用する学習活動は，教科で行うことを前提に，体験的な学習に配慮しつつ，教科等の枠を超えた横断的・総合的な学習，探究的な活動となるよう充実を図ることとしている。総合的な学習の時間と各教科等との役割分担を明らかにし，総合的な学習の時間では探究的な学習としての充実を目指している（図1-2）。

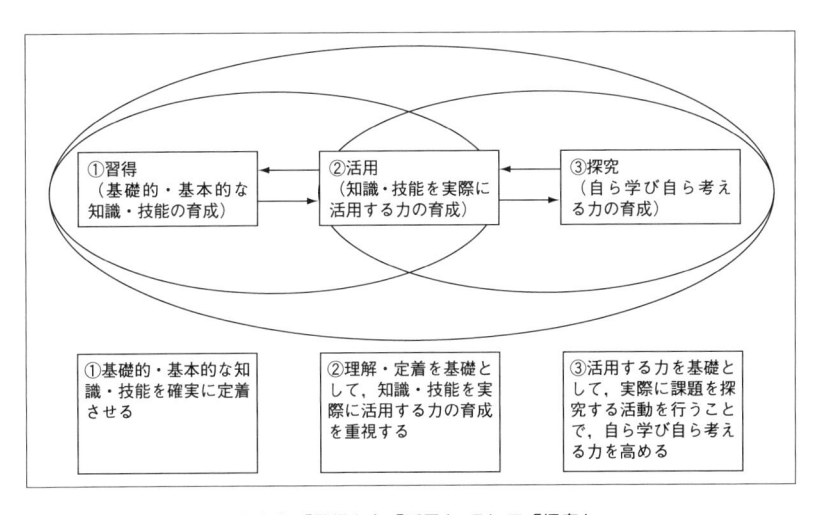

図1-2　「習得」と「活用」，そして「探究」

3. 教育課程上の位置付けの明確化

　総合的な学習の時間は，学校教育法施行規則第24条第1項において次のように定められ，各学校における教育課程上必置とされている。

　これに基づき，これまでは総則において，総合的な学習の時間の趣旨やねらいなどについて定めてきた。しかし，今回の改訂では，総合的な学習の時間の教育課程における位置付けを明確にし，各学校における指導の充実を図るため，総則から取り出し新たに第5章（中学校は第4章）に位置づけることとした。

　このことによって，総合的な学習の時間の存在が明確になるとともに解説書などでその方向性を明らかにすることができるようにした。

4. 学校段階間の連携

　総合的な学習の時間の課題として，学校間・学校段階間の格差や取組の重複があげられる。こうした現状を改善するために，総合的な学習の時間において育てたい力の視点を例示することとした。例示する視点としては，学習方法に関すること，自分自身に関すること，他者や社会とのかかわりに関することなどとした。

　「学習方法に関すること」，「自分自身に関すること」，「他者や社会とのかかわりに関すること」のそれぞれの視点から，考えられる育てたい力の例としては，次のようなものが考えられる。

○学習方法に関すること：情報を収集し分析する力，わかりやすくまとめ表現する力など。
○自分自身に関すること：自らの行為について意思決定する力，自らの生活の在り方を考える力など。
○他者や社会とのかかわりに関すること：他者と協同して課題を解決する力，課題の解決に向けて社会活動に参加する態度など。

　あわせて，各学校段階間の学習活動の例示を見直した。以前から示されていた学習活動は「例えば国際理解，情報，環境，福祉・健康などの横断的・総合的な課題，児童の興味・関心に基づく課題，地域や学校の特色に応じた課題などについて，学校の実態に応じた学習活動を行うものとする」とされていた。今回の改訂では，これに加えて，小学校では地域の人々の暮らし，文化と伝統に関する学習活動，中学校では職業や自己の将来に関する学習活動などを例示として加えた。これらのことによって，児童の発達に応じた適切な学習活動が展開されることを目指した。

　なお，各学校においては，教育委員会の指導の下，総合的な学習の時間の趣旨やねらいを踏まえた適切な学習活動が行われるよう，学校長を中心として学校全体として組織的に取り組み，指導計画や指導体制，実施状況について，点検・評価することが

求められることは言うまでもない。

5. 体験活動と言語活動の充実

　総合的な学習の時間においては，これまでと同様に体験活動を行うことを重視し，積極的に学習活動に取り入れることとしている。例えば，自然体験活動や職場体験活動，就業体験や奉仕体験などである。

　しかし，体験活動がそれだけで終わるのではなく，体験活動を行うことによって一層充実した学習活動となることが求められている。そのためにも，例えば互いに教え合い学び合う活動や地域の人との意見交換など，他者と協同して課題を解決しようとする学習活動を重視する。それに加えて，言語活動により分析し，まとめ・表現する学習活動を重視することとした。

　このように，体験活動と言語活動をともに充実させることが，総合的な学習の時間のいっそうの充実にとって欠かせないのである。

4節　総合的な学習の時間の改訂の具体像

1. 総合的な学習の時間の目標

　このたびの改訂において，総合的な学習の時間の目標を設定した。このことにより，総合的な学習の時間で目指す子どもの姿が今まで以上に明らかになった。

　目標は以下の通りである。

> 「横断的・総合的な学習や探究的な学習を通して，自ら課題を見付け，自ら学び，自ら考え，主体的に判断し，よりよく問題を解決する資質や能力を育成するとともに，学び方やものの考え方を身に付け，問題の解決や探究活動に主体的，創造的，協同的に取り組む態度を育て，自己の生き方を考えることができるようにする。」

　この目標は，これまでの総合的な学習の時間のねらい(1)(2)を基に作成してあり，新たに「探究的な学習」「協同的」が加えられている。このことからも明らかなように，総合的な学習の時間の性格付けとして「探究的な学習」を行うことが強調され，明確になっているのである。なお，探究的な学習については，およそ3つの様相が求められると考えている。その1つは，現代社会の問題など，答えのない問題について，子どもが自ら課題設定をすることである。2つは，その課題を解決するために探究のプロセス（課題の設定，情報の収集，情報の整理・分析，まとめ・表現）を経由することである。3つは，その結果として，子どもが自分の考えを明らかにしたり，さらなる課題が生まれたりして，課題解決がくり返されることである（図1-3）。

協同的については，自分を取り巻く人々と，力をあわせて課題の解決に向かうことを期待しているものであり，自らの能力の発揮が，社会の豊かな発展にも貢献することを目指している。
　なお，この総合的な学習の時間の目標は，次の5つの文節から構成されており，図1-4のような関係になっている。

A：横断的・総合的な学習や探究的な学習を行うこと
B：自ら課題を見付け，自ら学び，自ら考え，主体的に判断し，よりよく問題を解決する資質や能力を育成すること
C：学び方やものの考え方を身に付けること
D：問題の解決や探究活動に主体的，創造的，協同的に取り組む態度を育てること
E：自己の生き方を考えることができるようにする

---

①【課題の設定】
　体験的な活動を通して，課題を設定し課題意識をもつ

②【情報の収集】
　必要な情報を取り出したり収集したりする

③【整理・分析】
　収集した情報を，整理したり分析したりして思考する

④【まとめ・表現】
　気付きや発見，自分の考えなどをまとめ，判断し，表現する

図1-3　探究的な学習における子どもの学習の姿

A：横断的・総合的な学習や探究的な学習を行うこと
↓
B：自ら課題を見付け，自ら学び，自ら考え，主体的に判断し，よりよく問題を解決する資質や能力を育成すること
C：学び方やものの考え方を身に付けること
D：問題の解決や探究活動に主体的，創造的，協同的に取り組む態度を育てること
↓
E：自己の生き方を考えることができるようにする

図1-4　目標の構造

2．各学校において定める目標と内容

　学習指導要領には，各学校において定める目標及び内容として，以下のように示した。

第2　各学校において定める目標及び内容
　1　目標
　　各学校においては，第1の目標を踏まえ，各学校の総合的な学習の時間の目標を定める。
　2　内容
　　各学校においては，第1の目標を踏まえ，各学校の総合的な学習の時間の内容を定める。

　この記述，規定の仕方はこれまでの学習指導要領にない表現となっている。学習指導要領とは，そもそも目標と内容を示すものである。しかしながら，上の記述は，総合的な学習の時間の目標と内容は各学校で定めるものであり，国が規定するものではないことを明確に学習指導要領上に示していることになる。大きな方向性としての目標は示しているものの，その具体は各学校で規定することとなっているのである。

　各学校における目標の設定に関しては，図4-1に示した5つの要素を含むことが必要となろう。しかしながら，各要素についての具体化，重点化，焦点化を図り，自校化を目指していくことが肝要となる。

　あくまでも，これまでに各学校が設定してきた総合的な学習の時間を基に考えることが大切である。これまでの6年間の実践研究の成果を踏まえて，見直しをしていくという姿勢を忘れないようにしたい。

　ここでいう総合的な学習の時間の内容とは，自校の目標の実現に必要であると各学校が判断した［学習課題］のことを指す。この学習課題とは，例示として示された，国際理解，情報，環境，福祉・健康などの横断的・総合的な課題，児童生徒の興味・関心に応じた課題，地域の人々の暮らし，伝統と文化など地域や学校の特色に応じた課題など，横断的・総合的な学習としての性格をもち，探究的に学習を可能にする教育的に価値ある課題のことである。もちろん，この学習課題には，子どもが取り組む学習対象や学習事項なども含めて考えることができる。

　各学校における内容の設定に関しては，地域の特性や子どもの実態を十分に反映させることが欠かせない。山間部の学校では森林を扱うことができよう。海沿いの学校では海洋生物を扱うことも考えられよう。同じ環境に関する内容でも，各学校を取り巻く環境を最大限に生かした設定を期待したい。

5節 自校のカリキュラムの作成

1. 全体計画の作成

　総合的な学習の時間では，各学校で目標や内容を定め，独自のカリキュラムを編成することとなる。この全体計画には，目標，内容，育てたい資質や能力及び態度，学習活動，指導方法，指導体制，評価計画を示すこととなっている。

　国の示す目標と各学校において定める目標および内容との関係は図1-5のようになる。各教科と総合的な学習の時間との違いは2点ある。1つは，国が規定する範囲の違いである。各教科は，教科目標，学年目標，内容とその取扱い，そして評価についてナショナルスタンダードとして規定している。そのことにより，各教科では全国一律の教育内容が具現されるのである。一方，総合的な学習の時間は，目標を国が示すものの，それ以外は各学校で決めることになっている。学校の裁量が，高く認められている。

　もう1つは，各教科においては内容の中に，学習対象や学習活動，育成したい資質・能力・態度，指導事項等が記されている。一方，総合的な学習の時間は，内容として学習課題や学習対象，学習事項を示し，育てたい資質や能力及び態度を別に規定することとしている。

　その上で，総合的な学習の時間では，内容と育てたい資質や能力及び態度について，例示を示している。内容については，先に記した通りである。このうち，「例えば，学習方法に関すること，他者や社会とのかかわりに関すること，自分自身に関するこ

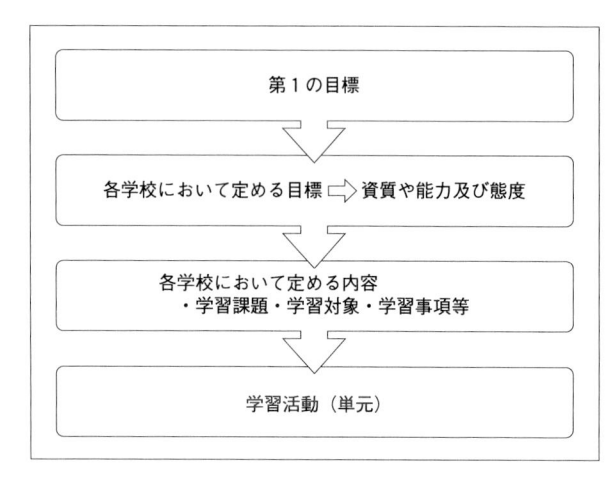

図1-5　目標，育てようとする資質や能力及び態度，内容，学習活動の関係1

1章 新学習指導要領における改訂のポイント　25

```
┌─────────────────────────┐
│ 学習指導要領第3の1の(4)        │
│  育てようとする資質や能力及び態度  │
│ については，例えば，学習方法に関す │────┐
│ ること，他者や社会とのかかわりに関 │    │  ┌──────────┐
│ することなどの視点を踏まえること。 │    └─▶│  第1の目標   │
└─────────────────────────┘      └──────────┘
                                       │
┌─────────────────────────┐   ┌──────────┐   ┌──────────┐
│ 学習指導要領第3の1の(5)        │   │各学校において│──▶│ 資質や能力 │
│  学習活動については，学校の実態  │   │定める目標   │   │ 及び態度   │
│ に応じて，例えば国際理解，情報，  │   └──────────┘   └──────────┘
│ 環境，福祉・健康などの横断的・総 │◀──┐     │
│ 合的な課題についての学習活動，児 │    │     ▼
│ 童の興味・関心に基づく課題につい │    │  ・学校において定める内容
│ ての学習活動，地域の人々の暮らし，│    └─ ・学習課題・学習対象・学習事項等
│ 伝統と文化など地域や学校の特色に │         │
│ 応じた課題についての学習活動（中 │         ▼
│ 学校は，職業や自己の生き方に関す │      ┌──────────┐
│ る学習活動）などを行うこと。     │      │学習活動（単元）│
└─────────────────────────┘      └──────────┘
```

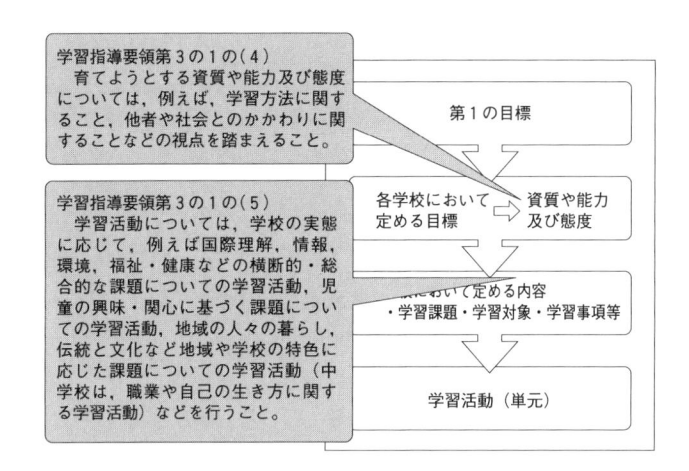

図1-6　目標，育てようとする資質や能力及び態度，内容，学習活動の関係2

となどの視点を踏まえること」としている（図1-6）。

2. その他配慮すべき事項

　総合的な学習の時間と外国語活動との関係については，次の点に注意しなければならない。

　外国語会話ができるようになることだけを目的とした単なる外国語会話の学習（＝スキルの習得に重点がおかれている外国語活動）は，総合的な学習に相応しい国際理解活動の一環とはいえないため，総合的な学習の中で実施することにはそぐわない。仮に，こうした活動を行うのであれば，標準時数の枠外で実施するなどを考えなければいけない。

　総合的な学習の時間目標に相応しい国際理解活動の一環として探究的に行われてきた活動は，改訂後も総合的な学習の中で実施することが可能であるが，今回の改訂で教育課程全体の見直しがなされるのを契機として，しっかりと見直すべきである。問題解決的・探究的な活動が求められることが明確にされた趣旨や，高学年において外国語活動が導入されること等を踏まえ，総合的な学習の時間において実施することが適当か否かについて改めて見直す必要がある。

　総合的な学習の時間と特別活動との関係については，次の点に注意しなければならない。

　現在，各学校において取り組まれている自然体験活動，職場体験活動といったさまざまな体験活動は，特別活動や総合的な学習の時間などにおいて実施されている。これらの体験活動について，例えば，職場体験活動は，総合的な学習の時間において，問題の解決や探究活動といった総合的な学習の時間の趣旨を踏まえ，自己の生き方を

考える学習活動として行われている場合があるが，このような職場体験活動は，同時に「勤労の尊さや職業にかかわる啓発的な体験が得られるようにする」という特別活動の勤労生産的行事と同様の成果も期待できると考えられる。このような場合，総合的な学習の時間とは別に，特別活動として改めて職場体験活動を行う必要はないと考えられる。

このため，改訂された総則において，「総合的な学習の時間における学習活動により，特別活動の学校行事に掲げる各行事の実施と同様の成果が規定できる場合においては，総合的な学習の時間における学習活動をもって相当する特別活動の学校行事に掲げる各行事の実施に替えることができる」ことを新たに規定したものである。

なお，補充学習のようなもっぱら特定の教科の知識・技能の習得を図る学習活動や運動会の準備などは，今後も総合的な学習の時間の趣旨になじまないものと考えている。

6節　探究的な学習が行われる授業

総合的な学習の時間を行う際には，体験活動を適切に位置付け，対象や問題事象に対するリアルな追究課題をもつことが重要である。しかし，一方では，体験活動のみに終始してしまい，学習として成立していない実践事例も見られた。また，文献やインターネットで調べたことをそのまま発表したり，書き写したりする表面的で深まりのない調査活動となっている場合もあった。

そこで，1人ひとりの子どもが自らの課題について追究を深め，思考し，自分自身の考えとしてまとめたり発表したりする総合的な学習の時間となるよう，以下の学習の流れを参考に学習過程を構成するようにしたい。

① 【課題の設定】
② 【情報の収集】
③ 【整理・分析】
④ 【まとめ・表現】

この学習の流れについては，平成19年2月19・20日に，文部科学省が主催した「総合的な学習の時間　全国協議会」において提案したものであり，PISA型読解力の読解のプロセスを参考としているものである（図1-7）。

それぞれの場面での学習のようすを，川を対象として環境問題について探究していく学習活動を例に説明していく。

① 【課題の設定】
　子どもは，対象やそこに存在する問題事象に直接出会う時，現実の状況と理想の姿との対比から問題の理解に迫り，課題意識を高めることになる。

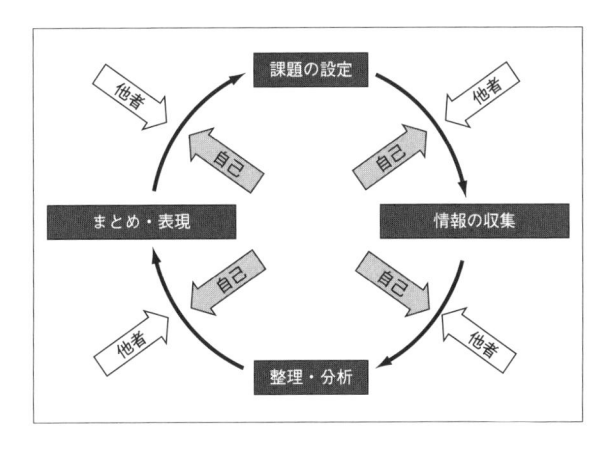

図 1-7　探究活動のモデル

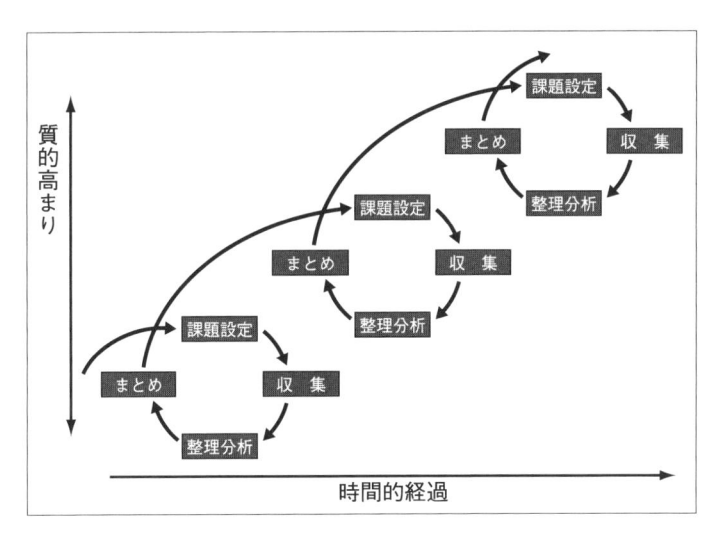

図 1-8　探究的な学習のモデル

　例えば，身近な川を対象にし，川の探検をする。すると，川にゴミが落ちていることや川が汚れていることなどに気付く。こうした川の現実の姿を知ることで，子どもは身近な川の環境問題に意識を向ける。ここでは，実際の川を目で見て，肌で触れることが重要である。「どうして川が汚れているのだろう」「いつごろから川が汚くなったのだろう」「生き物は棲息しているのだろうか」などと課題を更新しながら課題意識を高めていく（図 1-8）。

　総合的な学習の時間では，こうした現実社会に直接触れる体験活動が重要であり，そのことがその後の息長い追究活動の動機付けとなる。

②【情報の収集】
　課題意識や設定した課題をもとに，子どもは，調査，探索，観察，実験，追体験などの追究活動を行う。こうした学習活動によって，追究に必要な情報を収集する。
　例えば，川に棲息する水生生物やパックテストなどで水質の調査などを行う。実際に川に入って生き物を探したり，水質を調べたりするのである。また，川の周辺の植生などを観察することも考えられる。その他にも，川の昔と今のようすを図書館の文献で調べたり，川の近くの住民にインタビューしたりすることも考えられる。
　こうした場面では，数値化された情報や言語化された情報，非言語の情報など多様な情報の獲得が考えられる。また，理科や国語科で身に付けた観察の力やインタビューの力などが発揮されることで，情報の質や量が高まっていく。

③【整理・分析】
　②の学習活動によって収集した情報や取り出した情報を整理したり，分析したりして思考活動へと高めていく。
　例えば，水生生物の分布のようすを地図上に整理したり，水質の変化をグラフ化したりすることが考えられる。また，文献から得た情報を年代ごとに表にまとめたり，インタビューから得た情報をカードなどにして整理することも考えられる。
　このように情報を比較したり，分類したり，関係付けしたりして情報内の整理を行う。ここでも，社会科や算数科，国語科などの教科での学習成果が生かされる。

④【まとめ・表現】
　情報内の整理を行った後，それを他者に伝えたり，自分自身の考えとしてまとめたりする学習活動を行う。そうすることで，それぞれの子ども固有の経験や知識と，整理された情報とがつながり，1人ひとりの子どもの考えや価値観が形成されていく。このことが学習として質的に高まっていくことであり，表面的ではない深まりのある学習活動を実現することにつながる。
　例えば，調査結果をレポートや新聞，ポスターにまとめたり，写真やグラフ，図などを使ってプレゼンテーションとして表現したりすることなどが考えられる。相手を意識して，伝えたいことを論理的に表現することで，一層自分の考えは確かになっていく。近くの川における環境の問題を考えながら，自らの日ごろの行動のあり方，身近な環境と共生する方法について考えることになるのである。
　もちろんここでの学習においても，国語科，図画工作科などの教科で身に付けた力が発揮されることが容易に予想できる。
　このような学習の流れをイメージして，単元や小単元，学習過程を構想していきたい。そのことが探究的な学習活動の実現につながると考えている。
　ここまで記してきた学習の流れを具現することのほかに，次の点にも配慮したい。

○実社会・実生活とのかかわりを重視すること。

○他者と協同して課題を解決しようとする学習活動を重視すること。

7節 総合的な学習の時間が育成する国際標準の学力

　総合的な学習の時間が育成することを期待している学力は，OECDの示すキー・コンピテンシーに近い。時代の要請とともに新しい発想で生まれてきた総合的な学習の時間が目指す学力は，まさに国際標準の学力である。

　社会が変化し成熟していくとともに，教育に求められるものも質的に変化してくる。今後，総合的な学習の時間が重要になることはあっても軽視されることはないであろう。

　いま私たちに求められることは，総合的な学習の時間の趣旨や理念を子どもの姿として具現することである。特に，実践の質的向上とその広がりが欠かせない。そのことこそが，総合的な学習の時間の第2ステージを切り拓くことにつながるものと考えている。

総合的な学習の時間を
リニューアルする

2章

1節 "充実"を期待する「章立て」措置

　2008年3月に小学校・中学校の新学習指導要領が公示され，同年8月（中学校は9月）には文部科学省版の解説書も刊行された。各学校においては，新学習指導要領への理解を深め，創意工夫を生かした教育課程を編成・実施することが求められている。

　教育基本法や学校教育法等の改正を踏まえた今次改訂では，「生きる力」の理念の継承を掲げ，知識基盤社会に必要とされるバランスのとれた資質や能力を育むことを目指している。まず確認しておかなければならないのは，このことは理念が不変であって，とるべき方策までもが同じではないということである。新たに作成された総合的な学習の時間編の解説書では，「内容の取扱いの改善」について，(1)探究的な学習としての充実，(2)学校間の取組状況の違いと学校段階間の取組の重複，(3)体験活動と言語活動の充実，を改善方策の重点としている。

　周知の通り，総合的な学習の時間は，1998年の学習指導要領改訂時に，「［生きる力］が全人的な力であるということを踏まえると，横断的・総合的な指導を一層推進し得るような新たな手だてを講じて，豊かに学習活動を展開していくことが極めて有効であると考えられる」（第15期中央教育審議会〔第一次答申〕，1996）として創設された。総合的な学習の時間では，生きる力を育成するために，各教科等で習得した知識・技能等を，教科の枠を超えて横断的・総合的に実践活用したり，自ら課題を見付けて考え判断したりするなど，主体的な問題解決力を育てることが期待されていた。しかし，その趣旨が十分理解されていない実践も一部に存在した。また，総合的な学習は，各学校が地域や学校，子どもの実態等に応じ，創意工夫を生かした学習活動を行う時間であることから目標や内容を示さず，総則の中で，ねらいや学習活動，配慮事項等を概括的に示すに留められていた。この学校現場の主体性をうながす措置が，各学校への丸投げと受け取られたり，学校間・学校段階間の学習成果に格差を生じさせたりした側面もみられた。

　こうした実施状況を改善するため，新学習指導要領においては，従来の総則に含まれていた「総合的な学習の時間」に関する教育課程の基準を，独立した章（小学校で

は第5章，中学校では第4章）を新たに設けて示した。このことの意義はきわめて大きい。各学校において新学習指導要領に基づく教育課程の編成や指導計画の作成を検討する際，まずは今回とられたこの措置をどう受けとめていくかが，まちがいなく要所の1つになる。

　総合的な学習の時間を新設章で記述したということは，小学校でいえば，各教科，道徳，外国語活動及び特別活動と並び，教育課程の一翼を担う領域として，その存在意義を明確にしたことになる。各学校は，総合的な学習の時間の趣旨や他の領域と異なるこの時間の特質を踏まえた学習活動として充実を図ることに対し，これまで以上に配慮していく必要がある。

　学習指導要領の各章（各教科の各節を含む）は，第1に「目標」，第2に「各学年（各分野）の目標及び内容」，第3に「指導計画の作成と内容の取扱い」とし，おおむねそれぞれにおいて3段構成で記述形式を揃えてある。新設された総合的な学習の時間の章も，この形式にしたがっている。冒頭の第1の「目標」は，国が定めた目標である。当然のことながら，各学校は，総合的な学習の時間に関しても用意周到な計画を立て，この目標の実現を図ることが求められている。つまり，他章と同等の扱いをし，この章だけを軽視することは許されないということである。

　総合的な学習の時間において扇の要となる第1の目標は，従来の総則に示されていた3つのねらいのうちの2つを中心に，今回，この時間の学習活動の充実を図るため，「探究的な学習」や「協同的」の文言を加えたものである。その意味では，2003年一部改正時の方針をほとんど変えていない。しかし，「ねらい」という限りにおいては，教育活動を実施する上での一種の着眼点というゆるやかな性格を拭いきれなかった。それに対し第1の目標は，全国共通の教育水準を確保するため，各学校には達成することが求められている。それだけに，従来と大差ないと安直にとらえることなく，「目標」として重みが増したことを，各学校における教育課程の編成や指導計画の見直し時に十分に留意しておかなければならない。5つの要素で構成されるこの第1の目標は，総合的な学習の時間たりうる要件でもある。この各要素をすべて実現できるよう配慮し，趣旨を全体に反映させた指導計画へとリニューアルする必要がある。

　次に，「第2　各学校において定める目標及び内容」として，総合的な学習の時間の目標や内容に関する教育課程の基準が示されている。その際，「各学校において定める」としたところに，この時間の創設以来の特質が顕著に表れている。各教科等ではこの第2の部分に紙面の多くを割き，各学校が取り扱わなければならない各学年（各分野）の目標および内容を，国として定めてきた。これが総合的な学習の時間においては，それぞれ2行足らずで示されているに過ぎない。すなわち，各学校が創意工夫を生かした学習活動を積極的に展開できるように，「各学校においては，第1の目標を踏まえ，各学校の総合的な学習の時間の内容を定める」としたのである。

　今次改訂に際し，新設章において総合的な学習の時間に関する教育課程の基準を示

したことから，解説書が作成された。学習指導要領ではこの時間の目標及び内容をどう定めるのかは各学校に委ねられていることを端的に示す一方，解説書には指導計画（全体計画・年間指導計画・単元計画）作成の手順や方法について，具体例を交えたていねいな解説がなされている。

当然のことながら，指導計画は，「各教科，道徳，外国語活動，総合的な学習の時間及び特別活動のそれぞれについて作成されるものである。小学校教育の目標はこれらすべての教育活動の成果が統合されてはじめて達成されるもの」（小学校学習指導要領解説　総則編，2008）だからである。総合的な学習の時間の固有の目標を実現するために，指導計画の見直し作業を通して，自校としての「目標」を定め，その目標を具体化した「育てようとする資質や能力及び態度」，学習課題や学習対象，学習事項等の視点から分析的に検討した「内容」を明確にすることが求められている。

総合的な学習の時間の指導計画に関しては，かつて作成したものを長年そのまま実践し続けてきた学校も少なくない。各学校においては，指導計画に基づく計画的な指導に努めるとともに，具体的な指導方法や評価のあり方，学校全体で推進するための指導体制等について，不断に検証し改善を図っていくPDCAのマネジメント・サイクルの構築が大切である。

2節　総合的な学習の時間の存続意義と役割

総合的な学習の時間については，創設期から学力低下批判の矢面に立たされ，廃止論が囁かれたこともあった。今次改訂において，教育課程全体を通して生きる力の理念を実現するにあたり，この時間を存続させることの意義を確認しておきたい。

これについては第1に，教科書に書かれた知識の暗記やドリルに頼る詰め込み型教育からの転換を求めた新学力観の下，総合的な学習の時間が果たしてきた役割として，子どもたちが現実の社会や自然環境に目を向け，自ら課題を見付け，主体的に問題解決する学習活動のフィールドを確保した点をあげることができる。ここでは，学校で学ぶ知識を実生活・実社会と結びつけ，教科等別に習得した知識・技能を問題状況に照らしあわせて自ら取り出し，横断的・総合的にその実践活用を図る学習活動を重視してきた。これを，総合的な学習の時間では「知の総合化」とよんできた。国際社会においてキー・コンピテンシーの形成が求められている現在，それが「単なる知識や技能だけでなく，技能や態度を含む様々な心理的・社会的なリソースを活用して，特定の文脈の中で複雑な課題に対応することができる力」であることからしても，総合的な学習の時間の存在意義はむしろ高まってきているといえる。実際に自分で使いこなせてこそ"真の学力"ということである。この主体的な問題解決力を重視する学力観を醸成してきたことを，これまで総合的な学習の時間が果たしてきた役割の一端としてとらえることができる。

第2に，総合的な学習の時間の設置により，各学校の判断で地域の学習素材や人材等が積極的に活用されるようになったことである。これは，学校をカリキュラム開発の場ととらえ，日ごろの教育活動をベースに創意工夫した教材開発を進める「学校に基礎をおくカリキュラム開発」（SBCD）を後押ししたと評価できるだろう。第3に，国際理解，情報，環境，福祉・健康等，多くの国がかかえ，将来，子どもたち自身が社会の中で遭遇することになるグローバルな現代的課題に子どもたちの視野を向けさせるようになったことである。学校教育の使命が社会生活を豊かにするための準備にあるとすれば，これは，新しい未知の課題に試行錯誤しながらも対応することが求められる社会において，自立的に生きていく上で必要とされる力の育成の面から重要であった。このように総合的な学習の時間は，学校教育の基調の転換に大切な役割を担ってきたのであり，章立てにより教育課程上の位置付けを明確にした現在，さらなる進化が期待されている。

　他方，総合的な学習の時間のこれまでの実施状況を振り返ると，その学習活動の質やあり方に大きな課題が残されている。1つに，「活動あって学びなし」といわれるように，確かな学びに結びついていかない，やるだけの体験活動の存在である。体験活動のねらいの明確化はもとより，おもに単元計画の水準で教育的に価値ある活動として高めることへの吟味が求められるところである。

　2つに，小・中学校等の学校段階間の取組の重複である。教科でないゆえに，総合的な学習の時間には教科書がない。発達段階に応じて書き分けた目標や内容は，学習指導要領に示されていない。ぜひとも，小学校と中学校の間で同様の学習活動のくり返しを避けることが望まれる。川や施設など，たとえ中学校でも同じ場を採用したとしても，そこで学ぶ事項に関し，見いだされる教育的価値を検討し，見直しを図ることや探究の質を高める工夫が必要である。中学校区に複数の小学校を抱えているなど，地域により困難な条件はあるかもしれないが，活動内容について協議したり，できるだけそれぞれで育てようとする力の系統表を作成し，連携して接続を円滑にしたりするなど，学校段階間の計画性が求められるところでもある。中学校において，学習活動に関する従来の3つの例示に「職業や自己の将来に関する学習活動」を加えるなどして小学校と区別したのは，これを意図してのことである。

　3つには，中央教育審議会の答申（2008年1月，以下，「答申」と略す）において，「大きな成果をあげている学校がある一方，当初の趣旨・理念が必ずしも十分に達成されていない状況も見られる」と指摘された点である。教科学習の補充や運動会の準備，ひどいケースでは球技大会にこの時間を転用するなどしてこなした学校と，真摯に取り組んだ学校との間で二極化を進行させた一面もあった。今回の総合的な学習の時間の章と解説書をじっくりと読んだ上で，ずいぶんと扱いが厳密になったという印象をもつものでなければ，2003年時の一部改正のポイントを的確に押さえて，実践してきた学校である。仮にそうでなければ，どこを読み誤っていたのかを明らかにし

た上で改善点を洗い出し、自校らしい実践の創造に向けて再スタートを切る必要がある。

　総合的な学習の時間は、学校教育法施行規則第50条（第72条）において、各学校における教育課程上必置と定められている。章立ての措置により教育課程上の位置付けが明確になった以上、この時間の存続の是非を問う姿勢はもはや許されない。校内において、その授業の質をいかに高め充実させていくかについての生産的な議論を進めていく必要がある。

　「知識基盤社会」といわれる変化の激しい社会を生き抜く力を付けるため、学卒後にも生きて働く実践的な力の育成を視野に入れ、総合的な学習の時間のフィールドをどう活用することができるのか。こうした大きな展望に立ち、その必要性から総合的な学習の時間を存続させるよう教育課程の基準は改善されたのである。答申において総合的な学習の時間は、「自ら課題を見付け、自ら学び、自ら考え、主体的に判断し、よりよく問題を解決する資質や能力を育てることなどをねらいとすることから、思考力・判断力・表現力等が求められる『知識基盤社会』の時代においてますます重要な役割を果たすものである」と判断された。総合的な学習の本来の趣旨を踏まえた時、21世紀型の学力を育むフィールドとして、まさに知識の実感フィールド、実践活用フィールド、探究フィールドとしての期待が込められたのである。

　そうすると、「基礎的・基本的な知識・技能の定着やこれらを活用する学習活動は、教科で行うことを前提に、体験的な学習に配慮しつつ、教科等の枠を超えた横断的・総合的な学習、探究的な活動となるよう充実を図る」とし、答申が提起した新教育課程の枠組みにおいて、総合的な学習の時間に求められていることについても納得できるだろう。要するに、身に付けた知識・技能を元手に、それを生涯、活用したり更新したりすることが必然的に求められる知識基盤社会を生き抜くには、「基礎的・基本的な知識・技能の習得やそれらを活用して課題を見いだし、解決するための思考力・判断力・表現力等が必要」となる。習得型・活用型・探究型の学習方法を組み合わせ、確かな学力として多面的な育成を図り、学校で学ぶ知識・技能等を使いこなすことができるようになる実力として身に付けさせられるかどうかが課題なのである。

　さて、この自ら知識・技能を活用し、考え行動する力の重視は、PISA調査の「自らの将来の生活に関係する課題を積極的に考え、知識・技能を活用する力」を意識したものと考えられる。答申では、おもに活用場面での学習活動例として、「体験から感じ取ったことを表現する」とし、日常生活や体験的な学習活動の中で感じ取ったことをことばや歌、絵、身体などを用いて表現することが、「事実を正確に把握し伝達する」「情報を分析・評価し、論述する」「課題について、構想を立て実践し、評価・改善する」「互いの考えを伝え合い、自らの考えや集団の考えを発展させる」などとともに示されている。これらは、従来、総合的な学習の時間でも重視してきた学習活動でもある。

確かな学力の育成が強調されても,「体験活動」はけっして軽視されるものではない。2008年1月に刊行された文部科学省『体験活動事例集―豊かな体験活動の推進のために―(改訂版)』をわざわざ引き合いに出すまでもなく,体験は,子どもたちの学びと成長の糧であり,生きる力を育む基盤となる。総合的な学習の時間においては,感性や知性に基づき情報を収集・分析する力,それをわかりやすくまとめ・表現する力,自らの行為について意思決定する力,他者と協同して課題を解決する力,知識や技能等を生活や学習に生かす力等を育成する上で,今後も体験活動を重視することに変わりはない。

　今回,PISA調査の実施主体であるOECDのキー・コンピテンシーの考え方を背景に,「学習方法に関すること」「自分自身に関すること」「他者や社会とのかかわりに関すること」の視点から,総合的な学習の時間で「育てようとする資質や能力及び態度」の例が示された。それも体験活動や言語活動を経由して育成することが重要である。体験活動を取り入れる際には,そのねらいや意義を明確にした上で,学習活動(単元計画等)に位置づけておくべきことはいうまでもない。

　新学習指導要領では,国語や算数(数学),理科や保健体育などの授業時数が増加する一方,総合的な学習の時間の時数が削減されたことから,いまだに"総合軽視"の風潮から抜け出せない学校が根強く残っている。総合的な学習の時間に関しては,実際には充実化の方向で教育課程の基準が見直されたにもかかわらず,教員間に温度差を生じさせているとすれば,今次改訂の趣旨に照らし合わせ,まずは充実化の方針を打ち出して校内で共通理解を図ることが大切になる。

3節　体験活動を充実させる視点

　体験活動は,学びの出発点・基盤として,そして「知」の活用・実践化につなげていく活動として,これからも軽視されるものではない。

　しかし,これまで総合的な学習の時間で行ってきた体験活動にも,課題がなかったわけではない。第1に,学びなき体験といわれるように,体験活動をその場限りの活動で終わらせていた例もみられた。第2に,事前に体験活動のねらいや意義を子どもに十分に理解させないままに行っていた,主体なき体験といわれるものも散在していた。第3に,行事や運動会の準備等への転用など,そもそも総合の趣旨に沿わない活動を,体験の名の下にこの時間枠を使って行っていたものもある。この種の体験活動には,充実ではなく見直しが求められる。

　総合の解説書には,「内容の取扱いの改善」として示された3項目のうち,第3番目に「体験活動と言語活動の充実」があげられ,それを今次改訂の重点項目の1つにしている。一般には,言語(ことば)と体験の順にして語られることが多いが,ここで順序を逆にしてあるのは,今後も体験活動を積極的に取り入れつつ,体験したこと

をことばにし，ことばにより体験活動のめあてを深めていくなど，体験とことばの絶えざる往復によって両者をつなげ，その相乗効果で学習活動としての充実を図ることを意図しているからである。

　他方，総合的な学習の時間は，答申において「探究的な活動となるよう充実を図る」と提言されたことから，従来の横断的・総合的な学習に加え，探究的な学習となることを同時に目指している。体験活動では，実際に人と出会い，社会や自然環境と交わることで現実に直面し，子どもたちは感情的にも知的にもゆさぶられる。疑問や問題意識をもつと，そのことの原因を追究しようと動機付けられもする。また，そうするには，各学校がこの時間の内容を定める際，ぜひとも「学習事項」にまで踏み込んで検討してほしいが，それを通し，なぜその体験が必要なのかという体験活動の目的を明らかにし，一連の探究プロセスのどこに組み入れると効果的なのかなどに見通しをもつことが大切である。

4節　探究を支える言語活動

　さて，総合的な学習の時間における探究的な学習プロセスの一連のイメージについては，文部科学省「読解力向上に関する指導資料」（2005年12月）に示された「読解のプロセス」の説明が参考になる。今次改訂において，教科等を横断して言語力の育成を図ることが課題となっているが，同資料はPISA調査の結果分析に基づき，日々の学習活動の改善の方向性を示している。

　同資料に拠れば，総合的な学習の時間では，「児童生徒が自ら調べ・まとめ・発表するなどの活動が行われているが，これは，テキストから情報を取り出し，解釈し，熟考し，自分の意見を論ずることを内容とする『読解プロセス』と相通ずるものがある」（文部科学省，2005，p.13）という。したがって，総合的な学習においては，「体験活動等を通じて芽生えた課題意識を基にして，課題の解決に必要な情報を獲得し，それを自分の知識・技能と結び付け，自分なりの考えを深め，自分なりの言葉でまとめ，表現するところまで含めて学習を完結させること」（同書）を期待している。統計資料や測定データなどを活用して論理的な文章を書くこと，自分の考えを数式などを使って説明することなども有効だという。

　また，PISA型読解力は，〈情報の取り出し〉〈解釈〉〈熟考・評価〉の3つの側面から構成されている。具体的には，テキストに書かれている情報を正確に取り出すこと。書かれた言語情報がどのような意味をもつかを理解したり，推論したりすること。テキストに書かれている知識や考え方を自己の経験と結びつけ，評価しながら読み解いたり自分の考えや理由を明らかにしたりすることなどである。

　先の読解力向上に関する資料では，総合的な学習の時間等を通じて行う改善の取組として，具体的に3つをあげていた。①テキストを理解・評価しながら読む力を高め

ること，②テキストに基づいて自分の考えを書く力を高めること，③さまざまな文章や資料を読む機会や，自分の意見を述べたりする機会を充実すること，である。

　これらでは，テキストが主たる情報源として考えられている。この情報を，判断や意思決定，行動を左右するすべての言語情報として広くとらえると，文字言語や数字など記号化されたものによって情報を得ることもできるし，具体物・人とのかかわりや体験活動など，現実の学習対象（人・もの・こと）と直接かかわることで，オーラル情報や実感情報も得られる。観察，実験，見学，調査・インタビュー，実地探索，追体験などによって得られる多様な情報も，課題解決に必要な情報である。真剣な息の長い探究活動を支える情報としては，むしろ体験活動を通して得られる生情報が大切となろう。

　今回の解説書の中で探究的な学習は，「課題の設定」「情報の収集」「整理・分析」「まとめ・表現」を発展的にくり返す過程として描かれている。これは，現実の人や社会，自然・環境と直接かかわる体験活動を基盤にした，総合的な学習ならではの特質を生かした言語活動のモデルといえるだろう。

5節　要件として加わった探究的な学習

　すでに述べた通り，この時間の学習活動において備えるべき要件は，「横断的・総合的な学習」であり，かつ「探究的な学習」になることである。前者が，教科等の枠を超える領域的な広がりを指すとすれば，後者は，問題解決的な活動が発展的にくり返されていく一連の学習活動のことであり，学びを深め生きた言語力を身に付けていく学習過程のあり方を示している。こう理解して，大きな不都合は生じない。

　実際の探究活動の各局面では，順番が前後したり，1つの活動の中で複合的に行われたりすることが起こるが，次のような学習過程を経ることが重要となる。

　体験活動を通して，
(1)【課題の設定】現実の学習対象とかかわり，課題を設定する。
　　　↓
(2)【情報の収集】必要な情報を取り出したり収集したりする。
　　　↓
(3)【整理・分析】収集した情報を整理・分析して思考する。
　　　↓
(4)【まとめ・表現】気づきや発見，自分の考えなどを判断し，まとめ・表現する。

学ぶことの意味や価値を見いだし，自己の成長や生き方に結びつけて考える。

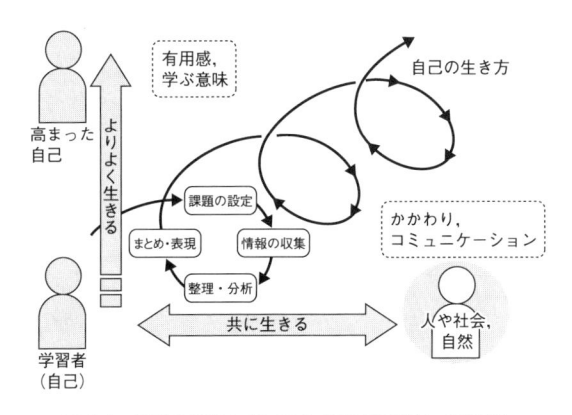

図 2-1　探究の過程と自己の生き方（原田編，2008年）

　この探究的な学習の過程を，子どもの学びの姿として描いたのが図 2-1 である。その際，子どもは必然的に次のような学びを出現させると考えられる。①日常生活や社会に目を向けたときに湧き上ってくる疑問や問題意識に基づいて，自ら課題を見付け，②そこにある具体的な問題について情報を収集し，③その情報を整理・分析したり，知識や技能に結びつけたり，考えを出し合ったりしながら問題の解決に取り組む。④明らかになった考えや意見などをまとめ・表現し，そこからまた新たな課題を見付け，さらなる問題の解決を始めるといった学習活動を発展的にくり返していく。この過程では，他者と情報や意見を交換し合い，自らの考えや判断を吟味・更新したり，協同で実践に移したりしていく。

　総合的な学習の時間における探究的な学習の過程は，先の 4 つの局面を問題の解決や探究活動のユニットとし，発展的にそれぞれの課題を究めようとしていく一連の知的営みを定式化したものである。国際理解や情報，環境，福祉・健康など横断的・総合的な課題及び実生活・実社会の中から見いだされる課題は，いくら追究しても唯一絶対の正答に辿り着かないものが多い。逆にいえば，だからこそ，学習活動が発展性に富む可能性を秘めているのである。このことを踏まえ，内容の取扱いの配慮事項の(4)では，体験活動を問題の解決や探究活動に適切に位置付けることを求めている。同じく(2)では，この「問題の解決や探究活動の過程においては，他者と協同して問題を解決しようとする学習活動や，言語により分析し，まとめたり表現したりするなどの学習活動が行われるようにすること」と示してある。体験活動と言語活動をともに充実させることが，今次改訂の大きなポイントになる。

　振り返ってみると，このことは答申でも取りあげられていた。従来と同様という認識で飛ばして読まれがちだが，体験活動は，答申の「7．教育内容に関するおもな改善事項」において，言語活動，理数教育，伝統や文化に関する教育，道徳教育とともに，「充実」ということばが付された 5 項目のうちの 1 つである。その体験活動の充

実に関し，次のように述べられている。

○事前に配慮すべきこと
　体験活動を行うねらいや意義を子どもに十分に理解させ，活動についてあらかじめ調べたり，準備したりすることなどにより，意欲をもって活動できるようにする。

○事後に配慮すべきこと
　(体験活動を通して，)感じたり気付いたりしたことを自己と対話しながら振り返り，文章でまとめたり，伝えあったりすることなどにより他者と体験を共有し，広い認識につなげる。

　総合的な学習の時間における体験活動は，その事前・事後の取組を含めてねらいを明確にし，探究的な学習の一環として充実を図るということである。

6節　探究の質を高める協同的な学び

　さらに総合的な学習の時間は，他者との協同的な学びの場面を組み入れ，探究的な学習として充実を図ることが大切である。これは，第1の目標に示された「協同的に取り組む態度」を育てることにもなる。

　これまでと同様，実存する身のまわりの人々や社会，自然環境に子どもたちが興味・関心をもち，自ら意欲的にそれらとかかわろうとする問題の解決や探究活動においては，主体的・創造的な態度の育成が欠かせない。他方，これからの知識基盤社会を生きる個人においては，「自己との対話を重ねつつ，他者や社会，自然や環境と共に生きる，積極的な『開かれた個』であること」が求められることから，他者と協力しながら「身近な地域社会の課題の解決にその一員として主体的に参画し，地域社会の発展に貢献しようとする意識や態度をはぐくむこと」も必要とされている。こうした他者や社会と協同的にかかわる力の育成は，国や地域を越えて求められている。

　「協同的に取り組む態度」は，お互いに自分の考えや意見を出し合い，見通しや計画を確かめ合い，他者の考えや価値観を受け入れたり意見を交換したりしながら，問題の解決や探究活動を協同で行う学び合い経験を積み重ねて育っていくのである。この協同的な学び合い活動を通し，多様な考え方をもつ他者と適切にかかわり合ったり，地域や社会に参画・貢献したりする態度が育まれていく。他者と知的にも切磋琢磨し合う協同的な学びは，探究の質をより高度なものにする上でも大切な要件となる。

　協同的に学ぶことの価値は，たとえば，以下の3つのことに見いだされる。

①多様な情報の収集につながること　　┐
②異なる視点から検討ができること　　┴── 協同的な言語活動

③友達と協力して学習したり，地域の人と交流したり，協同でプロジェクトを実施したりすることで，「共存・協力」の意識・態度が育まれること ── 協同的な体験活動

　第1に，友達と協同して問題の解決や探究活動に取り組めば，多様な見方や考え方，意見を互いに出し合い受け入れ，見通しや計画を確かめ合いながら，課題追究をすることができる。課題が多面的に映し出されたり，生活場面で起こっている具体例や自らの経験知が出されたりして，課題意識そのものも高まる。協同の知恵が発揮されれば，課題追究の筋道も確かになる。また，課題は共通でも，問題関心別グループで追究すれば，その分だけ情報の収集量は多くなり，情報の質も多様になる。そうすると，整理・分析の場面での学習活動を充実させることもできる。協同で学ぶことの互恵性を経験し，協同的な態度が育まれていくことにもなる。
　第2に，話し合いや検討の場面は，多様な視点で異なる考え方が出された方が深まる。ものごとの本質を探ろうと動機付けられもする。立場によってものごとの見方は異なり，世の中には多様な考え方が存在することにも気づく。そうすると，多様な情報の中にある特徴を見付けるなど，分析的な思考を働かさざるをえなくなる。だからこそ互いに集めた情報を比較したり関連付けたり，グラフに表して他者を説得しようとするなど，身に付けた学び方を生かして論理的・分析的な思考を働かせることに価値が生まれる。また，相手に応じた伝え方を考えさせることにもなる。もちろんそれは簡単ではないので，子どもは試行錯誤をくり返すだろう。少なくとも一面的なものの見方で追究するのでは，情報の整理・分析それ自体も画一化しやすい。
　協同的に学ぶ活動場面では，調べて明らかになった問題点や自分の考え等をスクラッチ・カードに書き出し，KJ法やウェビング等で整理・分析することは，体験を言語化したり概念化したりして，更なる問題の解決や探究活動への発展を図る上で有効である。
　第3に，「3人寄れば文殊の知恵」の譬えにあるよう，1人でできないことも他者と協力して実現できることは多い。学級の友達と力を合わせたり，学年を超えて協力して活動に取り組んだりして成功体験を積みことは有意義である。地域の大人や専門家との交流は，社会参画の意識を育むことにもなる。

7節　趣旨の貫徹

　今後も総合的な学習の時間においては，体験活動を重視することに変わりはない。その際，体験活動を通して何を実感し学んだのかを考え判断し，そのことを他者に伝えるなどの場面を意図的に設定することが大切になる。

新学習指導要領には，積極的に取り入れる体験活動として，大きく3つが示されている。第1に，諸感覚を通して自然界の事物や現象に働きかけたり，自然の偉大さや美しさに出会ったりする自然体験である。第2に，福祉施設や職場などへの訪問と人との交流，職場体験やボランティア活動などの社会体験である。第3に，ものづくりや生産活動にかかわる生産体験である。これらは例示なので，芸術・文化活動に参加する文化的体験や自分たちで企画して行う総合表現活動などを含めて構わない。

　大切なのは，総合的な学習の時間の第1の目標や第2の各学校において定める目標及び内容に照らして，その趣旨に則っているかどうかである。なかでも，職場体験活動やボランティア活動は，特別活動における勤労生産・奉仕的行事と重なるところがあり，混同しないようにする必要がある。これについては，「第3　指導計画の作成と内容の取扱い」1の(7)に記された，「……特別活動の目標および内容との違いに留意しつつ，第1の目標並びに第2の各学校において定める目標及び内容を踏まえた適切な学習活動を行うこと」を十分に留意し，教科横断的な問題の解決や探究の過程に位置付いているなど，総合の要件の上から厳密に判断する必要がある。

　同様に，運動会のような特別活動の健康安全・体育的行事の準備を総合の時間を使って行うことも趣旨に合わない。この点は，「特別活動において体験活動を実施したことをもって総合的な学習の時間の代替を認めるものではない」と，総則の解説書第3章第3節の7「総合的な学習の時間の実施による特別活動の代替」に説明された通りである。

　教育課程全体を見渡す中で総合的な学習の時間に期待された役割を十分に理解した上で，その趣旨を貫徹させたこの時間ならではの学習活動の充実が求められている。

総合的な学習の時間の指導計画作成の工夫

3章

1節 はじめに

　総合的な学習の時間（以下，総合的な学習）の創設以来，この時間の全体計画や年間指導計画をどのように描き，実践へと具体化するかは，課題であり続けている。各教科のように，目標や内容が学習指導要領に示された中での指導に慣れてきたわれわれ教師集団にとって，どのような力を育てるのかといった根本的な問いに向き合い，指導計画から授業までをトータルに構築する経験は少なく，戸惑いが大きかったのも事実である。この時間のねらうところが目標として明確に定められた新学習指導要領の本格実施を控えた今こそ，原点に立ち返った全体計画等，指導計画を見直す絶好の機会である。

　そこで本章では，各学校の創意工夫を生かした指導計画の作成の基本となる考え方と手順について述べる。まず新学習指導要領を踏まえた作成のポイントを示す。次に，岐阜県山県市立高富小学校のこれまでの実践を踏まえ，その事例を参考にし，指導計画作成の過程や課題も含めて紹介し，新教育課程への橋渡しとする。

2節 全体計画および年間指導計画の作成のポイント

　総合的な学習の時間の指導計画のうち，学校としては全体計画と年間指導計画の2つを作成する必要がある。また単元指導案として示されることが多い単元計画と年間指導計画は，相互に密接に関連し合っているので，実際には両者を常に視野に入れて作成していくことになる。

　2008年3月に公示された新学習指導要領「第5章　総合的な学習の時間」の第3にある「指導計画の作成と内容の取扱い」が指す指導計画とは，この時間の基本的なあり方を示す全体計画，および1年間の流れとして構成された年間指導計画，そしてより具体的なプランである単元計画を指すことから，これらの作成において重視すべき点を示す。すなわちどういった要素を指導計画に盛り込むのか，どのような立場に立った構成とするのかなどである。そこには，総合的な学習のとらえ方にかかわる根幹的な構えが反映される。新学習指導要領のもと，この時間の実践が充実するために，

今一度検討すべき点なのである。

1. 全体計画の作成

「第3　指導計画の作成と内容の取扱い」には，次のように示されている。

> 全体計画及び年間指導計画の作成に当たっては，学校における全教育活動との関連の下に，目標及び内容，育てようとする資質や能力及び態度，学習活動，指導方法や指導体制，学習の評価の計画などを示すこと。（文部科学省，2008）

　この一文に，総合的な学習の指導計画に必要な構成要素が端的に示されている。まず，これらの要素を大きく2つの枠組みに分け，おのおののポイントについて提案してみたい。
　第一は，総合的な学習の目標，育てようとする資質や能力及び態度，そして内容についてである。この3つは，全体計画において必ず明確にされるべきものであり，また厳密にいえばそれぞれ異なる概念である。
　まず目標についてである。各学校において定める目標は，新学習指導要領に示されたこの時間の目標を踏まえて設定される。踏まえるべき目標とは下記の通りである。

> 横断的・総合的な学習や探究的な学習を通して，自ら課題を見付け，自ら学び，自ら考え，主体的に判断し，よりよく問題を解決する資質や能力を育成するとともに，学び方やものの考え方を身に付け，問題の解決や探究活動に主体的，創造的，協同的に取り組む態度を育て，自己の生き方を考えることができるようにする。（文部科学省，2008）

　この目標の表記には，5つの要素が含まれている。例えば，横断的・総合的な学習や探究的な学習を通すという視点である。そして，問題の解決に向かう資質や能力及び態度を育むこと，学び方やものの考え方を身に付けることという視点とともに，主体的，創造的，協同的に取り組む態度を育てるという視点がある。また，自己の生き方を考えることという視点もある。すなわち各学校の目標の設定に際しては，どのような学習活動を通すのか，ねらうところはどのような資質や能力及び態度，また学び方・ものの考え方の育成であるのかなど，この時間の目標として明確にした各要素について，おのおの十分に吟味し，確実に位置付ける必要がある。
　その際，育てようとする資質や能力，及び態度と内容について，この両者は区別して考えた方がよい。前者は総合的な学習でどういった力をつけたいかということであり，後者はどのような課題に取り組み，どのような対象とかかわりながら，どのような知識や考えなどを得ていくのかということである。双方は，子どもたちの学びの両

輪をなすものである。全体計画にはできるだけ，両者の違いを意識して位置付けることが必要である。総合的な学習の創設以来，この時間のねらいは，どちらかといえば資質・能力重視の傾向があった。しかし，子どもたちが現実に学ぶ姿を想起してみると，資質や能力及び態度が育つときには，そのような学びを必然的にうながすことのできる学習課題や学習対象，またそこから得られる知見や価値的に尊重すべきものの考え方（学習事項），すなわち内容の充実が必要であるということは自明である。

くり返すと，学習指導要領が定めるこの時間の目標を受け，各校において自校なりの目標を定める。そこから，育てようとする資質や能力及び態度，そして内容のそれぞれを明確にする。このことが，新学習指導要領における全体計画の作成として確実に実践したいことの第一である。

では，育てようとする資質や能力及び態度と内容をどのように設定するのか。この点についてさらに述べる。

まず，育てようとする資質や能力及び態度とは，各校において定める目標を，実際の学習場面や子どもの姿に適用できるよう，より具体的に示したものである。特に今次の改訂では，「学習方法に関すること，自分自身に関すること，他者や社会とのかかわりに関すること」と，例となる3つの力の視点が示された。これを参考にして，各学校において定めることとなる。

内容については，新学習指導要領にある学習活動についての例示が拠り所となる。そこには「例えば国際理解，情報，環境，福祉・健康などの横断的・総合的な課題についての学習活動，児童の興味・関心に基づく課題についての学習活動，地域の人々の暮らし，伝統や文化など地域や学校の特色に応じた課題についての学習活動など」（文部科学省，2008）とある。これらは，現代社会においても，1つの絶対的な答えが見いだされているものではない。誰もが問題意識をもち，自分の生活や生き方とかかわらせながら，よりよい解決を目指していくべきものである。総合的な学習の学習課題として，探究する価値のあるものである。学校の教育目標，学校や子どもの実態，地域の特色や課題，また保護者の願いや意向なども踏まえながら，学校としてどのような内容を設定するのかを明確にしたい。

なお本章の3節「指導計画作成の実際」のところで事例をあげて，目標，内容，育てようとする資質や能力及び態度の設定について，さらに詳しく述べることとする。

さて，指導計画に必要な構成要素の枠組みの2つ目である。総合的な学習の目標を具現する学習活動，指導方法や指導体制，学習の評価の計画が，全体計画に明確に示される必要がある。総合的な学習の指導は，従来より教科指導で取り入れられてきた学習活動や指導方法等が，そのまま適用できるものではないと考える。したがってこれらは，授業実践に向けて何を位置づけるかが重要となる。各学校で定めた目標等を受け，具体的にどのような学習活動を行い，どのように指導し，また評価するのかを明らかにしたい。

学習活動としては，例えば学校で定めた内容を受け，各学年のおもなテーマを何にするか，どのような単元構成を基本とするか，単元展開上の特質は何かなどを示すことが望まれる。指導方法としては，学校として特に大切にしたい事柄についてしるしたい。教科との関連を図った指導，体験的な活動を生かす指導，個に応じた指導などが例としてあげられよう。新学習指導要領で新たに着目された言語活動や協同的な学習を，指導の中にどう取り込むかなどについても，同様である。また指導体制としては，校内外の物的・人的環境の整備や連携のあり方等についてしるしておきたい。学習の評価については，評価規準，評価方法，評価の指導への生かし方，あるいはカリキュラムの評価等について定めることになる。
　ただし，以上のすべてを具体化して全体計画に盛り込むことはむずかしい。したがって，そこには基本となる方針を示し，年間指導計画や単元計画において，具体的に記すことになる。新学習指導要領で求められたのは全体計画をはじめとする指導計画の作成である。すなわち，年間指導計画や単元計画の作成までを含めて，「指導計画の作成と内容の取扱い」の配慮事項を実現することである。学習活動，指導方法や指導体制，評価の計画などは，より実際の指導に結びつく単元計画等の方がむしろ組み入れやすい。全体計画には，総合的な学習の目標をどのように実際の指導に実現していくのかという基本的な立場を映し出すことが重要である。
　このほかにも，自校の総合的な学習の特質を明らかにするために必要と考えるものを，全体計画に示してもよい。例えば児童・学校・地域等の実態，学校・保護者・地域の願い，幼小中高との連携，地域との連携などである。
　全体計画の作成については，3節に例をあげ，さらに具体的に考えていくこととする。

2. 年間指導計画の作成

　次に，年間指導計画を作成するにあたってのポイントを提案する。まず確認しておきたいのは，目標，内容，育てようとする資質や能力及び態度などについて全体計画に示した総合的な学習の基本的な立場が，年間指導計画に適切に反映されることである。構想が具体レベルに，確実に反映されなければ，描いたものは実践に結びつかない。
　では，前項「1. 全体計画の作成」で述べた総合的な学習の指導計画に必要な構成要素の2つの枠組みに沿って，それぞれポイントを述べていくこととする。まず目標と育てたい資質や能力及び態度，そして内容についてである。
　年間指導計画では，各学年の1年間の学習活動の流れを構想する。全体計画を受け，どのような学習活動をどの時期に取り上げ，その活動を通し，どのような資質や能力及び態度等を育むのかを明らかにするよう，具体的な児童の姿を思い描きながら，必要な時数を予想して構想を立てることが望まれる。

3章　総合的な学習の時間の指導計画作成の工夫

　また，学習課題や実際にかかわる対象，そこで得たい知見や価値的に尊重すべき考え方（学習事項）などを，より具体的に視点として示すことが，内容の充実には欠かせない。

　一例をあげると，該当学年の総合的な学習の内容について，学習課題として環境に関するテーマを定めたとする。そこには，学習を通して得たい環境そのものや環境問題に対する見方・考え方や知識などが設定されるはずである。環境を学習課題にするにしても，地域の川の現状から迫るのか，地域のごみの問題から迫るのか，あるいは地域の山と人とのかかわりから考えるのか。そこで得られる見方・考え方や知識は，どれを題材とするかによって，展開上異なってくる。

　また，地域の川を題材とするにしても，川に住む生き物を調べる活動から考えるのか，川にあるごみを調べたり取り除いたりする活動から考えるのか，あるいは川の変遷の歴史から考えるのか。同じ川を取りあげても，活動の切り口はさまざまに想定することができる。これは，切り口を多様に想定するからこそ，学習を通して得ることのできる見方・考え方や知識はさらに具体的になるということを意味する。全体計画において，学習課題や学習対象，得させたい知識や考えの大枠を示したならば，年間指導計画には，より多様で具体的な学習活動を分析的に想定したうえで，内容を記載することが求められる。

　さらに1点，付け加えるとすれば，どのような学習課題や学習対象を設定するかは，各学校の特徴をもっとも反映させやすいところだということである。それらは，地域や児童の実態に応じて設定することはもちろんであるが，その際，今，目前の子どもたちに体感させたいことは何か，揺さぶりたい感覚・感性は何かなどについても吟味したいところである。内容として，知識などのように比較的明文化しやすいものと同時に，ぜひ対象や活動そのものが子どもたちに訴えてくるもの（たとえば，つないだ手の温かさ，ざぶんと入った川の匂い，田の泥の中に入れた足の重さと泥の感触，車いすをこぐ手の痛みと汗など）も含めて検討しようという提案である。この現実感を大切にするところが，総合的な学習のよさだからである。

　さて，このようにして内容の具体化が進んだならば，さらに，次の1年間を見通して，時系列に沿った構造を考えていく。どのような子どもの意識のつながりを想定することができるのか。どの季節にどの場所で，どのような対象とかかわらせ，どのような見方・考え方や知識を得られるようにするか。つまり，学習活動（単元）の流れを構想することである。これは，単元配列の構造とも言い表せよう。これについては，総合的な学習は子どもたちが見いだした課題に基づいて展開するものであり，教師がレールを引くものではないという意見がある。しかし，これはレールの上を歩かせるためのレールではない。子どもたちが主体的に取り組む探究的な学習は，内容の大枠を定めたとしても，十分に自らの手で進めていくことができる。総合的な学習は，たしかに子どもたちの主体的な探究を大切にする場であるが，そのことは主体的である

ならば何でもよいという意味ではない。それは、総合的な学習の本質とはかけ離れている。学校として探究することに価値があると定めた内容に向かう学習の中で、子どもたちの、自身から芽生えてくる問題意識に応じた柔軟な展開を目指すものであり、その意味で、年間指導計画によりある程度の見通しをもつことは必要である。

ところで、上記のような1年間を見通した構造化は、内容において行われるとともに、育てようとする資質や能力及び態度についても必要である。育てようとする資質や能力及び態度は、例えば課題をつくる、追究の計画を立てる、調査・観察や実験をする、まとめる、表現するなど、学習活動を通して身に付けていくものである。したがって、年間指導計画のどこでどのような資質・能力・態度を育てるのかは、内容とあわせて検討し、定めることが重要である。1年間を見渡し、力を育む場を位置づけた構造化を図ることである。

次に、2つ目の枠組みである、学習活動、指導方法や指導体制、学習評価の計画を年間計画に示すことについてである。先に述べたように、これらは共通方針の実践化に向けて重要な部分であり、各校の特色が現れるところでもある。

まず、全体計画に示したことを、1年間の時系列の中で構造化することである。新学習指導要領では、横断的・総合的・探究的な学習を通すことが重視される。その学習が展開できるために、単元構成や各単元のつながり方、時間配分などを計画することが、実現の要となろう。そして、各場面での指導方法についても、時系列に沿ってアウトラインを示すことが望まれる。一例をあげると、学校として大切にしたい指導方法として、教科との結びつきを全体計画に記したとする。ならば年間指導計画では、内容や育てようとする資質や能力及び態度について、どこでどのような教科等と関連づけて展開されるのか、見通せるようにしておく必要がある。さまざまな場面で学んだり身に付けたりしたことが子どもの中で総合的に働くようにするためには、場面設定における時間的配慮をすること、既習学習に結びつける手だてを講ずることなどが必要である。そのような手だてを、年間指導計画のレベルで具体化することが望まれる。

評価の方法については、子ども自身が自らの学びを振り返る自己評価、他者評価、相互評価など、さまざまにある。また、授業者による評価も行われる。ポートフォリオを活用するにしても、評価規準や評価方法、評価を指導に生かす方策等について、年間を見通し計画的に実施することが望まれる。

3. 単元指導計画の作成

次に、単元計画を作成するポイントとして、やはり、学校として定めた目標のもと、内容と育てようとする資質や能力及び態度を、具体化した学習活動の次元で、その内容に照らし合わせて明確にすることが重要である。

したがって、単元の基本となる学習活動のプロセスを具体的にイメージした計画と

3章 総合的な学習の時間の指導計画作成の工夫

```
┌─────────────────────┐
│       体験          │
│        ↓            │
│  情報の取り出し・収集  │
│        ↓            │
│   整理・分析・考察    │
│        ↓            │
│    まとめ・表現      │
│ (気付き・自覚化・一般化・実践化) │
└─────────────────────┘
```

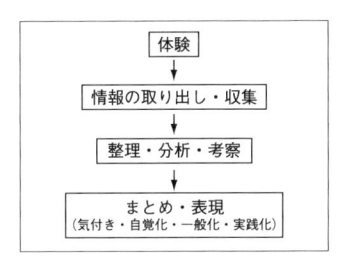

図3-1　基本的な学習過程

なる。例えば「探究的な学習」に関し,「体験」→「情報の取り出し・収集」→「整理・分析・考察」→「まとめ・表現」といった学習過程をイメージするなどして計画を立てることである（図3-1）。

「体験」とは,単元の中で対象とかかわる学習活動のことである。先にも述べたように,子どもたちに何を体験させたいのか,そこで揺さぶりたい感性は何で,可能性としてどんな問題意識が育まれるのかなどについても吟味し,体験を位置づけることが大事なポイントになる。どのような体験活動にするのかは,学校や地域,児童の実態に応じて,自分の学校が何を大切にしているのかという主張が現れる部分でもある。

「情報の取り出し・収集」とは,体験活動を通してさまざまな事実や発見,疑問,考えなどを取り出してくることである。体験を,単なる体験に終わらせないために,この局面は重要である。体験から取り出した現実味あふれる情報を整理・分析し,考察するのが,次の「整理・分析・考察」の局面である。情報は集めるだけでは,あまり意味がないし,主張や価値判断につながらない。集めた情報を視点を定めて整理したり,比較・分類・序列化などの分析を行ったりする中で,思考や判断がくり返され,考えとしてかたまってくる。さらに「まとめ・表現」の局面において,自分のことばで表したり他者に発信したりすることを通して,自分の立場や考えが明確になる。社会一般の問題に引き寄せて考えたり,何かのために行動する実践化につながったりすることもある。そしてここから,また新たな課題が生まれるであろう。

こうしたことから,単元計画には,具体的に学習活動をイメージした上で,指導方法や指導体制,学習の評価方法などをしるすことが必要である。その形式は各校で大いに工夫すべきである。教科の指導計画の作成等で培われたノウハウを生かしてよいところである。ただ,形式に先んじて重視したいのは,単元構成において探究的な学習活動が展開されることである。そのために,たとえば前述のように,基本となる学習過程を単元構成の構えとして共有することも1つの方法だろう。

3節　指導計画作成の実際

　ここでは，山県市立高富小学校の事例を紹介し，指導計画作成のポイントの具体化を図りたい。指導計画を作成する際，どのように原理を踏まえ，構成する必要があるのかについて，見直し点や課題も含めて述べることにする。これらは，何よりも実践化の参考となろう（なお，ここに例示した高富小学校の指導計画等は，毎年改善が加えられていることを申し添えたい）。

1. 全体計画の作成の実際
(1) 全体計画作成の基本的立場

　先に，全体計画作成のポイントとして，1つに各学校で定める目標のもと，内容と育てようとする資質や能力及び態度を定めること，2つに，目標を具現する学習活動，指導方法や指導体制，学習評価の計画を位置付けること，その際，学校として自校の総合的な学習の特質が明らかになるものを示す必要があると述べた。では，これらに基づいて，実際にどのように全体計画を作成すればよいのだろうか。

　表3-1は，高富小学校の総合的な学習の全体計画である。この全体計画において，第一に重視したのは，目標及び内容と育てようとする資質や能力及び態度をどのように構成し，表記するかということである。総合的な学習には，ともすれば育てたい資質や能力のみが重視される傾向があったが，高富小学校ではまさしく実践を通して，内容と育てようとする資質や能力及び態度は総合的な学習の両輪をなすものとして位置づけている。本校の全体計画は，いく度かにわたる見直しを経て創りあげたものである。そこでは，育てようとする資質や能力及び態度は「つけたい力」として，内容は「内容」として表している。

　まず，「つけたい力」について，大きく次の3つに分類してある。

○仲間や人・地域社会に進んでかかわり，活動する力（「かかわる力」）
○興味のある事柄を見いだし，取り組みや解決の計画を立て，自分なりに取り組み表現する力（「工夫する力」）
○学習を振り返り，自分の学びのよさに気づくことでさらに意欲をもって学び，生き方の発見につなげる力（「みつめる力」）

　第1の「かかわる力」は，そのために欠かせない仲間や社会など他者とのかかわりに必要な力を育みたいという願いに基づく。第2の「工夫する力」は，自ら課題を見つけ，よりよく解決しようとする，あるいはその際に必要な学び方等を育みたいという願いから生まれた。そして第3の「みつめる力」は，自己評価を行い，それにより自分の学びや自己理解を深め，よりよい自分を求めていく力の育成を目指している。

3章 総合的な学習の時間の指導計画作成の工夫

表 3-1 高富小学校の総合的な学習の時間 全体計画

学校課題	学校の教育目標	山県市教育委員会の方針と重点
児童の実態 ○対象へのかかわり方を広げたり、深めたりしている自分自身をとらえ、自己の学びのよさや問題点を明らかにしながら、進んで活動を発展させていく子を育てたい。 **地域とのかかわりの実態** ○さらに地域の方々に積極的にかかわり、地域のよさを知り、地域を愛する子を育てたい。	**思いやりをもち、進んでやりぬく子** 考える子　高め合う子　きたえる子 **総合的な学習の時間の目標** ○人・もの・社会に自らかかわり、自ら課題を追究し、自己の学びのよさや生き方をみつめる **育てたい資質や能力と内容項目** ○自らをとりまく人・もの・自然・地域社会の中から、興味・関心に基づく課題を見つけ、それを追求していく過程（総合化しながら追求する過程）を楽しみ、対象やまわりの環境に対してのかかわり方を深める自分に気づいていく力＝「つけたい力」 ○内容項目：「環境」「福祉」「食（文化）」「地域の生活や文化」「健康」「国際理解」「情報」	◎よりよく問題を解決する資質や能力を育てる ・指導計画の工夫改善 ・学習活動の工夫 ・個に応じた指導・援助

高富っ子タイム

教科との関連	◇各学年の目標・育てたい資質や能力・内容・主な活動	特別活動との関連
「かかわりを通して、自ら追究し、学び続けていく子」 ○学ぶ楽しさを味わう教科の授業づくり ・教科のねらいを明確にし、学習内容の本質に迫る授業 ○教科と総合との関連を考えた指導 ・「つけたい力」での関連 教科においても「つけたい力」を意識した指導に取り組む。「工夫する力」については、教科で育む資質や能力や指導法との関連を表した「つけたい力」に関連する学び方の一覧表」を活用し、関連を図る。「かかわる力」「みつめる力」を育む指導。 ・教科の学習内容との関連 3年生「地域」 4年生「環境保全」 5年生「米づくり・情報」 6年生「福祉・人権」 などを中心に、身に付けた知識を相互に活用し見方・考え方を深める。	（各学年 3・4・5・6年 の 目標／つけたい力／内容／活動 の詳細表） ◇学習時間の配分 | 学習内容	3年	4年	5年	6年
---	---	---	---	---
テーマ学習	70	70	70	70
もっと追究（情報）	20(5)	20(5)	20(5)	20(5)
国際理解	15	15	15	15
合計時数	105	105	105	105 | ◇学年間の内容の構造 3年「地域（環境）（健康・食）（福祉）ふれあいいっぱいわくわくたんけん」 4年「環境 ふるさとの川 石田川を未来に！」 5年「食（文化）お米から学ぼう」 6年「福祉 共に生きる」	「互いに働きかけあい、よりよい生活を切り開く子」 ・よりよい暮らしを創り出す学級活動 ・願いをもって仲間とかかわりあいながら活動できる取組みの工夫 学年の行事 児童集会 **道徳との関連** 「自ら問いかけ、よりよい生き方を求めて自己啓発できる子」 ○主人公の生き方に共感する道徳の授業 感性を深める発問の工夫 ・内容項目2-(2)、3-(2)と学年の重点とする項目 ・心のノートの有効活用 ・家庭や地域との連携

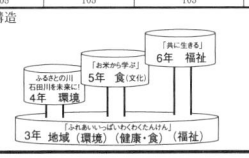

「高富っ子タイム」の評価

評価の観点	つけたい力	A「かかわる力」	・仲間や家庭・地域社会に進んでかかわり、活動する力
		B1「工夫する力（見通す力）」	・体験を通して、自分の願いにあった課題を見つけ、その解決のために必要な活動内容や方法を自分で決める力
		B2「　〃　（調べる力）」	・自分の計画に合わせて、必要な情報・資料を収集・活用し、よりよい方法を試し求めながら追求し、わかりやすくまとめる力
		B3「　〃　（伝える力）」	・調べたことやまとめたことをもとにして、自分の考えを伝えたい相手（対象者）に理解してもらえるようにわかりやすく効果的に表現する力
		C「みつめる力」	・意欲をもち、進んで学習する力 ・学習を振り返り、自分の学びのよさや生き方を発見する力
	内容		学校の内容項目に基づき、身に付けさせたい知識、育みたい見方・考え方、とらえさせたい生き方を視点に構成
評価方法			・単元末を節目に、評価規準に則した内容を記述により自己評価を行う。これを通して自己評価のしかたを身に付け、また声かけなどの指導・援助、評価カードの活用、相互評価や他者評価などにより、自己評価力を高める。 ・単元末を節目に、教師による評価を累積する。評価を生かした指導を行うとともに、指導方法の改善につなぐ。

校区の中学校との連携	地域などの人材活用・教育機関との連携
高富中学校総合的な学習の時間テーマ 1年「環境と進路」学習→2年「進路と福祉」学習→3年「自分の生き方」	・地域の名人さん、ゲストティーチャー、大学など ・地域の施設（公共、福祉、社会教育など、地域を取り巻く諸施設） ・山県ケーブルテレビ、広報、地元の新聞など

新学習指導要領では，育てようとする資質や能力及び態度について，学習方法に関すること，自分自身に関すること，他者や社会とのかかわりに関することという3つの視点を例示してある。高富小学校が実践の中から生み出してきた「つけたい力」の視点は，これら3つの例示と整合するものである。この「つけたい力」については，各力の要素や発達段階を考えた規準も明確にしている。

　次に「内容」の設定については，学習指導要領に示された学習活動に関する例示(新学習指導要領では「国際理解，情報，環境，福祉・健康などの横断的・総合的な課題，児童の興味・関心に基づく課題，地域の人々の暮らし，伝統と文化などの地域や学校の特色に応じた課題」)を参考に，「地域」・「環境」・「食(文化)」「福祉」と定めている。第3学年は，4年次以後の学習の基盤づくりとして，地域を知り，地域に親しみをもたせるように地域素材を対象に学習を行うようにしている。この学習を土台に，第4学年は環境，第5学年は食(文化)，第6学年は福祉というように学年のテーマを定め，学習活動の発展的展開を図っている。この方針は全体計画に描いてある。

　高富小学校では，各学年に1つのテーマ(学習課題)を決め，それを当該学年で重点的に扱う立場を取ったわけであるが，それをどうするかは各学校の判断に委ねられている。いずれにしても必要なことは，どのような学習課題を定め，どのような対象とのかかわりを通して取り組み，またそこでどのようなものの見方や考え方を得させていきたいのかを学校として明確にすることである。そしてそれらの学びを筋道立てて系統的に構成することが大切である。

　次に，全体計画に位置付けておく必要がある学習活動，指導方法や指導体制，学習評価の計画についてである。先にも述べたように，これらは年間指導計画等をにらみながら明確にすべきものであり，全体計画にはそれらの基本となる方向性が示されればよい。これを高富小の全体計画を例に考えてみる。

　学習活動については，各学年のテーマやその活動を実施する上での時間配分，単元構成において中心となる学習活動が何かを盛り込んでいる。新学習指導要領改訂の趣旨を踏まえると，単元構成の基本的な考え方や単元展開上の特質などについて，見直すべき課題が見えてくる。同校の年間指導計画や単元計画は，探究的な学習を目指す学習過程になるようすでに構成されている。それを，全体計画に明記することである。

　次に，指導方法については，教科等との関連を重視する立場を示してある。すなわち，全体計画における教科との関連の欄に，「教科のねらいに迫りつつ，学ぶ楽しさを味わえる充実した授業づくり」とある。これは教科の授業方針であるが，教科においても総合的な学習においても，「学ぶ楽しさ」を大切にし，両者の授業が目指す根幹は同じであるということである。総合的な学習というと，これまで体験ばかりがクローズアップされる傾向があった。しかし，「探究的な学習」とすることと同時に，これまでの「横断的，総合的な学習」としても充実させていく必要がある。この時間

も学びの場であり，これまでにも高富小学校では，体験と同時に「考えること」を重視するとともに，教科等との「関連を考えた指導」を大切にしてきた。総合的な学習と教科等との関連には大きく内容面での関連と，資質や能力及び態度の面での関連を図る立場をとってきた。そのため全体計画には，前者を「教科等の学習内容との関連」，後者を「『つけたい力』での関連」と示している。この両側面から，総合的な学習の全体計画を構想してきたのである。今後，指導方法として，体験活動や言語活動のあり方についても，学校としてのねらいを明確にしていく必要があるだろう。

評価については，学校としての観点を定め，それに基づく評価方法を端的に示してある。評価結果に基づく指導方法やカリキュラムの改善への生かし方等については後述したい。

(2)「つけたい力」

次に，「つけたい力」と「内容」について，以下に詳しく述べる。

「つけたい力」は，総合的な学習を通して「育てようとする資質や能力及び態度」を表したものである。大きく「かかわる力」「工夫する力」「みつめる力」の3つからなる。この「つけたい力」が，高富小学校の実践の中でどのように創られていったかを紹介することは，この時間で「育てようとする資質や能力及び態度」をどうとらえればよいのかを明らかにすることになる。その変遷について，俯瞰して述べておきたい。

「つけたい力」は，3つの変遷を経て定まっていった。第1期は，同校における総合的な学習の創設期に当たる。表3-2が第1期の「つけたい力」として示されたものである。ここでは，おもに問題解決学習を進めるうえで必要な資質や能力を，「見つける力」「調べる力」「伝える力」とし設定してある。それはかなり概括的なものであったにせよ，すでに創設期において，総合的な学習を通して育てようとする力を意識した実践が目指されていたのである。

第2期では，「つけたい力」の要素の吟味が課題となった。大きな変更点は，力の要素を吟味し，育てようとする資質や能力及び態度の柱を定めたことである（表3-3参照）。第1期では，問題解決能力の育成を目指し，課題を見いだし，計画を立て，追求し，表現する力を育もうとした。これに対し，そのような問題解決学習を行う際には，学習対象（人，もの，こと）と自らかかわっていく力や態度が欠かせないことが新たな課題として見えてきた。子どもたちの学びの姿を見るとき，与えられた課題には真面目に取り組むが，受け身的で，自ら対象にかかわっていこうとする関心や意欲，たくましさに欠くことがあった。自分から仲間や身のまわりの人にかかわって学びを深めようとする意欲や，人とのかかわりを結ぶ技能の未熟さも感じられることがあった。対象に自らかかわると同時に，仲間や身のまわりの人，さらに社会とも自らかかわっていこうとする意欲や態度，またよりよいかかわりを生み出す力は，これからの変化の激しい社会を生きるために必要である。これらも，総合的な学習で育てたい資質や能力及び態度の1つだと考えるようになったのである。

表 3-2　第 1 期「つけたい力」

	「つけたい力」	要素
「見つける力」	体験を通して，自分が取り組みたい方向や解決したい課題を見つける力 自分や仲間の学びのよさを見つける力	○課題や方向を見つける ○意欲 ○評価
「調べる力」	自分の思いを大切にし，見通しをもち，学びをいかしながら調べる力	○見通し ○教科の学びを生かす
「伝える力」	自分の伝えたいことを，学びを生かしながら，よりよい方法で伝える力	○相手意識 ○教科の学びを生かす ○受け手の学び

表 3-3　第 2 期「つけたい力」

	「つけたい力」	要素
「関わる力」	家庭や地域社会において，人・もの・自然に興味・関心や疑問をもち，自分から進んで活動しようとする力	○意識・意欲 ○実践・行動 ○仲間とのかかわり
「工夫する力」	学校や家庭・地域社会での自分たちの遊びや生活において，やりたいことを見つけ，活動を通して気づいたことを自分なりに内容や方法を考えて表現する力	○課題づくりの考え方 ○追求の方法・計画 ○課題づくりの学び方 ○調べ方 　・思考 　・収集 　・記録 ○具体的な方法 ○まとめ方 ○伝え方 ○方法手段 　・表現 　・技能
「みつめる力」	これまでの学習を振り返り，自分の学びのよさや生き方を発見し，新たな自分づくりに生かす力	○理解・思考 ○地域をみつめる ○自分をみつめる（自己評価） 　・メタ認知 　・ポートフォリオ 　・つけたい力と評価 　・評価方法 　・評価の場 ○周りをみつめる（相互評価）

　また，変化の激しい社会で自ら考え判断し，学び続けていくには，自分の学びを振り返り，評価する力，学んだことを自分の生活や生き方につなげる力も欠かせない。それこそが，自ら学びを推進する力であり，育てたい資質や能力及び態度の重要な要素である。以上のようにして，第 2 期では「人・もの・自然などの対象にかかわる」「自己の学びをみつめる」の 2 つを，総合的な学習において「つけたい力」として定

めるにいたった。

　第3期における見直しのポイントは，やや煩雑になりすぎていた力の要素を精選したことである（表3-4参照）。例えば，第2期では「見つめる力」の中に「自分をみつめる」力として，「メタ認知」「ポートフォリオ」「つけたい力と評価」「評価方法」「評価の場」などを含めていた。ここでは，手段と力の要素が混在しており，そのためこれを，純粋に資質や能力及び態度を表すものは何かという視点で洗い直す必要があった。「工夫する力」についても同様に，精選する必要に迫られた。「かかわる力」については，身のまわりの人や地域社会とかかわりあう力をさらに具体化することが求められた。

　以上の変遷を振り返ると，総合的な学習で育てたい資質や能力及び態度の枠組みを考えることの重要性を改めて感じる。高富小学校の場合，「つけたい力」の明確化は，問題解決能力の育成を中心に始まった。他校の多くでも，総合的な学習で育む力については，同様のとらえ方がなされてきた。しかし，それが総合的な学習で育てたい力のすべてではない。対象や他者とかかわる力や自己評価力なども，「つけたい力」の要素に違いない。

　今次改訂で示された総合的な学習の第1の目標の実現に迫るには，この時間においてもバランスのとれた学力観が必要である。と考えるようになったところに，上述の変遷の価値を感じる。

　そのためにも，新学習指導要領で示された，育てようとする資質や能力及び態度の3つの視点，すなわち「学習方法に関すること」「自分自身に関すること」「他者や社会とのかかわりに関すること」は大切である。これらの視点から第3期の「つけたい力」をみてみると，「学習方法に関すること」はおもに「工夫する力」に，「自分自身

表3-4　第3期「つけたい力」

	「つけたい力」	要素
「かかわる力」	仲間や人・地域社会に進んでかかわり，活動する力	○コミュニケーション ○他者理解，他者尊重 ○協働 ○対象とのかかわり
「工夫する力」	興味のあることがらを見いだし，取組みや解決の計画を立て，自分なりに取り組み表現する力	○問題解決を進める思考・判断 ○課題づくりの考え方 ○追求の計画 ○情報の収集・選択 ○探求技能 ○記録・まとめ ○表現力 ○表現方法の工夫
「みつめる力」	学習を振り返り，自分の学びのよさに気づくことで，さらに意欲をもって学び，生き方の発見につなげる力	○意欲 ○自己をみつめる力 ○自己の生き方を考える

高富っ子タイム「つけたい力」

表3-5 「つけたい力」表

	学年		3年生	4年生	5年生	6年生	
		めざす子どもの姿	学習を楽しむ子ども	学習や地域に進んでかかわる子ども	学習を進める子ども	学習を生かす子ども	学習や地域とともに生きる子ども
A 仲間や人・地域社会にかかわり、活動する力	仲間や社会とのかかわり	コミュニケーション	仲間や地域とともに活動する ○聞く ○伝える	仲間や地域に進んでかかわる ○中心に気をつけて聞く ○筋道立てて話す	仲間や地域とともにかかわる ○中心を理解して聞く ○筋道立てて話す	仲間や地域とともに学ぶ ○中心を理解して聞く ○筋道立てて話す	仲間や地域とともに生きる ○意図をつかむ ○的確に話す
		他者理解・他者尊重	○他者のよさを学ぶ	○相手の立場を考え思いやる	○違いやよさを認める		○相互評価をする
		協働	○協力する・助け合う	○協調する	○協働する喜びや大切さを感じる		○はたらきかけて行動する
	対象とのかかわり		○調べたい人やものを見つける	○対象のおもしろさに気づく ○地域で行われる工夫に気づく・よさに気づく	○関心の対象を広げる・かかわりを深める ○人々の工夫や努力に気づき、社会への関心を広げる		○関心の対象を広げる・かかわりを深める ○歴史・世界など、社会への関心を広げる
B 工夫するある力			学び方を身につけるようになる	既習の学習を生かしたり、発展させようとする	問題解決の学習に広がりや深まりが見られるようになる		
興味のあることがらを見いだし、取組みや解決の計画を立て、自分なりに取り組み表現する力	問題解決を進める思考・判断		○事実や経験をふまえて考える ○比較する ○分類する	○事実に基づいて考える ○関係づけて考える ○時間・環境とのかかわりや変化について考える	○多くの事実について考える ○条件に目を向けて考える ○規則性・連続性などの見方・考え方をする	○これまでの経験や既習の学習とつなげて考え、課題をつくる	○事実を多面的にとらえて課題をつくる ○課題のよしあしについて考える
	B 1 見通す力	課題づくりの考え方	○自分の疑問から問題を見つける	○今までの経験から問題(疑問)を見つける	○自分で判断し、解決していくようになる		○いろいろな事実に関連させ、多面的に考える ○要因と関連づけて考える
		追求の計画	追求方法がわかる、選ぶ	○活動内容の計画を立てる(予想・方法・時間)	○より具体的な解決の計画を立てる ○計画を見直し、修正する		○より良い追求方法を考える ○自分の発想を大切にする

3章　総合的な学習の時間の指導計画作成の工夫

B2 調べる力	情報の収集・選択	○家族や身近な地域、人から資料を集める ○文章や絵地図などからとらえる	○施設やインターネットなどから資料を集める ○活用する図表や文章を見つけ出す	○既習の方法を生かして収集する ○他の資料を結びつけて読み取る	○目的にあう資料の収集方法を選ぶ ○他の資料を関連づけて読み取る
	探究技能	○具体的に観察する ○基礎的なスキルを身に付ける（あいさつ、自己紹介、質問の仕方など）	○比較、数量で調べるなど具体的に観察する ○基礎的なスキルを身に付ける（電話の仕方・手紙の書き方など）	○見学、調査で体験を、事象の具体的な理解に活用する ○基礎的なスキルを身に付ける（敬語・依頼やお礼の手紙など）	○体験したことを、資料と合わせて効果的に活用する ○目的にあった有効な手段を選択する
	記録・まとめ	○観察や聞き取りなどで調べたことを表現する ○わかったことをノートに書く	○観察・調査の結果を表現する ○ノートに整理したり、表やグラフを使ったりする	○追求の過程や結果を表現する ○ノート・表・グラフなどに整理する	○追求の過程や結果・考えなどを表現する ○課題に沿って、表や関係図などに整理する
B3 伝える力	表現力	○相手や目的に応じ、適切に表現しようとする ○話すことがらを整理するなどして発表する	○相手や目的に応じ、適切に表現しようとする ○中心や組み立てを考えるなどして発表する	○目的や意図に応じ効果的に表現しようとする ○材料選び・配列・加工など編集して伝える	○目的や意図に応じ効果的に表現しようとする、工夫し、意図を明確にして伝える
	表現方法の工夫	○絵・図表・絵地図・動作・フリップボード・手紙などで表現する	○図表・地図・模型・写真・文章・ポスター・新聞などで表現する	○図表・新聞・レポート・HPなどで表現する	○図表・新聞・スピーチ・討論会などで表現する
自己へのかかわり	意欲	自分のできたことをみつめ、意欲をもつ	自分の学びのよさを知り、自信をもつ	自分の中に他者の目をもつ	自分の生き方を問いかける
		○活動を通し興味・関心をもつ	○疑問や目的意識をもって取り組む	○疑問や目的意識をもち、自分なりに対象や方法を考えて取り組む	○個人の課題意識をもち、多様な方法を工夫しながら継続してかかわる
	自己をみつめる力	○できたことをみつめる ○教師とともに単位時間の「つけたい力」（評価の窓）を理解し、振り返る	○できたことや過程をみつめる ○教師とともに単位時間の「つけたい力」（評価の窓）を理解し、振り返る	○俯瞰して再構築をする ○自分の取り組みのよさと課題に気づく ○単位時間や小単元の「つけたい力」にそって振り返る	○俯瞰して再構築をする ○よさや課題を自覚する ○自分たちでの評価の窓を生かす
	自己の生き方を考える	○身近な地域社会に関心をもち、親しみやあこがれをもつ	○追求したことを、日常生活で実践していこうとする	○追求したことを、かかわりの視点から、さらに深めたり発展させたりしようとする	○追求したことを、自分とのかかわりの視点から深め、地域社会に実践していこうとする
C みつめる力	学習を振り返り、自分の学びのよさに気づくことで、さらに意欲をもって学び、生き方の発見につなげる力				

に関すること」はおもに「みつめる力」に，そして「他者や社会とのかかわりに関すること」はおもに「かかわる力」に対応する。しかし完璧な1対1の対応関係になっているわけではなく，例えば「工夫する力」の中に「他者や社会とのかかわりに関すること」が含まれているし，「かかわる力」は，他者や社会とのかかわりだけを想定するものではない。

　新学習指導要領が示す対応関係からみると，3つの視点は，各校で定める育てたい資質や能力及び態度の視点と等しくすることを求めているのではない。3つの視点から見渡したとき，それらの力の要素がバランスよく含まれることが重要なのである。

(3) 「つけたい力」の構造化・系統化

　「つけたい力」を明確にし，学校として設定しても，それだけでは，学習指導になかなか生かされないのも事実である。そのため，「つけたい力」を実際の指導の拠り所として機能させるためには，発達段階を考えた規準を作成し，指導・援助の展望をもつことが大切になる。それが表3-5である。

　「つけたい力」表では，教科との関連を重視したことが特徴である。具体的な規準の部分を，学習指導要領に示された教科の目標や，それに基づく評価規準と照らし合わせ，各力の要素が教科で身に付ける力と相関するようにしてある。言いかえれば，「つけたい力」の枠組みごとに，各教科で目標とされる資質や能力及び態度を抽出し，発達段階を踏まえて組み入れたということである。

　例えば「問題解決を進める思考・判断」の規準を作成する際，理科や社会科の各学年の目標を踏まえ，以下のように定めることができる。

（3年）事実や経験を踏まえて考える・比較する・分類する
（4年）事実に基づいて考える・関係付けて考える・時間・環境とのかかわりや変化について考える
（5年）多くの事実に基づいて考える・条件に目を向けて考える・規則性，連続性などの見方・考え方をする
（6年）いろいろな事実を関連させ多面的に考える・要因と関連づけて考える

　このように，「つけたい力」表は，教科等との横断的・総合的な関連づけを大切にして構成したものである。

　総合的な学習と教科では，学びの特質は異なるがゆえに，両者を適切に関連付けることができれば，その相互作用で一体的に資質や能力及び態度を形成することができる。各教科での知識・技能の習得・活用と，総合的な学習での課題解決的な学習や探究活動は段階的に接続させることができる。しかし両者は，従来，ともすれば，対立的にとらえられがちであった。それは，総合的な学習で育てる力があいまいであったことと無縁ではない。教科学習と関連付けて「つけたい力」を設定することで，ともに力を育てる場として総合的な学習と教科との相互的な関連が築かれる。さらに言え

表 3-6　高富小学校　総合的な学習の時間の「内容」

内容項目	内　容
環　境	○身近な環境に関心をもち，自分たちの生活とのかかわりに気づき，そのよさと問題点を知る ○環境保全にかかわっている人の存在に気づき，自分にできることを考え，取り組もうとする
福　祉	○高齢者や障がい者の存在に関心をもち，くらしの現状に気づき，そのよさと問題点を知る ○誰もが幸せに生活できることの大切さについて考えを深め，自分にできることを考え，取り組もうとする
食文化 （国際理解）	○米作りに関心をもち，生産の喜びを感じ，米作りの文化や先人の知恵のすばらしさを知る ○今まで大切にされてきた文化を，今後も大切にしていこうとする
健　康	○自分の健康に関心をもち，望ましい生活のあり方について知る ○自分の生活について考え，改善しようとする
地域の文化 ・生活	○地域の生活や文化に関心をもち，その特徴に気づき，よさについて知る ○地域の一員として，文化や伝統を大切にしたり地域の人と活動したりするなど，地域に進んでかかわろうとする
情　報	○身の回りの情報に関心をもち，責任のある情報発信の大切さについて知る ○情報を自分の学習や生活に生かし，責任のある情報発信をしようとする

ば，各教科で育てる資質や能力及び態度は，各教科ごとに定められていて独立性が強い。それらを横断するものとして「つけたい力」を位置づけることにより，教科と総合的な学習をセットにした資質や能力及び態度の形成が可能となる。

「つけたい力」は，先に述べたように「学習方法に関すること」「自分自身に関すること」「他者や社会とのかかわりに関すること」という視点を有する。これらは教科の目標には十分描かれていないものの，これからの社会において必要とされる力である。

これらの視点から「つけたい力」を明確にすることは，学校全体の教育活動の中で意識する契機にもなり得るだろう。

(4)「内容」の設定の仕方

従前の学習指導要領には，「総合的な学習の時間の目標及び内容を定め，例えば国際理解，情報，環境，福祉・健康，等の横断的・総合的な課題，児童の興味・関心に基づく課題，地域や学校の特色に応じた課題などについて，学校の実態に応じた学習活動を行う」とある。高富小学校では，この例示を参考に学校として内容を定めるにあたり，学習課題を「内容項目」として定め，「内容」として各課題の具体化を図った（表3-6参照）。

この「内容」を各学年にどのように配列するかが鍵となる。確かに，各学年において1つの「学習課題」に取り組む方法もあるだろう。高富小学校では，情報を除く各

学習活動の課題を学年のテーマとして定め，年間を通して課題学習を深めていく方法を取ってきた。子どもたちの意識に沿った探究的な学習が行われるようにするためである。学年のテーマは，当該学年でどのような教科の学習を行うかという教科等の内容，また「内容」に応じて想定される学習活動とふさわしい発達段階などを考慮し，第4学年は環境，第5学年は食（文化），第6学年は福祉としてある。

第4学年の環境では，地域の川に入って活発に遊ぶ中で，生き物や自然への興味・関心を生かした探究が行われるようにと考えた。またおもに社会科の学習で，水やごみなどから環境問題について学ぶこととの関連を視野に入れている。第5学年の食（文化）では，米づくりの作業に主体的に取り組み，その大変さや楽しさが味わえるようにと考えた。ここでは，社会科で産業としての農業を学ぶこと，理科で植物の成長について学ぶこと，家庭科の開始等を考え，このテーマを設定してある。第6学年の福祉では，地域に働きかける活動に主体的に，またやりがいや喜びを感じながら取り組めるように，自らの生き方をさまざまな人との出会いから考えられるようにと願った。社会科で公民的な分野を学ぶことなども考えあわせている。

第3学年については，発達段階からいっても，年間の学習を1つのテーマで継続することはまだ簡単ではないと考え，生活科でも経験し，社会科や理科でも扱う身近な地域の学習をテーマに設定してある。これは，第4学年以降の学習の土台づくりもかねて，環境や福祉の内容を含めていくものとした。以上のようにして，学校で定める総合的な学習の「内容」を，表3-7のように設定している。これは全体計画の内容の欄に記してある。

高富小ではどちらかといえば，おのおのの実践者が創意工夫することに先んじて，学校としての総合的な学習の枠組みの確立と実践の継承を重視してきた。この時間が創設期より味わってきたさまざまな困難を乗り越え，まずは1つの形として成果を築くためである。したがって全体計画に記す内容についても，かなり具体にまで踏み込んだ表し方をしてきた。本来，全体計画は大枠を示すものであり，具体的な教材名や活動名までをしるす必要はないであろう。むしろそれらは，年間指導計画や単元計画の範疇に入るものである。この点は，さらに創意工夫が生かされた実践を生み出すため，高富小学校において今後，見直すべき課題でもある。

以上，全体計画の作成について事例をあげて述べた。総括すると，自校で定めた総合的な学習の目標を，「内容」と「つけたい力」の2つの柱を立て，全体計画の中で構造化して示すことが肝要である。「つけたい力」は教科との関連も視野に入れ規準を明確にし，「内容」については，各学年のテーマを設定した上で，学習課題やかかわる対象，そこで得たい知識や考え方等を具体的に描くものにしていくことが大切である。これらにより総合的な学習の目標を具現し，確かな実践が行われることを目指しています。

表 3-7 各学年の総合的な学習の時間の「内容」

	内容項目	学年の内容
3年	地域の文化・生活（環境・福祉・健康・情報）	○地域の自然に関心をもち，その特徴やよさを知るとともに，大切にしていこうとする ○地域の人と活動することを通して，地域に進んでかかわろうとする ○高齢者とのかかわりに関心をもち，人柄や生き方に触れるとともに，思いやりをもって接することの大切さに気づく ○自分の健康に関心をもち，望ましい生活のあり方について知り，生活を見直そうとする
4年	環境（地域の文化・生活情報）	○身近な環境に関心をもち，水生生物と水の汚れの関係や川のつながり，自分たちの生活とのかかわりについて知る ○環境保全にかかわっている人の存在に気づき，自分にできることを考え，取り組もうとする ○地域の生活や環境に関心をもち，よさと問題点について知り，環境を大切にすることを通して地域に進んでかかわろうとする
5年	食文化（国際理解）（地域の文化・生活情報）	○米づくりに関心をもち，取組みを通して生産の喜びを感じ，米づくりの方法や収穫物の生かし方にみられる文化や先人の知恵のすばらしさを知る ○今まで大切にされてきた文化を，今後も大切にしていこうとする ○米づくりや地域の人と活動することを通して，地域への関心を深める
6年	福祉（地域の文化・生活情報）	○高齢者や障がい者の存在に関心をもち，暮らしの現状に気づき，町の施設・設備や人のあり方のよさと問題点を理解する ○誰もが幸せに生活できることの大切さについて考えを深め，自分にできることを考え，取り組もうとする ○地域の一員として，まちづくりについて考えることを通して，地域に進んでかかわろうとする

2．年間指導計画

(1) 具体的な指導を見通した教科との関連の明確化

　年間指導計画の作成について述べる前に，実際の授業レベルで教科との関連を見渡せる一覧表を作成し，総合的な学習並びに教科等の指導の手引きとして活用を図った試みについて紹介する。

　高富小学校では，「つけたい力」表を定めることで，資質や能力及び態度を形成する場として総合的な学習があることを明確にした。と同時に，総合的な学習と教科が習得・活用・探究という学びのステージを介して関連づくことを目指している。しかし，この表を定めるだけでは実践化にはほど遠い。教科等との関連を実際の授業場面でイメージできるように示す必要がある。子どもたちの学びは年を追って累積し，つながるものである。そこで，実践化への橋渡しとするために，各学年の学習活動や指導方法を系統的に整理しようと考えた。そうしなければ，単発的な教科との関連を示した程度にすぎないからである。

　このように考え，学校独自に教科との関連表を作成し（以下「関連表」），指導の手引きとして活用を図った。例えば国語科の例を，表 3-8 に一部抜粋して示す。国語科

表 3-8 教科との関連表（国語科）（光村図書、2005より作成）

「話すこと・聞くこと」の視点から	「書くこと」の視点から	活動内容の視点から
◎学級討論会をしよう　イ・ウ ○討論会の準備をする（一人ひとりが肯定と否定の立場で考える、役割決め（司会・記録係・聞き手）、討論グループ内の役割分担をする、論会の進め方の理解など） ○討論会を行う	◎ガイドブックを作ろう　ア・イ・エ・オ ○相手、目的、紹介する内容などを考え、材料を集める（パンフレット、本・写真・メモ、インターネットなど） ○相手や目的にあわせて材料を整理し、詳しく述べる、簡単に述べる、目次や図の使い方等）、並べ方を考え、目次を作る ○割り付けを考え、わかりやすい説明になるよう考え、ガイドブックを作る	◎よりよい文章に ○材料の整理のしかた ○目次 ○割り付け ○ガイドブックに仕上げる ◎よりよい文章に ○読み返しの観点
◎本は友達　ア・イ・ウ ○紹介のしかたを工夫する（一部の音読、見せながらのキャッチコピー・シナリオ・心に残ったことを中心になど） ○読書発表会を行い、メモをとりながら聞く	◎本は友達　ア ○読書発表会の準備をする（読みたい本の要望、紹介の情報（書名・作者・出版社・特徴・推薦の理由など）をカードに書く） ○読書カードを綴じて保存する	◎よりよい文章に ○討論会の進め方（初めの主張・質問と答え、最後の主張、聞き手の発言のまとめ） ○議論の筋道に沿って、説得力のある話し方・相手の発言のまとめ ○読書発表会の行い方 ○要望を受けた本の紹介のしかたや工夫
◎みんなで生きる町　ア・ウ ○資料を見せながら話す（どこで資料を見せるか事前に考える、聞き手が資料を見る時間を取る、聞き手の様子を確かめながら話すなど）	◎みんなで生きる町　ウ・エ ○自分と社会とのかかわり、身のまわりの施設や物について考え、問題意識をもつ ○いろいろな立場に立って調べ、資料をもとに、提案として文書にまとめる ○発表を聞き論を深める	◎よりよい文章に ○資料を見せながら話す ○提案文書の書き方
	◎自分の考えを発信しよう　イ・ウ・エ ○平和について話し合い、自分の考えを書く（仮の要旨） ○発言方法を考え、必要な材料を集め、材料をもとに要旨・反対意見、信頼性など） ○要旨を再び考え（具体例・同じ考え方の資料、反対意見・確定したで要旨） ○要旨を展開する構成を選び、必要な資料を引用して書く、反対意見を区別して書き上げる（反論するなど）、意見、発言する	◎インターネットと学習 ○選ぶ・発信源や信用度を確認・著作権・引用のしかた ○マナー ○個人情報の取り扱い

62

では，「話すこと・聞くこと」「書くこと」の学習活動に，総合的な学習とのつながりが現れやすい。国語科の実際の授業場面では，おおむね教科書をもとに指導が展開するので，教科書及びその指導書から「話すこと・聞くこと」「書くこと」にかかわる学習活動を抽出し，それを第1学年から第6学年までの単元ごとに配列し，一覧に示す。また，国語科のねらいには関係なく，実際に展開される学習活動に着目してみると，ガイドブックのつくり方，討論会の進め方など，実際に展開する子どもたちの学習の姿から，教科と総合的な学習との関連がイメージしやすくなる場合もある。この視点から整理したのが「学習活動の視点から」の欄である。このように教科の学習活動や指導内容が見渡せることで，総合的な学習と教科が関連付く授業場面を，具体的にイメージしやすくなるのではないだろうか。

　同じく社会科を例にすると，同校で使用する教科書（東京書籍，2005）には「学びかたコーナー」という小コラムが示されている。課題づくり，追求の計画の立て方，観察や調査の仕方，まとめ方等，問題解決学習の過程に沿って，実践的な学習方法の例を発達段階に即して紹介してある。いわば，社会科で育てようとする資質や能力及び態度を，実際の指導場面に即して具体化したものだといえよう。これも一覧にまとめて示すことにより，問題解決学習の過程に沿った授業場面をイメージしたり，全体を見渡したりしやすくなる。そこから，社会科と総合的な学習との関連も具体的に描きやすくなる。その一部を抜粋して，表3-9に示す。

　これらの「関連表」は，高富小学校独自のものである。同一の教科書を使用している学校での活用の域を出ないかもしれないが，育てようとする資質や能力及び態度を，少しでも実際の指導場面に即する形にしようとすれば，どの学校でも，その自校独自の「関連表」を作成することは可能である。これが実際の授業に活用されれば，各教科で培った資質や能力及び態度を総合的な学習において活用したり応用したりするという指導が，見通しをもって展開しやすくなることはまちがいない。

(2) 年間指導計画作成の実際

　年間指導計画の作成に際しては，まず全体計画に示した目標に基づいて年間の目標を定め，さらに育てたい資質や能力及び態度と内容を明らかにする。そして，具体的にどのような学習活動を行うのかを，1年間を見通した時系列に沿って構造化する。各場面でどのような指導を行うのか，評価の場や方法，あるいは評価を指導に生かす方法をどうするかなどについても，年間を見通した計画をもちたい。

　高富小学校において年間指導計画を作成する際には，年間の目標のもとに「内容」と「つけたい力」を明記する。この「内容」に基づき，問題追究の一連の過程を，年間5～6の単元で構成する。各単元が課題づくり，追究，まとめや発信など，一連の問題追究のどの過程に当たるかについて，年間を見通して単元構成を図る。こうすると，各単元で育みたい資質や能力及び態度の重点も，おのずと定まってくる。ここでは，1年間で育む「つけたい力」がかたよりなく網羅されているか，学年を越えてス

表3-9 「まなび方コーナー」一覧表（6年）（東京書籍, 2005より作成）

単元名	つかむ	調べる	まとめる	伝えあう
	○問題をつくる ○計画を立てる ●学習問題をつくる ・探検して気づいたこと、疑問点などをカードに書く ・カードを内容別に分類する ・分類したものから、学習問題をつくる ・学習問題をもとに、予想したことや調べることを決める ・調べる方法やまとめ方も相談して、学習計画を立てる ●調べる計画を立てる 1．具体的に、資料からわかったことをもとに、組み合わせて考える 2．具体的な問いをつくる 3．問いを解決するため、調べる計画を立てる。	○見学・調査をする ●資料を集める □資料を読み取る ●人物を調べる ・その人物の人となりをあらわすエピソードには、どのようなものがあるか ・どのような功績を残したか人物か ・活躍したのはどのような時代だったか ・そのことが、当時の社会をどのように変えたか ・その人物は、どのような思いをもっていたか □資料を読み取る 【絵地図】 ・タイトルから何がわかるか ・絵は何をあらわしているか ・絵のあらわす他の資料から詳しく調べる ○選んだ国を調べる ・図書館の本で調べる ・外国で生活した経験のある人や、身近にいる外国人にインタビューする ・インターネットで調べる ・パンフレット類やテレビ番組、ビデオ・映画などで調べる ○国際的な機関について調べる ・図書館などで、最近1週間くらいの新聞記事の中から、国際問題に関する記事を探す ・資料を図書館などで探す（わからないときは係の人に尋ねる） ・資料をもとに、機関の働きについて調べる	○ノートにまとめる ●作品にまとめる ・まとめる方法を思い出し、何を取り上げるかを決める ・学習問題のうち、何を決めるたことのうち、わかったこと、考えたことを書く ・資料のコピーをはるなどの工夫を考える ・その人物の功績や遂げたことについて、自分の考えも書く	○話し合う ●発信する・参加する ○調べたことをもとに考えを伝え合う ・一人ひとりが調べたことを発表する ・みんなの発表をもとに、「私の考え」をまとめる ・まとめた考えを発表する ●国際協力について自分の考えを発信する ・学習をもとに、これからの国際協力について大切だと思うことを考えを友達や家族の人に話し、自分の考えを発表、感想や意見を聞く ・意見をもとに、考えを見直し、200字くらいの文章にまとめ、改めて自分のまわりの人に聞いてもらう（新聞などへの投書も考えられる）
日本の歴史				
世界の中の日本				

パイラルに力をつけるような構成となっているかなども考え合わせ，各単元の「つけたい力」を定めることが大切である。

　表3-10は第6学年の例である。この表には，「つけたい力」や「内容」が端的に示されている。単元構成について説明すると，1年間の学習は，導入と課題づくりに重点をおく第1単元「出会い」から始まる。車いすに乗って生活している，あるいは耳が聞こえないなどの障がいをもつゲスト・ティーチャーに出会う。その人となりや生き方に感動し，そこから疑問や自ら学びたいことなどが定まっていく。「自分も同じ立場を体験をしたい」「まちのようすを調べたい」「何か役に立つことをしたい」などが，1年間の学習のめあてとなる。たとえば，バリア体験やバリアフリー調査を行う。次に，身のまわりにあるバリアに関心を示し，高齢者に目を向ける。高齢者疑似体験を行い，その後，特別養護老人ホームの高齢者と交流する。それらを通して，バリアフリーには「物」と「心・行動」の2つの側面があることに整理されていく。1年間の学習の後半では，「物」と「心・行動」のバリアフリーを視点に，自分はどのような実践を行いたいかを考える。そして，おのおのの願いに基づき，チームを決め，「プロジェクト」として実践を行う。そのまとめが「バリアフリー討論会」である。これが，「物」と「心・行動」のバリアフリーについて，各自が自分の考えをまとめる場となる。

　以上のように，はじめてバリアやバリアフリーについて知るところから，バリアフリーに対する自分なりの考えをもつところまで，年間を通して「内容」を深めていく構成となっている。同時に，課題づくり，追究，まとめや発信などの学習活動を通して，「つけたい力」を段階的に育むような年間の単元構成を工夫している。

　このように，どういった学習活動を行うか，またそこでどういった指導を行うか等を，1年間を見通した時系列に沿って構造化してある。評価については，年間指導計画に位置づけた「つけたい力」が評価規準の大枠になる。自己評価活動も学習の一環として，年間を通して位置づけている。しかし指導と評価の一体化という側面では，まだ十分でない点も多く，今後の課題として残されている。

3. 単元計画

　単元計画は，目標のもとに「内容」と「つけたい力」を明らかにし，それを単元（学習活動のまとまり）計画として具体化するものである。まず1つの手だてとして，目標の表記の仕方の原則を定めることがポイントとなる。表3-11は，第6学年の第2単元「高富のバリアとバリアフリー」の単元計画である。単元の目標を次のように明確にした。「目隠し体験や車椅子体験，まち調べなどを通して」とは，本単元でどのような学習活動を行うかを明らかにしている。「見学・調査や体験をして調べたり，高富のまちのバリア・バリアフリーと自分とのかかわりをみつめたりし」とは単元の「つけたい力」，すなわち育てようとする資質や能力及び態度のことであり，ここでは

表 3-10 第6学年年間指導計画

テーマ「共に生きる」　分野：福祉

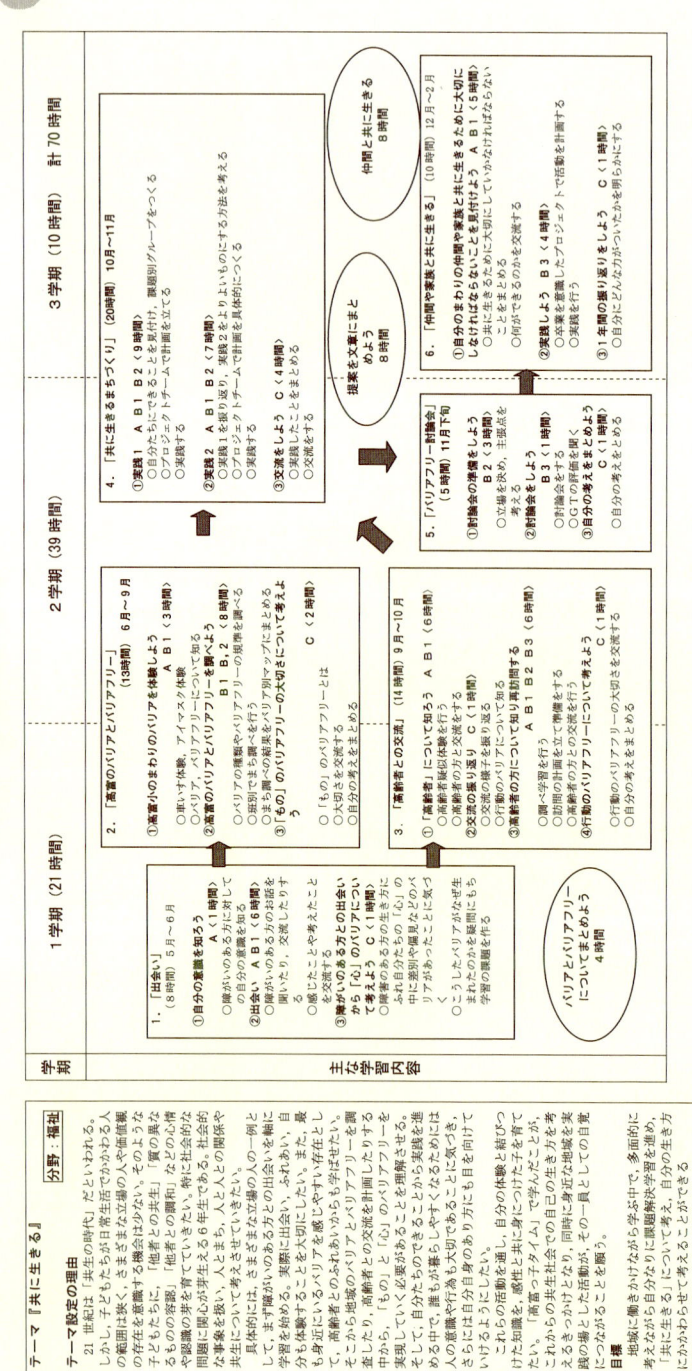

テーマ設定の理由

21世紀は「共生の時代」だといわれる。しかし、子どもたちが日常生活でかかわる人の範囲は狭く、さまざまな立場の人や価値観の存在を意識する機会は少ない。「質の異なる他者との共生」、特に出会いの少ない子どもたち、「他者の共生」、特に出会いの少ない問題意識の芽生えている6年生であるが、社会的な事象を知り、人とのかかわりの中で共に考えさせたい。

具体的には、さまざまな立場の人々への一人一人が障がいのある方との出会いを軸に、自分を見つめ始め、実際に出会い、ふれあい、感じ考えたことを大切にしたい。また、自分たちの住んでいる地域のバリアフリーを調査したり、高齢者との交流を計画したり、商店街の方々のバリアフリーに対する意識、活動を取材するなど実践を進める中で、誰もが暮らしやすくなるためには、さらには「心」のバリアフリーについて考えていけるよう、自分にもバリアフリーな生き方を実現していく必要があることを意識できるようにしたい。「高齢者や障がいのある方との共生」を実感し、共生のために自分たちができることを広げ、これからの社会について学んでいくこと、考えるチャンスとしたい。また、地域の一員として地域を実感するきっかけとなり、同時に地域の生き方につながるものにしたい。

目標

○高齢者や障がいがある者への関心をもち、地域に働きかけながら多様な人とかかわり、自らの実践に気付き、町の施設や地域のありかたを自分なりに問題解決や疑問や生き方について考え、また生活に生かしていく力、まちづくりに参画していく力を育てる。

内容

○高齢者や障がいのある者の存在を広げ、自分のありかたを考え、他者との共にある生き方、さらには考え、地域に働きかけていく活動を進め、共に生きる自分に気付き、共に生きるまちのありかたを自分なりに問題解決していくようにする。

学期	1学期（21時間）	2学期（39時間）	3学期（10時間）計70時間
主な学習内容	**1．「出会い」（8時間）5月～6月** ①自分の意識を知ろう A（1時間） ・障がいのある方に対しての自分の意識を調べる ②出会い A B 1〈6時間〉 ・障がいのある方のお話を聞いたり、交流したりする ③感じたことや考えたことを交換する C〈1時間〉 バリアフリーとバリアフリーについて考えよう 4時間	**2．「高齢者のバリアフリーとバリアフリー」（13時間）6月～9月** ①高齢者のまわりのバリアフリーを体験しよう A B 1〈3時間〉 ・車いす体験、アイマスク体験 ・バリア、バリアフリーについて知る ②高齢者のバリアフリーを調べよう A B 1 B 2〈8時間〉 ・バリアの種類やバリアフリーの具体例を調べる ・種別でまとめる A B 別にマップに表す ③「もの」のバリアフリーの大切さについて考えよう C〈2時間〉 **3．「高齢者との交流」（14時間）9月～10月** ①高齢者について知ろう A B 1〈6時間〉 ・高齢者の体験談を聞く ・高齢者について調べる ②交流会を計画し交流しよう A B 1 B 2 B 3〈6時間〉 ・交流の様子を振り返る ・行動のバリアフリーを発見する ・高齢者の方について他団体に訪問する C〈1時間〉 ・高齢者のバリアフリーの交流をする ・自分の考えをまとめる	**4．「共に生きるまちづくり」（20時間）10月～11月** ①実践1 A B 1〈9時間〉 ・自分たちにできることを見付け、課題別グループをつくり、実践計画を立てる ②実践2 A B 1〈9時間〉 ・プロジェクトチームで計画を具体的にする ・実践する ③交流しよう C〈4時間〉 ・実践したことをまとめる ・交流する 提案を文章にまとめよう 8時間 **5．「討論会の準備をしよう」（5時間）11月下旬** ①討論会を開こう B 2〈3時間〉 ・立場を明確に意見をまとめる、主要点を考える ②討論会をしよう B 3〈1時間〉 ・討論会を行う ・GTの評価を聞く ・自分の考えをまとめる C〈1時間〉 仲間と共に生きる 8時間 **6．「仲間や実践と共に生きる」（10時間）12月～2月** ①自分のまわりの仲間や実践と共に生きるために大切にしなければならないことを検討しながら、「5時間」 ・生きるために大切にしていかなければならないことをまとめる ・何ができるかを交流する ②実践しよう B 3〈4時間〉 ・計画を立てる ・実践を行う ③1年間の振り返りをしよう C〈1時間〉 ・自分にどんな力がついたかを明らかにする

つけたい力	A	関心の対象を広げる・社会への関心を広げる・かかわりを深める
	B 1	事実を多面的にとらえて課題をもつ、そのたしかにについて考えを深める
	B 2	目的の過程や資料の収集方法や解決の手段を選ぶ・自分の発想や解決方法を大切にしながら、まわりに働きかけて行動しようとする・意図を話す・自分の考え方も含め、よりよい追究方法を考える
	B 3	目的や意図において効果的に表現しようとする・多様な方法を工夫し、意図を明確にしながら、資料を使いこなしてかかわる・図表・新聞・スピーチ・討論会などで表現する
	C	個人の課題意識をもち、よりよい方法を工夫し、継続しようとする・体験的な体験も含め、他の資料の活用も関連付けて整理する・課題解決に向けて表現・課題解決を自覚し、次への生かし、評価の感を考えたりする・追究したことと自分とのかかわりを深め、評価の視点で振り返り、実践していこうとする

学び方に重点をおいてある。「バリア・バリアフリーへの理解を深めることができる」は単元の「内容」、すなわち単元で得たい知識やバリア・バリアフリーについての見方・考え方である。これらが、自己の生き方を考えることにつながるように設定している。このような原則に沿った目標の表記を心がけることによって、「内容」と「つけたい力」が、単元の目標の要素として確実に位置づくようにしている。この単元の「内容」と「つけたい力」は、年間指導計画上に記すことにしてある。

単元計画の枠組みについて、表3-11には「おもな体験活動」と「児童の意識」の欄を設けてある。ここが指導体制や指導方法にあたる。また「『つけたい力』をつける評価と指導・援助」の欄を設けてある。ここは学習活動への評価にあたると同時に、指導方法も表している。これまでに述べてきた学習活動、指導方法や指導体制、学習の評価の計画を示すという構えに照らしても、不足はない。もちろん、書かれてある中身の見直しをくり返し、枠組みをよりよいものへと進化させていくことは、常に心がけていかなければならない。

さらに、単元における学習過程の展開の視点からも、単元計画の在り方を述べておく。単元の基本的な学習過程は、「体験」→「情報の取り出し・収集」→「整理・分析・考察」→「まとめ・表現（気付き・自覚化・一般化・実践化）」として考えた。具体的な事例に沿って、学習過程を説明する。表3-11の第2単元「高富のバリアとバリアフリー」は、第1単元でもった課題意識を受け、バリア体験の計画を立てることから始まる。まず、車いす体験やアイマスク体験（「体験」）を行い、そこで感じたことを整理したり交流したりすることが（「情報の取り出し・収集」→「整理・分析・考察」）。さらにまちのバリアフリーの実態について調べるという次の課題につながる。そして実際に地域に調査に出かけ、まちのバリアフリーについて調べる（「情報の取り出し・収集」）。単元の終わりでは、調査したことを表やグラフ、マップなどに表す（「整理・分析・考察」）。それらの学習を通して、高富のバリアとバリアフリーについての自分の考えをもつ（「まとめ・表現（気付き・自覚化・一般化・実践化）」）。どの学年のどの時期の単元か、「つけたい力」は何か、どのような「内容」（学習事項）を扱っているかなどによって、単元それぞれにちがいはある。しかし単元構成の基本形を明確に打ち出し、この学習過程を大切にするようにした。このことにより、総合的な学習の目標である探究的な学習の展開が支えられているのである。

次に関連する教科の単元名を単元計画内に明記し、見通しをもって指導が行えるようにしてある。表3-12は、第6学年「バリアフリー討論会」の例であるが、第6学年の国語科単元「学級討論会をしよう」では、討論会を行う意味、進め方、あるいは討論の準備や話し方などを学習する。ここでの学びを活かすことは、総合的な学習の充実や教科で身に付けた力の定着につながると考えられる。先にあげた情報の「整理・分析・考察」の過程では、立場を決め根拠を明らかにして話し合うことで、情報の整理・分析が行われやすくなる。討論会というという学習活動そのもののもつ機能

表 3-11 第6学年 総合的な学習の時間 単元指導計画 2 単元名「高富のバリアとバリアフリー」(全13時間)

		見通しをもつ	体験する	見通しをもつ	調べる	計画を立てる	追求する	みつめる
時間(場)		1	2・3	4	5・6	7・8	9・10・11	12・13

ねらい：目隠し体験や車椅子体験、まち調べなどを通して、まち・調査・見学・調べ学習を理解する。バリアフリーとして自分のまちのバリア・バリアフリーへの理解を深めることができる。高富のまちのバリアフリーと自分たちのかかわりをみつめたり、バリア・バリアフリー、行動のバリアとバリアフリーの意味を理解する。自分の調べたい対象がどのようなものかがわかる。

内容：
A かかわる力 身近な地域に目を向け、さまざまな方法で、自分のまちのバリアとバリアフリーについて追求することができる
B1 見通す力 体験を仲間と交流することから、願いなどを得て、いろいろ追求方法から、高富のまちの課題をつかむことができる
B2 調べる力 実際に体験したり、身近な地域で調査したり、いろいろな方法で得た情報をもとに考えをまとめ、表やグラフなどを使い、資料のまとめ方を工夫することができる
B3 伝える力 自分の調べたことや考えたことを相手に伝わる振り返り、「つけたい力」から振り返り、次の活動につなげる
C みつめる力 評価カードを使って、つけたい力から振り返り、高富の「物の調べとバリアフリー」について、自分なりの考えをもつことができる

学習過程(場)	見通しをもつ	体験する	見通しをもつ	調べる	計画を立てる	追求する	みつめる
本時のねらい	出会いの単元での立場から相手のことを思いやり、立場に立って気づきたいと考え、まちに出かけて調べてみようという体験や学習への計画を立てることができる [A][B1]	学校周辺の道を車椅子やアイマスク体験を通して、身の周りの取り組み、困る点を見つける [B2]	アイマスク体験をして、目が見えない人のことを考え、バリアがあるものを発見しようとする[B1]	バリアとバリアフリーについてインターネットを利用して調べ、高富の街のバリアフリーについての調べる計画をもつことができる[B2]	高富の街のバリアフリーの課題を見つけ、その課題に対する追求方法についてグループで追求方法を確認することができる[B1]	地域に出て実際に調査したり、自分の点字、点字ブロック、国際シンボルマークの駐車場、盲導犬の入れるお店を調べ、まだそのようなお店にあるか問題点は何かについて調査できる[B2]	課題別グループでの調査をもとに表やグラフを用いてまとめ、調べたことから高富のバリアとバリアフリーについて、自分の考えをまとめ、自分の考えをもつことができる[B2][C]
児童の体験活動意識	どんな体験ができるか計画を立てる ・たくさんの人が車椅子に乗ったり、耳が聞こえない人や目が見えない人の体験をもちたい	車椅子や、アイマスク体験、点字体験をしてみたい、歩いてみたい ・少しでも段差があると目が見えない人は動くだけでも不安だ	車椅子、アイマスク体験をして、気づいたことを交流し、バリアがあるものを知る ・障がいがある人にとっては、バリアになっているものがたくさんある	バリアとバリアフリーについてインターネットで調べ、交流する ・個人で調べバリアフリーのためにいろいろなバリアフリーに関わっている ・見たことがあるものとないものがある	グループでバリアについて課題を立てる ・段差やスロープは、高さがどれくらいかを調べたい ・わかりやすいマークからふやしていきたい ・まだどんなものがあるかねていきたい	段差やスロープを調べる 国際シンボルマークの駐車場を調べる 盲導犬の入れるお店を調べる ・商店街では段差が大きいなど ・普段段差には気がつかない場所にもマークは、あるんだな ・点字がついている信号機は少ない	バリアフリーは、まだまだ店もあるな ・新しい店にはバリアフリーが多い
指導の手だてと評価	【発言やふきだしカードの内容】 ・うすノートへの内容 ・相手のために自分たちにできることを考え、追求するためにはどうすればよいかなど、自分たちの計画を立てる態度を価値づけする ・高富のバリアフリーの姿に見通しをもって、計画を立てるよう助言する	【発言やふきだしカードの内容】 ・体験するための課題意識をもち、追求する ・具体的な解決のコースや学習形態を価値付け、高富のバリアフリーとの接点を価値づけする	【体験やふきだしカードの内容】 ・体験をし、生活ではなかなか気づかなかったバリアについて発見できたことを意識させる、調べてバリアフリーについての計画を立てるよう助言する	【調べ学習のようす・ノートの内容】 ・どんなバリアフリーについて調べているかを知り、意識を広げる ・バリアとバリアフリーについて、進んで調べて、情報の収集や整理の仕方、まとめ方、バリアフリーへの見方を助言する	【交流のようす・計画カードの内容】 ・より具体的な調べる範囲やまとめ方にする・どの場の課題として、マナーやビデオの取り方、インタビューの方法、情報の集め方などを助言する ・記録の残し方を助言する（メモ、映像、地図等の活用）	【体験のようす・計画】 ・より具体的な方法を考え、調べ進める方法を認め、価値づける（計測、写真撮影、ビデオ撮り、インタビュー、体験など） ・その場の体験から生まれた疑問について、その場所、地域の人に聞くとユニークコードなどで解決するよう支援する ・調べたことをもとに〜（対象物）〜だから、〜（理由）〜など、自分の考えがもてるよう支援する ・心のバリアフリーにかかわる疑問の広がりを大切にする	【発言やふきだしのようす・評価カード】 ・調査したことや評価カードから、自分のバリアフリーに対する考えを表すことができる姿を認める ・調査したことや調べたことをもとにして、地域の人にインタビューし、進んで発表できる姿を認める

| 関連 | 6年国語「みんなで生きる町」（まちづくりのために提案文書をつくる活動の方法） |

3章 総合的な学習の時間の指導計画作成の工夫

表3-12 第6学年 総合的な学習の時間 単元指導計画5 単元名「バリアフリー討論会」(全5時間)

ねらい	討論会を通して、自分達が体験してきた多くの事実をもとに、「物」と「心・行動」の2つのバリアフリーの長所・短所、それぞれの大切さについて考え、共に生きるために大切なことそれぞれのバリアフリーを互いに補い合せることの大切さを認めることができる 共に生きるためには、2つのバリアフリーのどちらも大切にしていかなければならないことが分かる			
内容	A「かかわる力」 B1「見通す力」 B2「調べる力」 B3「伝える力」 C「みつめる力」	☐ 討論会を通して仲間の主張の多様さや新しい考えを取り入れようとすることができる ☐ ゲストティーチャーと同じ体験や見通しとの交流ができる ☐ 主張したいことを相手に伝えるためには、具体的に説明すればよいのかの考えをもつことができる ☐ 相手の質問や主張を予想して、交流に体験したことを学習ファイルから調べて、自分の主張をもつことができる ☐ 実際に体験したことや討論会から、自分なりの考えを広げることができる ☐ 仲間の主張や討論会から、自分なりの考えをもち、共に生きるために大切なことが分かる ☐ ゲストティーチャーの話から、共に生きるために大切なことが分かるように、次の構成や話し方を工夫すること			

学習過程（場） 時間	見通しをもつ 1	主張を工夫する 2・3	討論会 4	みつめる 5
本時のねらい	討論会で学習したことについて確認する。自分のたち立場をはっきりさせ、自分の立場について詳しく調べたり、相手が納得するように主張したりするためにはどうすればよいのかを考え、そのために何を大切にし、~をするのかの学習ファイルを活用する。 国語で学んだことがあるのでそれを生かして、相手を納得させるために自分の立場、これまで体験したことを生かして主張しよう。強く主張しようとしたら、どのようにしたらよいのかを考えて、具体例を挙げればよいのかがわかるように個別にアドバイスを行う。	同じ立場の仲間と話し合うことで、自分の主張をはっきりさせたり、相手により分かりやすく伝える工夫をする 【B2】【B3】 「物」「心・行動」のバリアフリーに分かれて、自分の主張したいことを交流し合う。そのために仲間で、チームとしての主張点をもっとはっきりさせる。自分の主張点をさらに出して主張することをより具体的にしていく 【交流のようす・ノートの内容】 みんなで主張点を交流し合うことができ、自分の主張をよりはっきり分かりやすく伝えることもある 相手によりわかりやすく伝えるためには、どんな例を出して主張すればよいのかがわかった	「物」「心・行動」のバリアフリーのどれが大切か討論会を行うことを通して、多くの事実について考え、ゲストティーチャーの話によって、さらに3つの事実について再確認し、それぞれが互いに補い合うことが大切であることが分かる 【B2】【B3】 「物」「心・行動」のバリアフリーの立場で自分の主張を相手に伝え、それに対する相手の質問に対して答えることもでき、その中で、自分がこれまで大切にと思っていたけれど、それだけではないことに気づき、ゲストティーチャーの話を聞くことで、補い合うことが必要だと理解する 【討論会の発言のようす・ノートの内容・ノートの内容】 自分の考えてきた主張をわかりやすく話せたと思う 相手の主張を相手に聞き、それをわかって質問ができ、自分が一番大切だと思っていたけれど、それだけではないけれど ゲストティーチャーのお話から、それぞれが互いに補い合うことが必要だとわかった	討論会やゲストティーチャーの話を思い出し、学級で交流する。「物」「心・行動」の両方について必要なことがあるということを考え、自分の生き方について見つめ直すことができる【C】 課題討論会やゲストティーチャーの話を思い出し、学級で交流する。「物」「心・行動」のバリアフリーについて共に生きることについて必要なことを考え、ゲストティーチャーのどれが大切かという視点で、これまでの自分の行動がどうであったかを見つめ、大切にしていかなければならないことを見つけ出し、今まで自分は、障がいのある方の「心」の面でバリアをもっていた。「心・行動」面についてはすべてではないけれど、「行動」のバリアフリーをもっていた。「物」「はすべてではないけれど、「心」や「行動」はすべてできるからがんばる 【交流のようす・ノートの内容】 考えが変わったことと学習したことと比べることができる 以前の自分と比べて、今の自分の姿を認める 毎日の自分の姿をみつめすることをしている発言から発言をしている
関連	国語・学級で討論会をしよう（討論会の仕方）			

が，育てようとする資質や能力及び態度の育成に有効に働く場面となる。教科の学びの定着という点では，総合的な学習での学びを通して教科に還る効果もあるだろう。このように考え，国語科単元「学級討論会をしよう」に関連付けるようにした。こういたのは，何よりもまず授業者の側が関連を意識し，見通しをもった指導が行えることをねらったからである。もちろんすべての学習場面において，このような教科との関連がダイレクトに成立するわけではないし，そのことに縛られすぎる必要もない。教科での習得と活用，さらに総合的な学習での探究といわれるように，育てようとする資質や能力及び態度において，横断的・総合的な関連の上から展望をもち，総合ならではの探究的な学習の展開を図っていくことが大切である。教科の具体的な場面との関連は，あくまでも必要に応じて見通しをもって生み出されるものでなくてはいけない。

　以上，総合的な学習の指導計画の作成の基本となる考え方と手順について述べてきた。新学習指導要領における指導計画の作成のポイントについて，これまでの実践から見いだせる事例を参考にし，作成上の課題や見直しの課題も含めて紹介した。これらが，新しい総合的な学習の指導計画の作成の道標となればさいわいである。

総合的な学習の時間における学習の成立

4章

1節　学習の質を高める教師の指導力

　総合的な学習の時間のねらいを達成していくためには，教師の指導力が鍵となる。「教師の指導力」はもちろんすべての学習指導において最も重要な役割を担うことは言うまでもない。しかし，特に総合的な学習の時間においては，目標及び育成したい能力や学習内容を設定していくのが教師であり，追究するに足るテーマやそのために扱う教材を選択し単元を構想していくのも教師である。他教科のように内容や指導事項があらかじめ設定されてはいない。教師は，まさに学習のスタート以前から子どもの実態を見取る力や，どのような内容をどのように学習していくのかを見通し，構想する力が必要なのである。また，課題や内容が的確に設定されたとしても，それを子どもの探究活動にしていくためには，授業において適切に対応できる教師の指導力が欠かせない。つまり，総合的な学習の時間においては，教師の指導力は学習の質を左右するものであるといえる。

　優れた力をもつ教師が行う授業の中では，子どもたちが生き生きと活動したり，自分なりの試行錯誤をくり返したり，熱のこもった話し合いをしたりする。自発的に問いが生まれ，探究する子どもの姿が見える。新しい発想が湧出したり，思考が深まったりして1人ひとりが知を育むようすがうかがえる。総合的な学習の時間で求められているのは，このような子どもたちがひたむきに学ぶ授業を創造できる教師の指導力である。

　ここでは，総合的な学習の時間において教師1人ひとりにどのような指導力が求められるのかについて述べてみたい。

1．総合で教師に求められる構想力
(1) 実態を見取り，育成したい力を的確に設定すること

　子どもたちはその成長の過程において似たような傾向を示すところと，育った地域の違いや環境の違い，個性の違いなどで異なる面を表出するところがある。当然だが，全国一律に10歳の子は同じではない。まず子どもの実態をきちんと把握できてこそ，育成したい力を明確にできる。また，これからの社会をよりよく生きるためには身に

付けておかねばならない力もあるだろう。それを見抜き，その力を育成していこうとすることも大切である。つまり，目の前の子どもたちを見て，身に付けさせたい力を総合的に判断し明確に設定していくことが大切である。総合的な学習の時間で育てようとする資質や能力及び態度については，例えば，学習方法に関すること，自分自身に関すること，他者や社会とのかかわりに関することという視点で設定することが学習指導要領で示されている。これまでの実践では，育てたい力の設定が，問題解決力の育成につながる学習方法に関することにかたよっている傾向があった。例えば「問題解決のための見通しをもち，情報を収集・整理する力」といったものである。しかし，総合的な学習の時間の目標をしっかり見据え，目の前の子どもを見取り，3つの視点で育成するべき力を的確に設定できることが大切である。

(2) **課題を設定すること**

総合的な学習の時間では，何を課題にして，どのような教材（学習材）で単元を構想するのかが学習の質を決定づける。

子どもが学習の中で思考を深めたり主体的に追究したりしていくためには，目標をもとに課題を設定し，教材の適正を判断し，単元の流れや授業を構想していく力が必要である。課題については，小学校学習指導要領で「例えば国際理解，情報，環境，福祉・健康などの横断的・総合的な課題」「児童の興味・関心に基づく課題」「地域の人々の暮らし，伝統と文化など地域や学校の特色に応じた課題」と例示されている。しかし，大切なことはこれらの例示をもとに設定していくのではなく，教師自身が目標や育成したい力を念頭に置き，子どもの興味・関心や課題の価値を見きわめてふさわしい課題を設定していくことである。

(3) **適切な教材を見つけること**

課題をどんな教材を通して探究していくのかは，総合的な学習の時間の鍵ともいえる大切なポイントである。適切な教材を見つけることは，その教材の核となるものや本質を見極め，価値を見いだすことができなければならない。この教材で子どもに育てることができる力や身に付けさせられることは何か，そしてそれは，どのような過程を踏んで育成されるのか，教師自身がその見通しをもつことが必要なのである。また，教師が教材の価値を認め，魅力を感じて授業をすることは，子どもが授業に夢中になって，意欲的に取り組んでいく大きな要因になる。教師が教材に惚れ込んで授業を構想するのと，扱わなければならない教材という意識で授業をするのでは，その展開に差が出てきて当然である。教材の価値やおもしろさを感じて授業に取り組むことで，子どもも，おもしろいとかやってみたいと感じるようになるはずだ。

さらに，学びを広め，深めていくためには，この教材が他の教科等の学習の何とつながり，どのような発展性があるのかをとらえておく必要がある。

このような教材のとらえが教師の中にあるからこそ，教師は子どもの反応を豊かに受け止め，それらを新たな問いやさらに深い探究に導いていくことができるのである。

逆に，教材の本質をとらえる力がなければ，教材との出会いを魅力あるものに工夫することはむずかしいだろうし，答えにたどり着くために子ども自身が試行錯誤し，悩み，必死で追究するような授業は生まれない。教材を通して何を学ぶのかが教師の中で明確になることにより，どのように魅力的な学びを展開していけるのかが見えてくるのである。

(4) 単元を構想していくこと

　主体的に探究していくためには，意欲を持続させ，さらに活動を高めていくことが必要である。何を教材にして，どのような学習活動を行い，単元を展開していくかという構想を練ることは重要なことである。そのとき，以下のことをポイントとしてあげたい。

①子どもにとって魅力ある体験や活動になっていること
②次から次へと子どもにとっての問題が生まれてくること
③活動に広がりや深まりがあり，価値ある事象に触れることができること
④本物志向であり，リアリティのある体験ができる中で社会や人とのふれあいを生むこと

　これらの観点で単元を構想していくことで，総合的な学習の時間にふさわしい探究活動が実現されていくのである。
　総合的な学習の時間で求められる構想力について，具体的な事例を紹介したい。

【事例1】　探究する学習をつくる教師の単元構想力
―ヒラメの養殖を自分たちで（5～6年）

　これは，ヒラメの稚魚をもらったことをきっかけに養殖に挑戦し，子どもたちの力で飼育して出荷にまでいたった事例である。
　この学習の構想は，以下のような子どもたちの実態を教師がとらえ，そこから具体的に育成したい能力や資質を想定し，それを具現できる学習をしたいという教師の思いからスタートした。

子どもたちの実態
○問題を深く吟味する力が足りない。
○知的好奇心に富む子が多いが，体験を通して得た知識が乏しく，インターネットなどの限られた情報を鵜呑みにしがちである。
○追究の過程そのものの大切さに気づかず，すぐに答えや結論を求めたがる。
○仲間からの意見や評価を受け入れ，仲間に対してもアドバイスをすることができる子が多い。

⬇

> **育成したい力**
> ○問題を吟味し課題を設定していく力。
> ○自らの思いを大切にして，直面した問題を何度も乗り越え，粘り強く追究する力。
> ○自らの思いや願いに価値を見いだし，自分のよさを伸ばそうとする力。
> ○自分自身が集団の中で果たす役割を自覚し，協同してよりよい問題の解決に取り組む力。

　教師はこのような子どもの力を育成するための学びの場を構想していく。
　きっかけとなったのは，社会科の授業で漁港に見学に行ったときの出来事である。

> 　2学期の半ば，社会科の学習がきっかけとなってWさんのヒラメ養殖場へ見学に行くことになった。はじめ，子どもたちは養殖に薬を使っていることを聞き，環境汚染の問題やヒラメの安全性にかなり疑問をもっていた。しかし，Wさんの養殖についての自信や技術に驚き，感銘を受けていった。そんなとき，「そんなに熱心に養殖のことを調べているなら，ヒラメを飼ってみないかい」とWさんから養殖を誘われたのである。

　担任教諭は，このとき「ヒラメの養殖」という学習材でどのような学習が生まれ，単元が構想できるだろうかと考えた。

○限られた情報で判断し考えをまとめてしまう子どもたちが，養殖という実際的な活動を行うことによって，その人から学ぶことは，もちろん仕事を通して「社会」を見ることになる。本物との出会いが幅広い見方に子どもたちを導いてくれるだろう。
○ヒラメの養殖は，そんなに簡単にできることではない。数々のハードル（問題）が出てくるだろうと予想できる。そのハードルを子どもたちが乗り越えることで，より意欲が高まり粘り強く取り組む姿が期待できる。
○飼育を通して，海水魚の養殖システム，水質の保持や検査，えさの種類，薬の選択など，知的好奇心を刺激し，必然性をもって調べたり，他の学習では得られない知識を得たりするだろう。
○生き物を飼うときには避けて通れない「死」と向き合い，命の尊さに触れたり，生き物がもつ魅力に触れたりして自然の摂理を感じたり，すごさを実感したりすることができるだろう。
○Wさんとの出会いを通して，人のもつ魅力や仕事への思いを感じ取ることができるだろう。
○ヒラメの養殖に取り組むことは，自分1人の力では無理である。どうしても協力したり分担したりしていく必要が生じる。1つの目的に向かって協同することの大切さを実感できるだろう。

4章　総合的な学習の時間における学習の成立

○無事養殖ができたとしても，大切に育てたヒラメを出荷するときには葛藤が生まれるだろう。子ども1人ひとりがそれを乗り越えることで，大きな成長が期待できる。

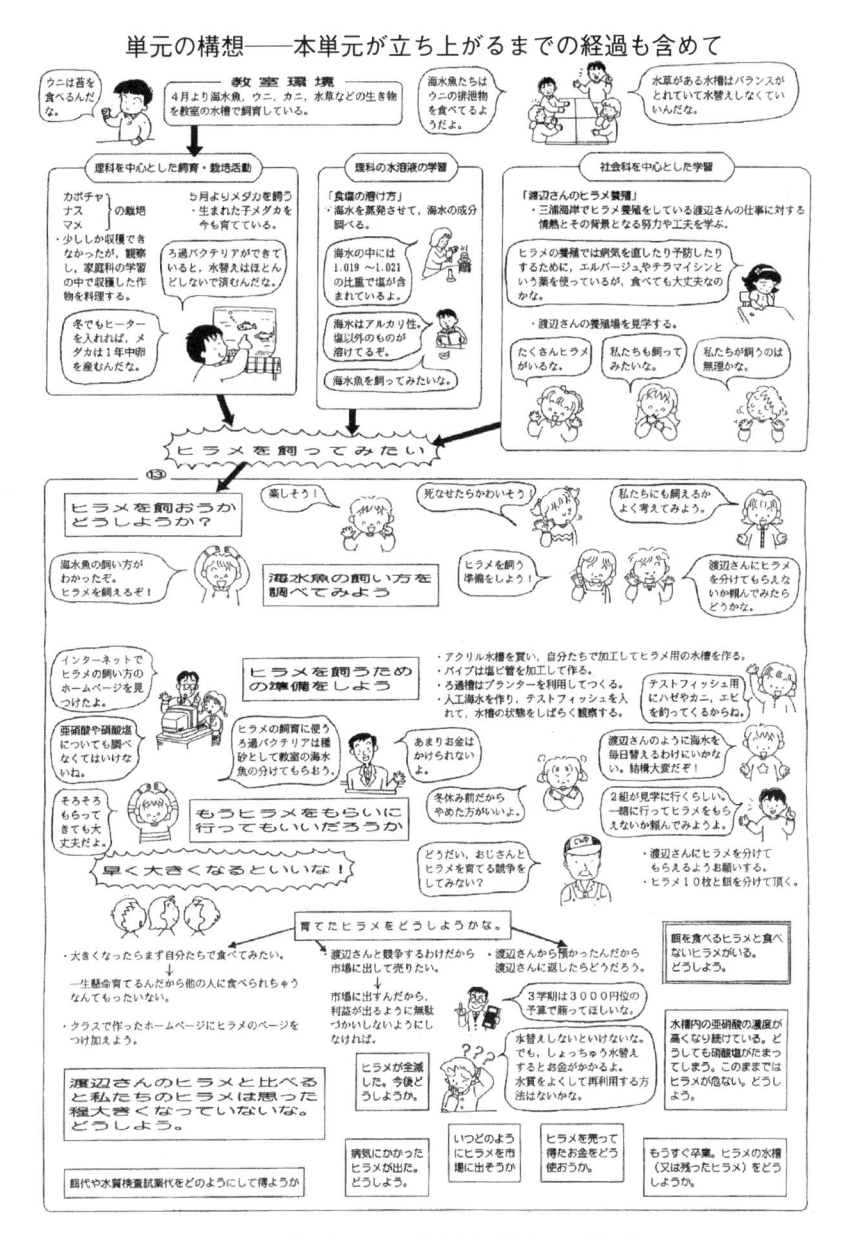

図4-1　単元「ヒラメの養殖を自分たちで」構想図

以上のいくつかの視点から,「ヒラメの養殖」という学習材で環境や人の営みに触れ,主体的に探究する子どもの姿が実現できる単元になるのではないかと考えた。
　教師にこの着眼ができたことこそ,この単元が構想された源である。この中で,教師は課題を設定し,内容を考え,教材を見極め,子どもに身に付けられる力を想定している。総合的な学習の時間は目標や内容を各学校で設定し,単元もつくりあげていくが,そのときにどのような探究的な学習が展開されるか推測し単元を構想していく力が教師には必要なのである（横浜国立大学教育人間科学部附属横浜小学校,2000）。

2. 子どもの内に問いや葛藤を生み出し授業を展開する力
(1) 子どもを見取り, 生かすこと

　どんなことに子どもが興味・関心をもっているのか,心惹かれるのはどんな場合か,という子どもの心の動きを見取り,把握することは授業をする上で欠かせないことである。子どもの思いや願い,子どもの学習活動における発言や行動をどう見取るか,教師には内にあるものを見通す洞察力や敏感な感受性が求められる。授業は常に動いている。瞬時に子どもの反応を見取って対応しなければならないことも多い。授業の動きを想定していても,子どもの反応によって,思考の流れによって,話し合いの方向性によって,想定は変容していくものである。そういう子どもの動きに応じていくためには,通常から子ども1人ひとりをよくみつめ,興味・関心の傾向やもっている技能,考え方や感じ方の違いや共通点をとらえておくことが大切である。そのために忘れてはならないことは,いつも子どもの声に耳を傾け,よく聴くことである。子どもが何を感じて,何をいおうとしているのか,表現しようとしているのはどんなことか,それを聞き逃さない,見逃さないようにすることである。
　教師は授業案を立てると,自分の都合のよいように流れをつくろうとして,子どもの反応もその方向に都合よく解釈してしまいがちになる。そこから子どもとの間にズレが生じて子どもの追究が続かないことも多い。しかし,子どもが言おうとしていることの主旨を素直に受け止めようとすれば,その中に遠まわりではあっても解決の糸口が隠されているものである。子どもは途中で問題を投げ出すことはない。教師が子どもの発信したことを,正しく受け止め,意味付けたり,認めたりしてよりよいものに転化していけば,自分の発信したことに自信と満足感をもち,より意欲を高めることができる。

(2) 授業展開を工夫すること
　授業の導入や山となる場面で,子どもの心を惹きつける発問や,場の設定をすることは授業をしていく上で有効な方法である。
　子どもの心を惹く場の工夫をすることで,「何だろう」「あれ,どうしてだろう」と自然に問いが生まれ,目が向くことが多い。
　例えば,子どもが今までとらえていた事実とのズレを発見して意外だと感じたり,

意表をつかれたりしたとき，ハッと強く意識づけられる。また，見たことがない現象を見たり，予想しない事実に突きあたったときも子どもの内に不思議さが生まれたり，葛藤が生じたりして子ども自らが追究に向かうようになる。さらに追究が深まって探究活動になるためには，授業の中で子どもがもった問いを問題として練りあげていくことも必要である。必然性のある体験や多様な調べ活動を学習の過程に組み込んでいくような展開の工夫をすることで，よりいっそう子どもが主体的に探究をくり返していくことになる。

(3) **子どもを立ち止まらせ，葛藤を生む問いかけをすること**

　教師の問いかけや子どもの発言への切り返しは，授業の中で子どもが立ち止まり，葛藤し，よい答えを求めていく展開で大切なポイントとなる。しかし，一問一答の直接的な答えを求めるような問いでは，子どもが思考を深め，集中して探究していけるような，豊かな学びには結びつかない。子どもの中に葛藤を生み，子どもどうしの話し合いが生まれ，深めていけるような問いかけをするべきである。どこでどのように問いかけ，切り返していくかは授業の流れを予想し，よく発問を吟味していかなければならない。

　また，子どもがつまずいたり，まちがったりしたとき，それは授業を展開する上で重要なポイントとなる場面であり，「しめた」と考えるべきときである。協同で思考をし，話し合いが起こる絶好の機会が生じたことであり，まちがいを正しい方向に是正しながら子どもの思考が広がったり深まったりして，ものごとの本質に迫る豊かな授業が展開されることになる。

　子どもの内に問いや葛藤を生み出す学習展開のための教師の働きかけについて，以下の事例2で紹介したい。

【事例2】　葛藤場面を生み出す学習展開の工夫と教師の問いかけ
　　　　―メダカの親子が気持ちよく泳げるビオトープにしよう（5年）

①授業にいたるまでの経緯

　学校の動植物の変化について観察している際，学校のビオトープの異変に気づいた子がいた。「水が少ない」「緑色の藻が池を覆っている」「メダカが少なくなっているような気がする」などなど。学級の子どもたち全員で現状を確かめに行くと，教室で話し合いが自然に起こった。「生き物がみんな死んじゃうよ」「ビオトープを何とかしたほうがいいよ」「メダカだけでも助けたい」「水は何で止まっちゃっているの」などの意見から，話し合いは進み，「ビオトープを掃除しよう」「メダカを増やして池に戻そう」という提案が出てきた。しかし，メダカや生き物にとって自然のままがいちばんいいのではないかという意見も出て，ビオトープやメダカについてもっと調べてからよりよい方向を考えようということになった。

　校長先生や環境委員会の担当にアドバイスをもらい，地域の方の協力も得て，掃除

をすることになった。子どもたちの予想以上に汚れはひどく，投げ込まれた石や煉瓦がいたるところにあった。溜まっていた浄化槽部分の汚泥も地域の方々と協力して取り除いた。3時間を超える作業であったが，だれ1人文句を言わず熱心に掃除をした。メダカは，採取して教室の水槽に移した。

採取してきたメダカを理科の授業などでも調べ，「メダカを増やしていこう」という新しいプロジェクトが生まれた。全員が分担して，水槽内の環境を整えたり，えさを調べたりして，やっと卵が生まれ，その後稚魚になった。

そんなところに，2年生の兄弟学級からメダカの赤ちゃんがほしいという申し出があった。

②本時の展開のようす

自分たちが大切に育てたメダカの稚魚や卵を他学級にあげるかどうかの話し合いが，以下のように展開していった。

教師の発言と肯定的・否定的な意味に分かれた子どもの発言を，次のように記号で区別してある。

☆：教師の発問や問いかけ
〇：メダカをあげたくないという側の子どもの発言
●：メダカをあげてもいいという側の子どもの発言

〇低学年の子には大きな水槽の掃除は無理だと思う。
〇稚魚をつぶしてしまうかもしれない。
〇ちゃんと飼うためには温度計とかいろいろな道具が必要なのに2年生の教室には何もなかった。
〇えさのあげすぎで水槽が汚れちゃうかも。
〇新しい命なのにだめになっちゃう。
☆あげてもいいんじゃないかという意見の人はいないのかな。
●育てたいといっている人が12人もいたから，飼ってもらったほうがいいと思う。
●わからないことは私たちが教えに行けば大丈夫かも。
〇低学年の子じゃ責任感がまだない。
〇教えてあげるということは結局私たちが育てていることと変わらない。
〇分けるのは最後まで育てないことになるから無責任ということだ。大切な命は守る責任があるから自分たちで育てる。
●稚魚は小さいから大きいほうならあげてもいいかも。
〇大きいメダカのほうが病気になりやすいよ。
●卵のときに分ければ傷つきにくいよ。
〇卵でもさわって傷ついちゃうよ。つぶれやすい時期があるんだから。
●命が大切ってわかってからだとあげてもいい。
〇メダカのことを劇とかで知ってもらって，アンケートもとって，やりたくない人がいた

らやっぱり、このクラスで育てたほうがいいんじゃないかな。
○劇で説明するなんてうまくできないよ。時間もかかるし。
●2年2組は全員の子が飼ってみたいって言ってました。
☆2年生の子がメダカを育てるといい理由って何かあるかな。
●新しい命のことがわかるかも。
○でもそれは高学年になったらやるかもしれないことだよ。
☆みんなと同じようにビオトープについて学習するかな？
●私は今、全校の子にメダカをあげればメダカの命のことがわかるから、ビオトープに石など投げる人が減ってくると思う。
(この意見をきっかけに、少しずつ自分たちの本来の目標に気づき、意見を変えてくる子が増えてくる。)
●意見が変わりました。自分たちで育てるとやっぱり石は投げなくなると思う。
●ビオトープは学校みんなのものだから全校で育てる。
●朝会や集会で言ったらみんなわかってくれる。絶対に石を入れて欲しくないから育ててもらったほうがいいと思う。
●渡すときにはビオトープのメダカって言えばいいから育ててもらったほうがいい。
●みんなのメダカだから、2年2組に分けたほうがいいと思うようになった。
☆Aさん、この授業の前に自分の考えをノートに書いていたね。今日は意見を言わなかったけど、今も同じ気持ちですか？
【Aさんのノートから】
　メダカを育てていたら、まるで自分が親になったみたいだから自分で育てたかったけど、この時間の中でいろいろな考えを聞いていたら、育ててもらっていいと思うようになりました。

　この授業では、汚れたビオトープから自分たちが救い出して世話をし続けてきた大切なメダカをほしいと言われたことで葛藤に直面した子どもたちの姿がよく伝わってきた。はじめは、圧倒的に「あげたくない」という子どもたちの本音が大半を占める意見となって出てくる。教師は十分それを承知していて、本音を出させていた。しかし、この授業にいたる子ども1人ひとりのようすを的確につかみ、その子どもの意見を意図的に生かした問いかけをすることで、この学習の本来の意味に気付かせ、子どもをそこで立ち止まらせて考えを深めさせている。子どもたちは、自分たちの活動の意味を再認識して新たな視点でより深い探究に向かうことになるだろう。教師の意図的な働きかけがなかったら、安易に命は大事だから自分たちで命を守ろうという範囲でこの授業は終わってしまっただろう。授業の質を高め、展開をしていくために教師のこのような働きかけは大きな意味をもつ。

(4) **学習への必要感を生み、自分ごとにすること**
　子どもが学びへの意欲を強くもつのはどんなときだろうか。行動を起こさずにはい

られない，どうしてもやりたくなるという，子どもにとって止むに止まれぬ心の動きが生じるときには，それなりの理由や根拠があるように思う。子どもが学習に強い思いをもって向かうときには，教師が必ず何らかの手だてをとっている。その手だては，子どものやってみたい，謎を解きたい，知りたいという気持ちをいっそう強化することにつながっていると考えられる。

例えば，「○○について考えよう」「○○をやってみよう」と課題が出されても，考える必要感が弱かったり，学習の流れの中で必然性がなかったりすれば，子どもにとって「自分の問題」や「自分のやりたいこと」としてとらえられない。では，子どもにとって自分事になり，学習に主体的に向かうためにはどうすればよいのだろうか。

その1つは，子どもが安易に取り組むことができない状況を大切にすることである。人にとって簡単に達成できることは，それ以上の意欲をかき立てられることが少ないことだろう。また，親切にお膳立てされすぎていると，たとえ目的を達成できたとしても，成就感や満足感が得られにくい。

次に紹介する事例は，学習場面で子どもたちが直面するハードルや壁を意識して導入を工夫したものである。

【事例3】 活動への思いが募るために―わたしがつくる交流活動（中学年）

総合的な学習の時間で学校外の人々との交流活動が盛んに行われるようになった。お年寄りや地域の人，障がいのある人との交流は，子どもの心の育ちに大きな意味をもち，成長に欠くことができないものである。子どもたちはさまざまな人とふれあい交流をするにしても，出会い方や活動の仕方について教師がレールを引き，その路線をたどらせるようにしすぎると，「させられている交流活動」になって，肝心の心の交流が生まれないまま終わってしまう。交流は相手の存在に，いかに心を傾けてかかわっていけるかが大きなポイントであり，そのためには子どもの意思で交流活動に取り組む必要がある。

特別支援学校との交流活動を単元として構想する際，交流することを前提に活動場面を設定してしまって，それで子どもたちが果たして本気になるだろうかと疑問を感じた。そこで，特別支援学校についてある程度情報を与え，興味・関心を引き出す一方，交流する機会はあえて設定しないようにして学習をスタートさせることにした。

☆私たちの学校には特別支援学校という兄弟の学校があるんだよ。
○その学校はどこにあるのかな。
○何人くらいの生徒がいるのかな。
○兄弟の学校だから，制服は同じかな。
○そういえば去年は特別支援学校に行って，お友だちになったって聞いたよ。
○じゃ，僕たちもお友だちになれるかな。

☆：教師
○：子ども

> ○特別支援学校のお友だちに会いたいね。
> ☆残念だけど，今年は特別支援学校に行く予定はありません。
> ○えー，お友だちになりたいよ。どうして今年からはないの？
> ○何とか特別支援学校に行けるようにできないかな。
> ○どうすればいいんだろう。

　子どもたちは交流できないと聞き，躍起になって交流会を実現させようと動き始めた。その日のうちに特別支援学校の電話番号を調べて，直接電話をかけてみた子，場所がどこか調べてきた子，手紙を書こうとする子などなど，それぞれどんなふうにすれば交流が実現するか子どもなりに知恵を絞って相手側に働きかけようとしたのである。そして，ついに特別支援学校から交流しましょうという返事が来たとき，それこそ小躍りして喜んだ。この結果を生んだのは自分たちである，という子どもたちの自信と誇りに満ちた顔は忘れられない。

　子どもたちが動き出そうとしたときに状況判断して「待った」をかけたり，制限を加えたりすることで，より子どもたちの意欲が高まり，主体的・能動的に活動する姿が見えることがある。例えば，学校の梅の木に実がなるころ，生活科や総合的な学習の時間，家庭科で使うからと，梅の実を採っていいかという許可を取りにくる子が何人かいるものである。そんなとき，簡単に許可してしまわないで，「採る目的や個数は妥当か，採取の仕方は安全か」「自分たちだけの物ではないので，まわりの理解を得なければならないこと」といったハードルを子どもに提示すると，子どもはそこで立ち止まり，より目的を意識して梅の実を採ることになる。しかも，採取した実はより大切に扱われる。

　こんなふうに，子どもたちの思いを実現する行動に壁をつくることで，活動や体験が子どもたちの意思を伴ったものになり，その取組にいっそう熱が入ることになる。現実の社会では，そう簡単にことが成就できることは少ないが，真の問題解決力はそのようなときに発揮される。時には，子どもたちが「やりたい」といったことでも，もう一度その意味を考えさせたり踏みとどまらせたりして，子どもの中で思いを醸成し募らせることが大切なのである。この教師の「読み」と「余裕」があれば，子どもは活動を自分事としてとらえ，自分たちで壁を乗り越えてたくましい問題解決力を身に付けていく。

　美味しい野菜を栽培しようとすれば，水や栄養を与えすぎず，むしろ足りないぐらいの状況にしておくとよいと聞く。そうすれば，栄養を蓄え，水分をため込もうとする野菜自体の本来もつ力が発揮されるというが，子ども自身のもつ力を最大限に発揮させ，学ぶ力を育成していくにも同様なことがいえるのではないだろうか。

3. 学ぶ姿勢を育む学級経営力

　指導力を高めることは，今教師に最も求められていることであるが，その基盤となるのは，子ども1人ひとりを生かし，集団として高める学級経営の力である。学ぶ姿勢を育む学級づくりとはどうあったらよいのか考えてみたい。

(1) 子どもを開く学級の雰囲気づくり

　子どもが伸び伸びと自分の力を発揮できる，居心地のよい学級に必要な条件として次のような事項をあげておきたい。

○自分を開いて自分の思いや考えを安心して言える。
○仲間のよさを受け容れ，よい人間関係が保てる。
○自分が学級の中やグループの中で認められているという存在価値や有用感を感じる。
○それぞれが集団の一員としての意識をもち，集団として高まったときにともに喜びを感じる。

　これらは，学級の中で1人ひとりが自己実現を果たしている姿といってよいだろう。自己を実現しているからこそ，他を受け容れることもできる。しかし，1人ひとりの子どもが自己実現していくには，まず教師自身が子どものよさを受け容れることができなければならない。「～の力を育成したい」と思うあまり，「○○が足りない」「もっと○○させたい」と子どもの表れを否定的に見てしまっては，その子のもち味やよさを引き出すことはむずかしい。子どもの丸ごとを受け容れ，肯定的に見て，育ちを願うことが大切なのである。そして，子どもの丸ごとをとらえるために，さまざまな方向にアンテナを張り，情報をキャッチして子どものよさを学級の中で生かしていくことを常に心がけるべきである。

(2) 協同の学びを生む話し合いが成立する学級

　課題を追究し，学びを深めていくために必要なのは，真摯にものごとに取り組む態度と，人との対話や話し合いを通して，自分の考えや意識を変容させ，高めていく姿勢である。

　そのためには，対話や話し合いが成立する集団でなければならない。前に述べたことと通じるが，自分の思いや考えを臆することなく言えるためには，まちがうことが許されない集団であってはならない。まちがいをみんなで修正しながら答えに行き着くところに価値があることや，異なる意見があるからこそより考えが深まることを，常に意識付ける必要がある。これが「協同的な態度」の意味するところである。議論ができ，違う意見が出てくることは，よりよい答えが見つかるためにはとても大切なことである。また，このような話し合いができたり，まじめに活動に取り組んだりする力は，特定の授業の中で育成されるものではなく，学校生活全般を通して子どもを認めたり，称揚したりして育むことを忘れてはならない。

　総合的な学習の時間は教師の指導力が最も生かされる。むしろ，それに大きく左右

2節　体験活動から学びを創る
―起業体験を通して人生を切り開く力を身に付ける会社起こしの実践

1. 活動の概要

　ここでは「中学生がアイデアを出しながら仲間とともに苦労して起業する」体験活動を通して，豊かな学びを創り出していった総合的な学習の時間（以下，総合的学習）の実践を紹介する。

　この体験活動では，まず，起業シミュレーションソフトを用いて意欲を高めた。続いて，起業に関する基礎・基本を学び，起業アイデアの出し方を実習した後，実際に自分たちが構想した会社をつくり，事前市場リサーチをしたり，営業活動を行ったりしたものである。ここでいう起業的資質・能力とは，「向上心をもちながら仲間と対話をくり返すこと」や「人生を切り開くチャレンジ精神，困難を乗り越えていくたくましさ」のことをさす。これらは，混沌としたこれからの時代を生き抜く生徒たちにとって必要不可欠な力であると考えた。

図4-2　仲間で洗車業を立ち上げ，活動する生徒

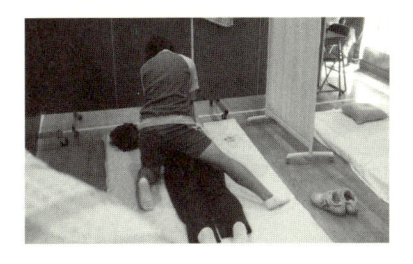

図4-3　仲間で指圧業を立ち上げ，語りかけながら来客の心身を癒す生徒

2. なぜ，「会社を起こそう」なのか
(1) 総合的な学習の充実

　総合的な学習とは，自ら課題を見付け，仲間と切実な思いで学びを進めていく中で，課題解決の方法を身に付け，それまでの学びと関連づけながら自己の生き方をみつめていくものである。同時に，教科の学びと関連させながら設定した資質・能力を身に付けていくものでもある。

　自分たちのアイデアで利益を上げるという共通目標を定め，営業活動にいたる数十時間の連続した学びを行う単元として構想した起業学習は，総合的学習の趣旨を具体

(2) キャリア教育の視点からの充実

10～20歳代の自殺やニートの増加など、今日の青少年の生き方や職業観、勤労観に関する課題が表面化し、キャリア教育の必要性がさまざまな方面から求められている。

自分を知り、他者と交流しながら体験的に取り組む起業学習は、借入をしてまで利益を求めるという市場社会の切実な現実にふれさせるものである。社会生活を送る上で求められる職業観、勤労観を育み、青少年が抱える諸問題について考えさせる活動としても適している。

3. 身に付けさせたい力と評価の方法

この実践で身に付けさせたい資質・能力を表4-1のように整理した。これらを端的にまとめると、「これからの人生をたくましく切り開いていく起業的資質・能力」と言い表すことができる。評価は、「生徒の学びのようすや感想」「生徒の振り返り文」「事前、事後の意識調査」「教科との関連」などの視点から規準を定めて行った。

4. 具体的な手立て

(1) 価値観がぶつかり合う場を設定する

ねらいを達成するために、切実感をもって仲間と学び合いをしなければならない状況に追い込む必要があると考えた。例えば、起業時には借入が必要であり、生徒が立ち上げる会社1つにつき、5,000円までの借入を許可した。生徒たちはこの借金を返済しようと必死で利益を上げようとする。未知なる体験に向かうこの過程で、互いの意見がぶつかり合ったり、判断に迷ったり、途方に暮れたりする場面に遭遇する。そ

表4-1 「会社を起こそう」で身に付けさせたい資質・能力の一覧

設定した資質・能力	整理上の簡略用語と分類記号	
○自分や他者のよさを理解し吸収する向上心 ○切実感をもちながら仲間と対話を繰り返す力	①自他理解 ②コミュニケーション	A 人間関係形成
○仲間と協力しながらアイデアを出したり、有益な情報を収集、取捨選択していく力 ○学んだことを実生活に役立たせ、経済性を考えながら世の中に貢献しようとする力	①情報収集 ②職業理解	B 情報活用
○自分の役割を自覚し役目を果たそうとする責任感 ○人生を切り開くチャレンジ精神、計画性、リーダー性をもち困難を乗り越えていく力	①役割認識 ②計画実行	C 将来設計
○多くの情報を検討しながら仲間と共に思考、判断、表現を行っていく力 ○問題点を発見し、仲間と苦労しながら粘り強く解決していく力	①選択 ②課題解決	D 意志決定能力

図 4-4　価値観をぶつけながら対話を行う

の困難な状況を打開するために互いに力を合わせ，協同し合うようになると考えた。
(2) **外部人材の積極的な活用を行う**
　第Ⅰステージでの「今，なぜ，起業なのか」「起業の基礎・基本」，第Ⅱステージの「起業アイデアの出し方」，第Ⅲステージの「起業する上でのきまり」，第Ⅳステージの「広報の仕方」などでの学びは，専門家からのアドバイスをまじえながら進めたほうが効果的である。学年担当教師が行うよりも充実した質疑応答を行うことができ，事例をまじえての説明をしてくれるので，課題探究に深まりが出てくると考えたからである。
(3) **教科との関連を図る**
　総合的な学習の時間を，「教科で学んだ基礎・基本を活用する時間」ととらえ，社会の公民的分野「暮らしと経済」や国語の「話す，聞く」などについての学びを活動の中に位置づけ，横断的な関連づけを図ることにした。

5. 指導計画

　以下に示すステージⅠ～Ⅳを設定し，起業に対する意欲を高め，知識や技能を必要とする中で，各種講演や他教科との関連を図り，学びを進めていくようにした。そして，意欲も知識も高まった後で実際に起業を行い，振り返りを行うような構成とした。

表 4-2　起業体験活動の流れと教科関連，評価規準，支援等

起業体験活動の流れ	□教科関連，◇評価規準，◎支援等
ガイダンス ◎ステージⅠ「なぜ，今，起業なのか？」 【起業シミュレーション体験をする】 ○起業シミュレーションソフトを行い，経営者の感覚を体験する。 ○講義「今，なぜ，起業なのか」を聞く。 ○雇用拡大の１つに起業があり，地元志向の気持ちも広がることをまとめる。	◇これからの学びの見通しをもち，起業学習についての興味・関心を高める。 社 ニートや地域産業と雇用の拡大の必要性（公民分野）について社会科で学んだことを想起しながら講義を聞くようにする。 ◇起業的資質の必要性を理解するため意欲的に情報を収集する。〈B情活―①情報収集能力〉

表4-2 （続き）

【講義：借入〜原価，労務，宣伝費と利益を聞き，起業に向けての基礎・基本を学ぶ】 ○販売や宣伝の楽しさ。 ○物には原価があり，借入し経費をかけ商品を売り利益が得られること。 ○サービスも立派な商品であり，学校での学びを生かしながらアイデアを生かすこと。 ○信用を得ると売れること。 【実習：デザートショップで利益を上げる】 ○デザートをつくり販売する実習を行う。 ○高利貸しのサラ金と，銀行の2社から選択し資本金を借入する。 ○容器，ベース，トッピング，広報分野でデラックスかスタンダードかに経費をかけ，製作販売する（模擬紙幣を使用）。 ○利益を上げるための仕組みをまとめる。	◇起業に向けて，職業や勤労に関する基本的な事柄がわかる。〈B情活―②職業理解能力〉 数 利率の計算について，数学担当教師の講義を聞き，質疑応答を行う。 ◇借入から製造品までの詳細を，仲間同士で意志決定し，全員が責任を負うことができる。 　　　　　　　〈D意志決定―課題解決能力〉
◎ステージⅡ　よりよい起業とは 【起業アイデアの出し方を学ぶ】 ○すべての事業は， 　　何を（商品，サービス） 　　だれに（ターゲット） 　　どうやって（方法） で整理できることを知る。 ○3つの中で，どこに特徴があるか，そこまでやるか，と言わせることが，よりよい起業となることを知る。 ○弁当を例に，競争相手は必ずいるから，対象年令等によってカロリーを変えることなどで特徴を出すことの大切さを理解する（＝ターゲットを絞ることの重要性）。	家 食物のカロリーについて，家庭科の学習を想起し，必要に応じて家庭科担当教師と質疑応答を行う。 ◇よりよい起業を行うための3つのポイントについて，具体的な事例を参考にしながら理解することができる。〈B情活―②職業理解能力〉
◎ステージⅢ　会社を立ち上げよう 【仲間とチームを組み，会社を起こす】 ○自分と他者のアイデアをすり合わせる。 ○仲良しグループではないチームで，様ざまな事態に対応する力をもつ会社をつくる。 ○起業根拠を，得意な分野，不得意分野の克服，ニーズ，その他のどれかに絞る。 【起業の際のきまりを学ぶ】 ○保健所職員より講話「食品製造，販売に関するきまり」を聞き，1つの例とする。 ○調理人の検便のするきまりを知る。 ○材料をいつ，どこから，どのくらい購入したかを届けなければならないことを知る。 ○きまりが私たちを安心させていることに気づく。 【事前リサーチ活動を行う】 ○営業内容の詳細案を出し合い，事前市場リサーチを行う。 ○例：心が癒されるためにどんなことをして欲しいか，高齢者は，孫に何をプレゼントしたいか，アンケート調査を行う。 ○試行活動を行い値段を調査してみる。 ○事前調査をもとに，営業内容を決める	道 「高め合う心」の学びを想起し，同じ嗜好の者同士のグループでは欠点も共通していて，多くのトラブルに対応することができないことを理解する。 ◇他者のよいところを謙虚に学び，吸収することができる。〈A人間関係―①自他理解〉 家 調理実習の際の，適切な材料の選定について，家庭科担当教師の講義を聞き，質疑応答を行う。 ◇起業に際しては，多くのきまりがあるが，それは，消費者が安心できるたにあることがわかる。 　　　　　　　〈B情活―②職業理解能力〉 社 公民分野：市場原理について，社会担当教師の講義を聞き，質疑応答を行う。 国 よりよいインタビューの仕方についての講義を聞き，質疑応答を行う。 　　　　　　〈D意志決定―②課題解決能力〉

4章　総合的な学習の時間における学習の成立

表 4-2　（続き）

| ◎ステージⅣ　営業を行い利益を上げよう
【広報，製造，現場，経理で営業活動の開始準備を進める】
○広報→経費に応じて広告を作成する。
○製造→商品，サービスの完成度を高める。
○販売→運搬やレイアウト，包装等の付加価値をつける。
○経理→経費や値段を整理し，契約書を作成する。
【営業活動】
○現場担当の生徒の指示で配置につき営業を行う（実際のお金をやりとりする）。
○営業を終了し，現場担当者の指示で後片づけを行う。
○経理担当者は収支を計算する。
○振り返り用紙に記述する。
【まとめ】
○教科との関連，身に付いた力について自己評価を行う。
○プレゼンテーションソフトで，活動を振り返る。 | 美効果的なレイアウトやレタリング，色使いなどについて美術担当教師の講義を聞き，質疑応答を行う。〈C 将来設計―①役割分担〉
技表計算ソフトの活用方法についての学びを想起し，必要に応じて技術情報分野担当教師と質疑応答を行う。

◇企業的な考え方を生かしながら，自分たちで会社を立ち上げ営業活動を行うことができる。
〈C 将来設計能力―②計画実〉 |

6. 起業体験活動における生徒の学びのようす

(1) ステージⅠ：起業の基礎・基本を学ぼう！

①シミュレーションソフトで起業模擬体験

　まず，シミュレーションを行う前に社会科担当教師から，公民分野で学ぶ暮らしと経済領域に関連づけ，「ハンバーガーショップの経営者になってみよう」について授業をしてもらい，経営するには立地条件や客層を意識する必要があることなどの基本を学んだ。

　その後，「あなたも経営者になってみよう」というキャッチフレーズをかかげ，起業シミュレーションソフトで模擬体験をする。画面にコンビニ店舗が映し出され，商品をどこに置くかによって売り上げが左右されるようプログラムが組まれており，こ

図 4-5　互いに交流しながら起業シミュレーションを真剣に行う

れにより経営者の感覚を体験していく。生徒は「社会の先生から習った通り，何をどこに置くかはむずかしかった」「サンドイッチは親子同時にみることができる高さで，入り口正面に置くと，売り上げが伸びることがわかり，ワクワクした」などと，経営感覚が盛り込まれた感想を述べている。一方，任意の2人組で行うようにしたことから，「相手の人と意見が異なり，面倒だった」と，意志決定のむずかしさも述べている。

②講義「今，なぜ，起業なのか」

起業に関する興味・関心を高めた後，「今，なぜ，起業なのか」について考える場を設定した。市の産業振興課の方より，「夢の実現への道は複数ある。会社勤めの他に，起業という手がある。この地域は雇用拡大が必要。アイデアとチャレンジ精神があれば，起業もやりがいがあり楽しくて有効な手段」というお話をいただいた（図4-6）。「そんな，突然言われても……」という表情を見せた生徒たちであったが，「実際に起業をしなくても，この勉強は必ずみんなにプラスになる」という話を聞いて，「どういうこと？　もっと知りたい！」という表情に変わっていった。起業はハイリスク，ハイリターンではあるものの，生徒は地元の発展を願う起業家の気持ちにも気づき，理解と関心をしだいに深めていった。

③起業の基本を学ぼう―借入，原価，労務費，宣伝費と利益

次に，地元の起業家の方から，起業の基礎・基本を経験談的に語っていただいた（図4-7）。生徒たちは自分たちが数か月後に行う起業活動を想起しながら真剣に聞き入っていた。その中で「物には原価があり，経費をかけて商品を売り，利益が得られる。事前に借入が必要になる。いずれにせよ，自分で起業して販売や宣伝を行うことは楽しい」という話や，「サービスも立派な商品になる。アイデア勝負で，いったん信用を得ると何でも売れるようになる」という内容に，生徒は「早く起業してみたい！」「自分はいくつかのアイデアをもっている」などの感想を述べ，意欲をみなぎらしていた。

図4-6　市産業振興課の職員から話を聞く　　　　図4-7　起業家からの体験談を聞く

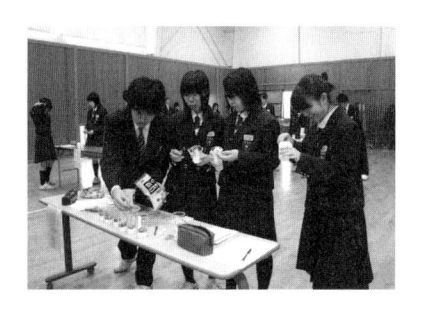

図4-8 デザートショップで利益を上げる活動を行っているようす

④デザートショップで利益を上げよう

　この意欲が高まった状態で，さっそく，デザートショップをつくり販売する実習を行うことにした（図4-8）。この実習ではでは，デザートショップに限定し，計画，借入，原価，製造数，売値，利益，返済という基本的な流れを体験することにねらいを絞った。この中で，借入については，高利貸しのサラ金と，審査の厳しい銀行のどちらかを選択し，資本金を借入したり，デザートの容器については，ベース，トッピング，広報分野でデラックスかスタンダードかの選択をしながら経費をかけ，製作販売した（模擬紙幣を使用）。生徒は「これまでやったことがない活動だったので，利益を上げるためのしくみがわかった」「単なるバザーではなく，借り入れたお金を返済しなければならなかったのでみんなでアイデアを出しながら必死になった」などと感想を述べている。

　授業者としてこのステージⅠの実践を振り返ると，ここでの活動は生徒たちにとって，起業体験を実際にする上での動機づけになった。また，基本的な用語（借入，原価，製造数，売値，利益，返済）の意味については，最初にきちんと押さえておく必要があると考える。

(2) ステージⅡ：よりよい起業とは？

①起業アイデアの出し方〈その1〉―何を，だれに，どうやって

　起業への意欲が高まり，意義への理解も進んだステージⅡでは，よりよい起業の仕方を学ぶことをねらいにしている。中小企業診断士の方を講師にお招きし，「すべての事業は，何を（商品，サービス），だれに（ターゲット），どうやって（方法）で整理できる。この3つの点で，どこに特徴があるか，そこまでやるか？　と言わせることが，よりよい起業となる」など，説得力あふれるお話をいただいた（図4-9）。生徒に伝わりやすいように弁当を例に，「競争相手は必ずいるから，対象をだれにすればよいのかを決め，カロリー計算や味付け，おかずの中身を吟味することが大切」という点も強調されていた。

　講演を聴いた生徒は，「中学生の私たちでも『なるほど』と思うような，わかりや

図4-9　中小企業診断士より，起業の基礎を聞く

図4-10　学年の先生を売り込む活動

すくてためになる内容だった」「何を，だれに，どのように，を考えることは，起業するときだけでなく，いつでも何をやるにしても，生きていく上で関係しているような気がする」など，生き方にかかわる感想を述べている。

②起業アイデアの出し方〈その2〉―商品「先生」を売り込む

　ここで，「何を，だれに，どうやって」を身近な例を通して考え，判断するための演習を設けた。「何を」については先生の特徴から提供できそうなサービスを考えた上で，「だれに」「どうやって」を話し合った。ある班は，第2子が誕生したばかりの30代前半の男性教師を「1日中子守で疲れている主婦に代わり，パートで子守役として派遣する」ことや，料理が得意でドライブが好きな20代女性教師を「介護が行き届かない山間部の独居高齢者のお宅の食事づくりに派遣する」ことなどを提案していた。これに対して，中小企業診断士の方からは「実際に現実社会で成り立っている仕事もあり，的を射た営業内容である」と，高い評価をいただき，生徒は成就感を得ていた。

③起業アイデアの出し方〈その3〉―ビジネスチャンスを生かす

　ここでは，報道関係の会社を経営する方から，「ビジネスチャンスのとらえ方」についてお話をいただいた（図4-11）。その中で，自身で海外を訪問した際の体験談として，「ノーベル博物館でとても人気のある爆弾そっくりの大きなキャンディーは，日本で売ってもあまり売れない。同じものを売っても，売る場所や時期で売り上げがまったく異なる」という印象的な話をしていただいた。また，あるバイクメーカーの創始者が，「自分の足が遅かったことをバネにエンジンの開発に情熱を傾けた」エピソードを通し，「得意な分野だけが起業のヒントになるのではなく，弱点の克服をヒントにすることもあるし，その時代のニーズから自分にはまったく興味がなかった分野でもチャンスになることがある」と話された。これを聞いた生徒は，「話を聞いているうちに自分も起業できそうな気がしてきた」などと感想を述べている。また，「西洋のことわざで『幸運とはチャンスに対して準備ができていること』というのがあるが，自分の生活すべてが起業のヒントになると思うので，準備をしていきたい」

図4-11 報道関係会社社長から，ビジネスチャンスについて聞く

など，今後の自己の生き方の糧になったという感想も出てきた。

　授業者としてステージⅡの実践を振り返ると，起業アイデアの出し方は「何を」「だれに」「どうやって」で整理すると，方向性が見えてくることが生徒に伝わった。演習の場面では，「サービス」よりも「物」で考えたほうがより実感がわいたと思われる。

(3) ステージⅢ：いよいよ会社を立ちあげよう！
①会社づくりは異なるタイプの人で構成

　同類のアイデアをもつ者どうしをカードで整理し，アイデアのすり合わせを行う中で，起業集団をつくっていった。

　このとき，「いい加減な気持ちで，好きな者どうしで会社をつくるとどうなるか？」という問いかけをしたところ，組織の強さを考え始め，「同性どうしや仲よしな人とだけで組むと，なんだか欠点が共通していて不安」という重要なことに自ら気づいていった。また，「営業をしたとき，呼び込みやクレームにしっかり対応してくれる強くて明るい男子がほしい」「イラストが上手な女子がほしい」などの具体的な意見も出てきた。この時点で生徒が考え出した起業例は表4-3のような内容である。

　生徒は「いよいよ起業が近づいてきた。早くやってみたい」「起業する根拠はいく

図4-12 仲よしグループでなく，組織の強さを考えたグルーピングで仲間を決定

表4-3 起業根拠と起業例

起業根拠	起業例
得意分野を生かす	マッサージが得意なので，心身の疲れを癒すような起業がしたい（指圧業）
不得意分野を克服する	いつも自分の部屋が汚れていたので，何かをきれいにして喜んでもらえるような起業がしたい（ハウスクリーニング）
世の中のニーズを考える	お年寄りが要望していることをテーマにした起業がしたい（孫へのプレゼント品の制作販売）

つかに分類できることを知った。みんないずれかの根拠で起業してきたんだなあ，と思うと，自分でも挑戦できそうな感じがする」などと感想を述べている。

②起業する場合のきまりは？ ―食品関係の起業を例に

次に，税金や起業に関する法的なきまりについて話を聞く場を設定した。例えば，保健所の食品衛生担当の方は「食品製造販売に関するきまりとそのきまりがある理由」について説明をしてくださった。「検便をするきまり」や「食料を何月何日の何時に，どこからどのくらい購入したかを届け出るきまり」があることを知った生徒は，「食中毒などの不安があるからきまりは厳しすぎるくらいで安心する。今までかわいいクッキーをつくって販売しようと思っていたが考え直したい」「きまりがあるから私たちは安心できる」などの感想を述べている。

③事前リサーチ活動を行う―売れるのか？ 値段は？ 利益は？

起業が近づくにつれ，「高齢者が孫にプレゼントする場合の予算や嗜好がわからない。利益が出るのか？」「肩もみだけのサービスにお金を払ってくれるのか？」「心が癒されるために本当にしてほしいことは？」など，激しいやりとりが行われた。結局，すべてのグループで事前調査を行うことにした。また，学校の教職員に対しても，「先生，このクッキー食べてみて，5個でいくらなら買いますか？」などの調査を行う生徒も現れた。この事前リサーチ活動で得た情報を頼りに経費を計算し，試作品をつくっていった。

授業者としてステージⅢの実践を振り返ると，値段を決める活動に入っていったので生徒の中に切実感が出てきたと思われる。事前リサーチ活動は，結果を予想した上で実施し，レポート形式でまとめてから発表会を開き，意見交換を行うことにすれば，さらに充実したものになったかもしれない。

(4) **ステージⅣ：営業を行い利益を上げよう！**

①営業内容の最終決定

事前調査の分析から営業内容を表4-4のように最終決定した。

②役割を分担して営業準備をする

最終段階では，広報，製造，現場，経理で役割分担して仕事を進めた。このうち，広報活動については，地元の新聞社の記者と広告担当者と交渉したとき，「紙面は広

4章　総合的な学習の時間における学習の成立

表4-4　営業内容一覧表

何を	だれ	どうやって	根拠
①庭の草取りを	一人暮らしの高齢者のお宅に	訪問して	ニーズ（体の無理が利かない）
②顔写真入カレンダーを	カレンダーを身近に感じる人	人がよく出入りする部下施設の入り口	得意分野をヒントに
③ハウスクリーニングを	掃除が苦手で多忙な人に	訪問で	不得意分野をヒントに
④かわいいマスコットを	孫のいる高齢者に	高齢者がよく行き交う商店街の歩道で	ニーズ（孫をかわいがる気持ち）
⑤ブーケ，花飾りを	小物類が好きな大人に	百貨店などの入り口	得意分野をヒントに
⑥くつみがき業を	忙しくてゆとりのない主婦に	集会など	ニーズ（普段ゆとりがない）
⑦マッサージ業を	ストレスがたまっている大人	文化施設で	ニーズ（癒しを求めたい）
⑧パウンドケーキをつくり	ケーキが好きな人に	屋内で，人が集まる場所で	得意分野をヒントに
⑨和菓子をつくり	甘いものが好きな人に	屋内の人が集まる，休憩所があるところで	ニーズ（一息入れたい）
⑩デザートをつくり	デザートに目がない人に	屋内の人が集まる，休憩所があるところで	ニーズ（一息入れたい）
⑪オリジナルカレンダーを	手づくり感覚が好きな人に	晩秋から年末にかけて人が集まる場所で	得意分野をヒントに
⑫自作ハガキを	グリーンコンシューマーに	福祉，教育施設で	ニーズ（リサイクル志向）
⑬車の洗車を	多忙で洗車をしない人に	駐車場で	ニーズ（用を足している間に）
⑭手づくりお菓子を	手づくり感覚が好きな人に	屋内で，人が集まる場所で	得意分野をヒントに
⑮かわいいケーキをつくり	10時のおやつが大好きな人に	商店や事務所，工事現場の近くで	ニーズ（小腹がすいてきた）
⑯チョコクッキーをつくり	チョコが好きな女性に	屋内で，人が集まる場所で	得意分野をヒントに
⑰造花を仕入れ	愛好家の人へ	人がよく出入りする場所で	ニーズ（気の利いた飾りがいる）

いほうが経費がかかる」「多くの情報を載せない」「どんな内容をどんな時期に盛りこむかが大事」などのアドバイスをいただいた（図4-13）。生徒は「とにかくいろいろな情報を盛り込もうと必死だったが，載せる内容を白紙に戻し，強調したいところを絞ろうと思う」「広告をつくるときはすごく考え抜いているんだなあ，と感心した」などと現実に直面させられた。製造部門は商品やサービスの完成度を高め，販売部門は運搬や商品陳列のレイアウトや包装など付加価値の確認をするなどした。また，経理部門はこれまでにかかった費用の整理，値段，契約書，領収書の確認を行い，いよいよ営業日を迎えるまでにいたった。

図 4-13　地元新聞社の広報担当や新聞記者から広告についての話を聞く

③いよいよ営業日！

　リーダー役の生徒の指示により，いよいよ営業をスタートさせる。会場は地域のメインストリートとそこに立地するデパートの玄関先である。グループが独自に開拓していった会場である。教師たちの心配をよそに，宣伝活動を堂々と行い，訪れる方と対話をした結果，商品やサービスはたいへん好評であり，地域の方々の心をとらえ，ふれあいも生まれた。訪れた人たちの感想を表 4-5 に示す。

　営業終了後は担当の生徒の指示で後かたづけを行い，経理担当は収支を計算し，振り返り用紙に記述した。後日，プレゼンテーションソフトで一連の活動を振り返り，生徒用アンケートに記入させ，実際にどのような力が身に付いたのかを評価した。

　授業者としてステージⅣの実践を振り返ると，生徒たちは利益を上げるだけでなく，売る喜びや相手に喜んでもらえる実体験をすることができた。他方，グループ内で，前ステージとの学びのつながりに差があり，一部，目的意識が低い生徒もいた。ステージⅠからⅢまでの学びや，直前の事前リサーチ活動，本番の活動を常につなげる手だてを講じる必要があった。また，卸業やサービス業をはじめ，もっと既存の職業について調べた上で起業の工夫をすることもあってよかったのではないかと思われる。

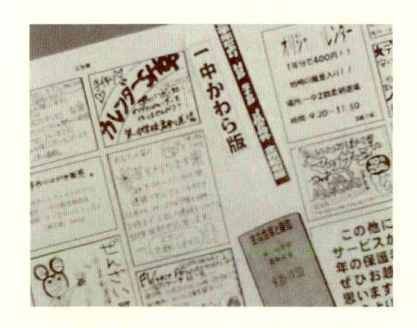

図 4-14　各会社の広報担当が集まり考え出した，協同広告の一部（かわら版）

図 4-15　地域のショッピングセンターのエントランスで営業活動を行う生徒

表 4-5　訪れた地域の人たちの感想

○洗車を利用した男性
　予想以上にていねいに洗ってくれました。洗う前と後でデジカメで傷の確認をしてもらったので安心。終わったあと，車のオーナーと一緒に確認作業をしたことも立派でした。
○マッサージを利用した主婦
　お客さんと会話しながらの肩もみはプロ級。とてもうれしかった。足のつぼを押しながら「ここは心臓，ここは肝臓とつながっています」など解説をしてくれた。足つぼのチャートを配ったアイデアもよい。その上お菓子とお茶つき。実際のマッサージよりもはっきり言って上。
○マスコットを購入したお年寄りの方
　涙が出ました。孫がこの中学校の卒業生なんです。こういう体験的な活動をどんどんやって欲しい，非常に誇りに思う。接客が上手だった。お客におしりを向けず，隣と無駄話もせずに……。
○オリジナルクッキーを購入した主婦
　実演販売がよかったので5個購入しました。一生懸命声がけをしていましたね。すごく生き生きとしていました。お店にくるお客さんと日常会話をして売っていたのがよかったです。
○ハウスクリーニングをお願いした一人暮らしの高齢者
　バケツ，スポンジ，契約書，領収書持参で，張り切って行動していました。1回500円なら，また頼もうという気になります。
○身近な地元の風景の写真付カレンダーを購入した男性
　分業体制がよい。すごいなあと思った。女子が指示を出して男子がその指示に従ってよく動いていた。意欲があった。玄関前での客引きも。店の中でいい意見が飛び交っていた。
○庭の草取りを頼んだ主婦
　歳をとると草取りはなかなかできないことだから，それをやってくれたことに感謝します。支払ったお金以上にやってくれました。わざわざ業者を頼むのも気が引けるので。「何で中学生が草取りしているの？」という電話が隣のお宅からあり，説明して値段を聞いたら自分の庭も頼めないか，と言ってきました。時間がなくて実現しなくて残念がってました。

7．まとめ

　この体験活動を始める前に設定した「これからの人生をたくましく切り開いていく起業的資質・能力」について，以下，「生徒の振り返り文」「事前，事後の意識調査」「教科との関連」から本実践を評価してみる。

(1)「**生徒の振り返り文**」より：**この活動を通して学んだこと**

○お客様に喜んでいただけるようなコミュニケーション能力や仲間との協力性が大切だと感じた。自分に接客能力があることに気づき，自信が出てきた。（マッサージ業）
○起業はむずかしかったが，どうすればお客さんが買ってくれるか，どう触れあえばよいのか実感し達成感が得られた。（造花販売）
○ていねいなことばづかいや態度で接することの大切さや，自分の仕事（宣伝）に責任をもって取り組む大切さや，利益を上げるために適切な値段を設定しなければならないことを経験した。（造花製作販売）
○相手にあわせて対応を変えるコミュニケーション能力が身に付いた。話し合いの場面でみんなで問題を解決したり，商品の完成度を向上させるアイデアを出し合う力，協力して1つのことを成し遂げること，時間の有効活用を学んだ。（和菓子販売）
○ビジネスのチャンスを逃さないこと，年齢を超えた人たちとのコミュニケーションの大切さ，自分から意見を言うことの大切さ，ものごとを客観的にみること，仲間の意見をちゃんと聞くこと，ものごとの後先を見て行動すること，ターゲットを絞ることの大切

さを感じた。（マスコット販売）
○先を見て行動すること，お金を得ることのたいへんさ，1人ひとりが自分の分担を責任をもってがんばることの大切さ，意見を出し合うときにも相手のことをちゃんと聞いてあげる大切さ，実際のお金が動くことのたいへんさを経験した。（カレンダー販売）
○自分の得意分野を生かして班で協力すること，どうすればお客様から依頼がくるかということ，最初から最後まできちんとていねいにやり遂げることが大切だということを感じた。（ハウスクリーニング，草取り）
○自分から意見を出すこと，1度決めたことは自分の意見と違っても最後まで責任をもって動くこと，計画がズレてきたときにみんなで相談して修正案を1つに決めることが大切であることを学んだ。（はがき製作）
○聞くだけでなく，自分の思いを語ることも，コミュニケーションのきっかけだということがわかった。（クッキー販売）

⑵ 「事前，事後の意識調査」から

表4-6のグラフの結果からわかるように，すべての項目で数値は伸びている。特にコミュニケーション能力やアイデアを生かすこと，自己アピールの重要性を学んだという実感が高まっている。今回の活動が実社会と結びついているととらえていることもわかる。一方，「自分で会社を作ってみたい」と回答した生徒の割合は2.2→2.9と伸びているものの，事後調査でも中央値をやや下回る結果となった。この点，授業の手立ての改善が必要であるかもしれないが，全員に起業する力を付けるよりも，起業する過程で，設定した力（起業的資質・能力）を身に付けることがねらいであったことを考えると，「起業したい」気持ちを第一優先にしなくてよいと考える。

表4-6 アンケート結果

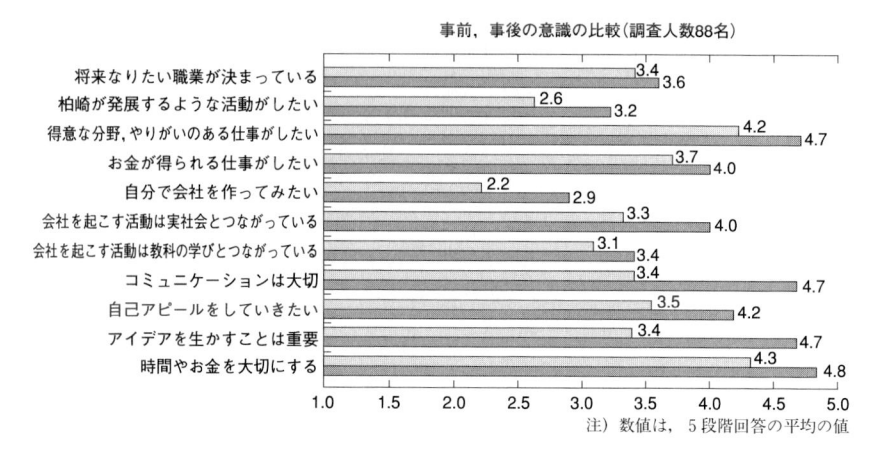

事前，事後の意識の比較（調査人数88名）

項目	事前	事後
将来なりたい職業が決まっている	3.4	3.6
柏崎が発展するような活動がしたい	2.6	3.2
得意な分野，やりがいのある仕事がしたい	4.2	4.7
お金が得られる仕事がしたい	3.7	4.0
自分で会社を作ってみたい	2.2	2.9
会社を起こす活動は実社会とつながっている	3.3	4.0
会社を起こす活動は教科の学びとつながっている	3.1	3.4
コミュニケーションは大切	3.4	4.7
自己アピールをしていきたい	3.5	4.2
アイデアを生かすことは重要	3.4	4.7
時間やお金を大切にする	4.3	4.8

注）数値は，5段階回答の平均の値

表 4-7 生徒が振り返った教科との関連内容

教　科	関連している場面
国　語	○起業の説明や接客のとき丁寧語や尊敬語謙譲語を使い分けること。
生　活	○コミュニケーションの力，文章を考えるとき広告時の文章能力，ほか。
数　学 算　数	○借入，経費，売り上げ，純利益の計算を素早く正確に行う。 ○（労働）時間の長さで料金が変わるから時間をみて料金を決めるとき。 ○商品をつくるためにはどれだけ材料を買えばいいのかを考えるとき，ほか。
社　会	○公民で法について勉強したことと会社を起こすときの法律。 ○何十分でいくらお金をもらうかという労務的なこと。
理　科	○内臓と足のつぼのつながりを人体図で説明すると，お客さんが納得。 ○指圧で筋肉の場所を言ったら，そこが凝っている，と喜ばれた。 ○地球環境を考え，使わなくなったぼろ布を使いリサイクルをした，ほか。
英　語	○イメージに合うことばを英語で考え，広告に使った。
美　術	○製造過程は，美術で作品をつくるときの段取りと似ていた。 ○色の選び方，組み合わせ，ポスターや看板，売り場のレイアウト。
家庭科	○調理方法，器具の使い方，食材選び，適切量，服装，事前にすることや片づけ・製作で縫ったり，フェルトを切ったり，アイロンを安全に使ったりすること。
技　術	○Eメール，ワード・パワーポイント・エクセル，ウェブページ検索。
体　育	○草を刈るためにどの筋肉を鍛えるとスムースにできるのか考え実施。
その他	○学活→人（お客さん）の気持ちを考え話すときの話し方について，グループ・エンカウンターが役立った。 ○清掃活動→役割分担をして働くこと。刈った草をほうきで集めた。

(3) 教科との関連

「生徒の振り返り文」には，実に89名中，87名が教科等との関連について記述している。そのおもなものを表4-7に示す。

以上のことから，本実践で設定した資質・能力は，結果的に「おおむね満足できる状況」まで身に付いたと判断している。今後，地元の事業所との連携を深め，素材の提供をいただき，生徒のアイデアを生かし，付加価値を付けて販売するなど，より地域社会とのつながりを重視した実践を行ってみたい。

3節　学習を深める評価の工夫改善

1. 総合的な学習で身に付く方法知と内容知の評価

総合的な学習において，子どもたちが身に付けていく力を適切に見取り，支援していくためには，方法知（学び方）と内容知（考え方・知識等）の両面に分けて学習状

表 4-8　総合的な学習で身に付く知

評価方法	方法知（学び方）	内容知（考え方・知識等）
	4年間同一の観点や視点(評価規準)を設定し、観点項目に即して客観的・系統的に評価する。	評価規準を設けず、その子のスタート地点を基準と考え、伸びたところ、変容したところを中心に評価していく。

況を把握する必要がある。

　方法知とは，どんな学習内容であっても，共通して育てたい力のことであり，課題設定力，計画力，情報活用力，人間関係力，自己表現力，自己評価力，実践力のことを指す。児童のようす観察による評価とあわせて，4年間同一の観点（評価規準）を設定し，客観的・系統的に評価する。

　内容知とは，学習内容に依存して身に付く力のことであり，内容に関する関心・意欲・態度，知識・理解などを指す。振り返り作文の分析や面接などにより児童のよいところを評価する。

　方法知（学び方）を評価するにしても，4年間を通してどんな子どもに育てたいのかが，明確になっていることが前提になる。教師間で児童像を共有化し，評価・指導することが大切である。その上で，系統的な評価規準を作成し，学校として組織的に評価・指導を実施していく必要がある。なぜならば，「子どものよさを見取る」と称して，漠然と子どもを見ていたのでは，確かな力は育たないからである。

　次に，内容知（考え方・知識等）については，「○○がわかる」「○○しようとする心が身に付く」などと目標を設定して評価はしない。その学習を行って何を感じ，何を知り，どう行動するかに関しては，各個人のもっている個性や心，能力にまかせてよい。例えば総合的な学習で扱う福祉や環境は学習課題の枠組みであって，福祉教育・環境教育がねらいではない。福祉教育であれば，車椅子に乗った体験から，肢体不自由者の立場や気持ちを理解することが1つのねらいであるが，総合的な学習で扱う「福祉」で車椅子に乗ったとき，その子が肢体不自由者の立場や気持ちを考えるのではなく，「車椅子って格好いい。もっと格好いい車椅子をつくりたい」という興味・関心に走ってもよいのである。そこが総合的な学習の良さであり，ここに子どもありきの考えが働くのである。

　「内容知」については子どものよさを大いに認めてあげたい。評価規準を設けず，その子のスタート地点を基準と考え，伸びたところ，変容したところを，「心，態度，考え方」などを中心に評価していく。評価方法は，観察・面接・振り返り作文などによれば，児童の内面が表れていてよい。

⑴ **方法知（学び方）の評価**

　前述したように，小学校の4年間でどのような学び方を身に付けさせるべきかを明確にした評価規準を作成しておくことが最も大切である。欲を言えば，小学校4年間と中学校3年間，計7年間の総合的な学習の時間で身に付けさせたい学び方の系統性

4章 総合的な学習の時間における学習の成立

表4-9 学び方段階表

観点	方法	小学校中学年	小学校高学年	中学校第1学年	中学校第2・3学年	埼玉県立総合教育センター 高等学校
情報収集	メモ	・大切なことをメモしながら記録することができる。・見る視点を明確にして見学することができる。	・箇条書きで要点を記録しながら調査することができる。・必要に応じて質問をしながら見学することができる。	・記録に残すべき事柄を精選した上で、必要事項を記録することができる。・見学対象を自分で探し目的意識を持って見学することができる。	・まとめに必要な項目を意識し、項目ごとに記録することができる。・目的に応じた事前学習を行い、見学内容や課題解決に生かすことができる。	・まとめに必要な項目を意識し、項目ごとに記録することができる。・事前学習の内容をふまえ、自分の課題に重点を置いた見学ができる。
	見学					
	図書	・提示された図書資料から、調べたい内容を見つけることができる。	・課題にあった図書資料を探し、必要事項を探すことができる。	・必要な図書資料を読み取り、まとめることができる。	・複数の図書の相違点や類似点を読み取り、課題を見つけることができる。	・複数の図書の相違点や類似点を読み取り、自分の社会的立場を意識しながら、場に応じた対応をすることができる。
	電話・ファックス	・マニュアルに沿ってきちんと用件を相手に伝えることができる。	・自分でマニュアルを参考に用件を相手に伝えることができる。	・適切な敬語を用いて、正確に用件を伝えることができる。	・適切な敬語を用いて、正確に用件を伝えることができる。	・適切な敬語を用いて、相手の社会的立場を意識しながら、場に応じた対応をすることができる。
	手紙	・手紙の書き方マニュアルに沿って手紙を書き、相手に伝えることができる。	・必要な要件をわかりやすくまとめ、気持ちを込めた手紙を書くことができる。	・相手の気持ちを考え、依頼やお礼の手紙を書くことができる。	・体験や季節の変化をまとめ、相手の気持ちを揺り動かす手紙を書くことができる。	・用件、宛先に応じてふさわしい形式、言葉を用いた手紙を書くことができる。
	インターネット	・検索した内容から、必要な情報を収集することができる。	・検索した資料を読み取り、必要な情報を活用することができる。	・検索から内容から、必要な情報を収集し活用することができる。	・複数のサイトから必要な情報を得て、課題解決に自分の考えを取り入れることができる。	・複数のサイトから必要な情報を得て、的確に自分の課題に取り入れることができる。
	インタビュー	・聞きたい内容を整理して、インタビューをすることができる。	・相手の答えに対応しながら、ねらいに沿ったインタビューをすることができる。	・予想される答えを予測し、調査ねらいに沿った質問をすることができる。	・年齢や場所等の条件をふまえながら、適切なインタビューをすることができる。	・社会的な状況をふまえながら、解決への適切なインタビューをすることができる。
	アンケート調査	・簡単なアンケート用紙を作成することができる。・簡単な集計をすることができる。	・目的に合ったアンケート用紙を作成することができる。・依頼や回収を自分たちで行い、正確な集計をすることができる。	・調査対象を適切に制限し、記号化したアンケート用紙を作成することができる。・実数や分類別に集計することができる。	・調査目的をふまえ、書き込み形式のアンケート用紙を作成することができる。・分類別にまとめることができる。	・アンケート結果を分析し、課題に対応する文章をつくることができる。
	観察・実験	・分かったことをメモしたことから、次の予想を行うことができる。・簡単な方法や用具を使って実験することができる。	・実際に観察したことから、自分の考えを持つことができる。・目的に合った方法や用具で実験することができる。	・連続した観察・実験を通して課題を見つけ、次の観察・実験を生かすことができる。	・長期的な時間の経過、変化の幅を意識して記録に留め、観察・実験を行うことができる。	・長期的な時間の経過、変化の幅を的確に捉えながら、観察・実験を行うことができる。
	録音装置	・インタビューの際に活用することができる。	・録音した内容から、必要な事柄をまとめることができる。	・周りの環境に合わせて記録に残すべきすべての情報を残し、評価に生かすことができる。	・録音装置を的確に活用し、評価に生かすことができる。	・プライバシーを保護しつつ、録音装置をはじめとした機器を活用することができる。
	カメラ・デジカメ	・必要な写真を撮ることができる。	・目的に応じて写真を撮影し、活用することができる。	・評価に向けて記録に残すべき事柄をまとめたり、映像を残したりすることができる。	・評価の場面に応じて、必要な視覚的情報を的確に映像に残すことができる。	・プライバシーを保護をはじめとした周囲の状況に配慮しつつ、機器を活用することができる。
	録画装置（VTR、DVD等）		・ビデオカメラ等簡単な操作をすることができる。・目的に応じて、録画の方法を考え、発表することができる。	・目的や意図に応じて、個人やグループで、実際に現地で行い、簡単な調査をすることができる。	・プライバシーの保護をはじめとした周囲の状況に配慮し、教師のアドバイスを参考にし、結果を分析することができる。	・プライバシー保護をはじめとした周囲の状況に配慮しつつ、機器を活用することができる。
	実態調査		・学級全員やグループで、実際に現地で行って、簡単な調査をすることができる。	・目的や意図に応じて、個人やグループで、現地調査をすることができる。	・課題解決に向けて、調査内容やその方法を検討して調査に臨み、評価の場面を残すことができる。・プライバシーの保護をはじめとした周囲の状況に配慮し、結果を分析することができる。	・調査目的、結果分析方法、利用法を明確にした上で、計画的に調査を進めることができる。

99

を明確にしておくことが重要である。表4-9は，埼玉県立総合教育センター（2006）で研究された「学び方段階表」の一部抜粋である。(1)観点別に方法知（学び方）の評価規準が学習過程の観点別で明確になれば，そこまで最低限指導していけばよいということとなり，教師側の指導の迷いや教えすぎがなくなってくる。「学び方段階表」の活用方法として，①児童をどこまで指導すればよいかの規準となる，②次段階の学び方を視野に入れた指導が行える，③「方法」列を児童に示し，バラエティーに富んだ学び方を児童に提供できる，をあげることができる。

(2) **学習内容に関する考え方・知識・理解（内容知）の評価（実践例より）**

前述したように，「内容知」については，伸びたところ，変容したところを，「心，態度，考え方」などを中心に評価していく。評価方法としては，観察・面接・振り返り作文などを用いる。

①「ふれる」過程における評価―アイマスク体験後の児童の振り返り作文を通して

視覚障がいのあるAさんのお話を聞いた後，点字を打つ体験とアイマスク体験（図4-16）を並行して行った。以下は，アイマスク体験後の児童の振り返り作文である。

A子の振り返り作文　アイマスク体験をしました。目の前が真っ暗になったので，とても怖かったです。○○君が，「次は右に曲がるよ」と，言ってくれたので，「あっ，次は曲がるんだな」とわかって歩きやすかったです。

B男の振り返り作文
ぼくは，アイマスクをして，平らな廊下を歩くのは，全然怖くなかったけれど，階段や小さい段を降りるのがとっても怖かったです。目の見えない人も，道を歩くときはこんなに怖いのかなあと思いました。

「ふれる」過程においては特に関心・意欲に評価の重点をおいている。そこで，次

図4-16　アイマスク体験のようす

のような評価を行った。

　B男は、体験の中から視覚障がい者の立場を考えている。A子は、アイマスクをして歩いているときに、ガイドヘルプを行っている子が、早めに声をかけてくれたので、とても助かったと感じている。アイマスク体験を通して、A子もB男も真剣に活動をし、自分なりの視点で考えている。このように、「ふれる」活動の中では、児童それぞれが、どのようなところに興味・関心があるかを見取る評価をしていった。

②つかむ過程での課題設定や活動計画の自己評価、相互評価を通して

【評価の観点を伝え課題設定や活動計画の立案をする】

　課題を設定し活動計画を立てる場面では、児童に「ここが大事だよ！」と教師側の観点を事前に知らせてから、児童に課題や活動計画を立てさせた。

　課題や活動計画を立てる前に、カードに記入した評価の観点を児童に示しておくと、「どのような課題がよい課題か」「活動計画はどうあるべきか」を知ることができ、よりよい課題や活動計画を目指そうとする態度が見られた。

【振り返りの時間】

　自分の「課題設定」・「活動計画」について、はじめに自己評価を行い、次に、同じ生活班の5人で、相互評価（意見交換）させた。○×ではなくコメントを出し合うようにさせた。教師の評価の観点に基づき、自己評価をし、相互評価し合うことで、「よりよい課題とは」「よりよい活動計画とは」が児童に認識され、自己修正の余地が生まれてくる。

　学習の区切りごとに、活動の振り返りをさせることで、計画した活動に深まりがでてくる。

　B子は、特別支援学校の児童との交流のビデオに興味をもっている。課題設定の理

表4-10　B子の課題「特別支援学校の子と友だちになりたい」

	ここが大事！ （評価の観点）	しっかり自分を見つめよう！ （自己評価）	友だちからの評価 （相互評価）
自分の課題設定	①課題が具体的でわかりやすいですか？ ②課題をもった理由がはっきりしていますか？ ③自分がとっても興味をもったことですか？	私がこの課題にした理由は、「ふれる」過程で特別支援学校のビデオを見て、私も近くの特別支援学校の子と友だちになりたいと思いました。いろいろと体験をしましたが、私が一番興味をもったことなので、この課題にしました。	○とてもわかりやすい課題だし、理由もはっきりしていていい課題だと思います。 ○どういうふうに特別支援学校の子と友だちになるのですか。
活動計画	①学習のまとめをどうするかを考えた計画になっていますか？ ②課題をどのように解決していくか決まっていますか？ ③人から学んだり、体験したりする計画になっていますか？	先生から聞いて、特別支援学校の子と仲よくなりたいです。何回か行って、できるかわからないけれど、一緒に遊んだりして友だちになりたいです。運動会で踊ったキッズソーランを見せてあげたいです。 計画では、いつ行けるか決まっていないので、行ける日を聞いて計画をちゃんと立てたいです。	○2時間も「行ける日を聞く」という計画は、おかしいような気がします。 ○一緒に遊べて、友だちができたらすごいと思いました。 ○特別支援学校ってどこにあるか知っているんですか。

由がはっきりしていることを自己評価する一方，計画の具体化がなされていないことにも気づいている（表4-10）。

評価規準を明確にし，それを，児童に望まれる取り組みの視点として示すことにより，どのように課題を設定し，計画を立てればよいのかについて，児童が見通しをもつことができるようになる。児童が，自らの活動を自己評価し，活動の質を高められるようにしていくことが大切である。

2. 学習のまとまりごとの評価

総合的な学習では，単元ごとに評価することはもちろんとして，1年間，または4年間を通して子どもの成長の姿を評価していくことも重要である。すなわち，学習のまとまりごとに，①単元レベルの評価，②年間の評価，③複数学年を通しての継続的な評価，があるといえる。

①単元レベルの評価

単元レベルの評価では，指導と評価の一体化の視点から，学習過程の形成的評価を適切に取り入れつつ，単元終了時に総括的評価を実施する。ここでは，前述したように「方法知」と「内容知」をしっかり分けて評価していくことが大切である。表4-11は，方法知に関する評価規準の例である。

②年間の評価

年間の評価では，ポートフォリオを活用することが有効である。1年間を振り返る自己評価と教師との対話による面談を行う。そして，自己の成長やできるようになったことを作文に書かせたり，発表させたりして，ポートフォリオそれ自体を教材化することも考えられる。ポートフォリオとは，「子どもたちが，行きあたりばったりで作品を集めたものではなく，ある程度，目的と目標をもってつくられたもの」をいう。はじめは，とりあえず集めていた資料であっても，単元後半で，取捨選択をする活動時間をとる。そして，自己の成長を自覚するための教材として活用し，自己評価力の向上につなげることができる。

③複数学年を通しての継続的な評価

担任は，基本的に子どもたちを1年しか見取れない。そこで，「学習の履歴」を残しておくことにより4年間の自己の振り返りや4年間を見通した教師の支援が行えるようになる。学校全体で共通の「学習の履歴」に関する用紙を作成し，児童自らがその都度記録していくことが適当である。単元ごとに教師の支援が朱書きされるとよいだろう。

表 4-11 方法知に関する評価規準の一例

評価方法		評価の視点		評 価 規 準
「課題設定力」の評価	課題設定カードの分析と面接		具体性	課題が具体的でわかりやすいか。
			特徴	課題にその子の特徴（個性）が表れているか。
			理由	課題をもった理由がはっきりしているか。
			生活とのかかわり	自分の生活と結びつけて考えている課題であるか。
			連続性	過去の学習や他教科とのつながりから課題が生まれているか。
「計画力」の評価	全体計画表の分析		見通し	学習のまとめをどのようにするかまでを考えたものになっているか。
			手だて	課題を解決していくための手だてが適切かつ具体的であるか。
			働きかけ	対象（人・もの・自然）に働きかける活動計画になっているか。
			現実性	無理がなく、周りとのバランスを考慮した計画になっているか。
	計画表毎時間の分析		めあての具体性	めあてが具体的になっているか。
			方法の明瞭性	どこで・何を使って・どのように活動するかがはっきりしているか。
			細かな配慮	細かな点（特に外部とのかかわり）まで考えられているか。
			反省・修正	前時の学びの反省をふまえた計画が立てられているか。
自己表現力の評価	発表会の様子の観察	内容	わかりやすさ	発表内容がわかりやすく、興味深いか。
			自分の考え	自分の考えがはっきりと表現されているか。
		方法	表現方法	聞き手に興味をもたせるための表現方法の工夫をしているか。（発表形式・視聴覚メディアの利用など）
			表現技能	声の大きさ・話し方・間の取り方などの基本ができているか。
情報活用力の評価	追究活動場面の観察		積極性	常に新しい情報の活用（PC、映像等）を意識しているか。
			収集の意識	常に自己課題を意識した情報収集をしているか。
			発信方法	自分の考えが対象に理解してもらえる適切な方法か。
人間関係力の評価	行動観察と振り返り作文の分析		積極性	積極的に人とのかかわりを求めているか。
			思いやり	相手の立場に立ったり、感謝の心を大切にしているか。
			よさの発見	1人の人間としてのよさを認めようとしているか。
自己評価力の評価	振り返り作文の分析		自己の発見	自分のよさを発見し、自信へとつながっているか。
			多面的な見方	対象を今までとは違ったとらえ方をしているか。
			原因の追究	自己課題への追究の結果を判断し、原因まで考えているか。
			意欲の向上	自己評価活動により自身の意欲の向上につながっているか。

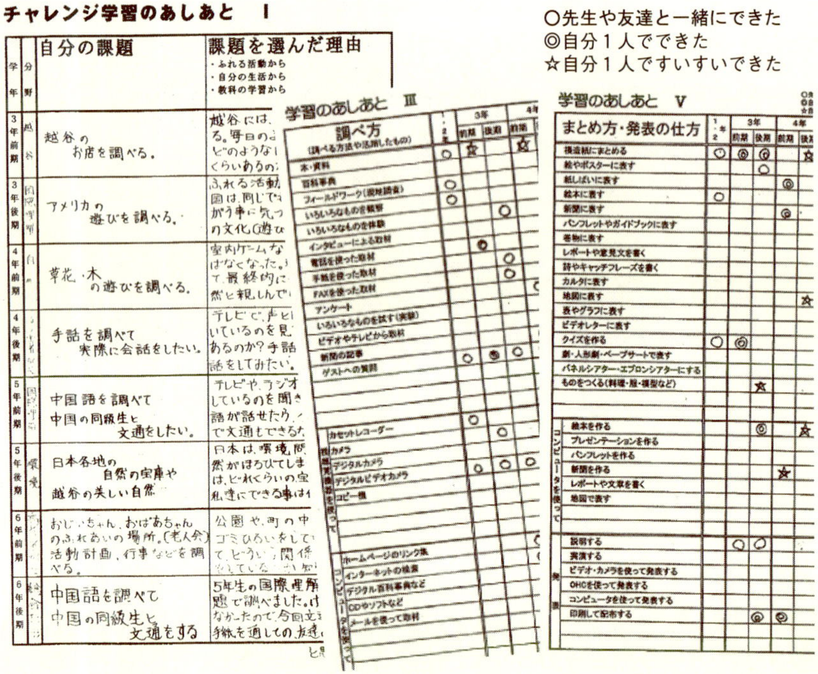
チャレンジ学習のあしあと Ⅰ
学年
分野
自分の課題
課題を選んだ理由
・ふれる活動から
・自分の生活から
・教科の学習から
3年前期
越谷のお店を調べる。
3年後期
アメリカの遊びを調べる。
4年前期
草花・木の遊びを調べる。
4年後期
手話を調べて実際に会話をしたい。
5年前期
中国語を調べて中国の同級生と文通をしたい。
5年後期
日本各地の自然の宝庫や越谷の美しい自然
6年前期
6年後期
中国語を調べて中国の同級生と文通をする
○先生や友達と一緒にできた
◎自分1人でできた
☆自分1人ですいすいできた
学習のあしあと Ⅲ
調べ方
(調べる方法や活用したもの)
3年
4年
前期
後期
本・資料
百科事典
フィールドワーク(現地調査)
いろいろなものを観察
いろいろなものを体験
インタビューによる取材
電話を使った取材
手紙を使った取材
FAXを使った取材
アンケート
いろいろなものを試す(実験)
ビデオやテレビから取材
新聞の記事
ゲストへの質問
カセットレコーダー
カメラ
デジタルカメラ
デジタルビデオカメラ
コピー機
ホームページのリンク集
インターネットの検索
デジタル百科事典など
CDやソフトなど
メールを使って取材
学習のあしあと Ⅴ
まとめ方・発表の仕方
3年
4年
前期
後期
模造紙にまとめる
絵やポスターに表す
紙しばいに表す
絵本に表す
新聞に表す
パンフレットやガイドブックに表す
巻物に表す
レポートや意見文を書く
詩やキャッチフレーズを書く
カルタに表す
地図に表す
表やグラフに表す
ビデオレターに表す
クイズを作る
劇・人形劇・ペープサートで表す
パネルシアター・エプロンシアターにする
ものをつくる(料理・服・模型など)
コンピュータを使って
絵本を作る
プレゼンテーションを作る
パンフレットを作る
新聞を作る
レポートや文章を書く
地図で表す
発表
説明する
実演する
ビデオ・カメラを使って発表する
OHCを使って発表する
コンピュータを使って発表する
印刷して配布する

図 4-17　学習の履歴

総合を支える校内組織の改善と校内研修の進め方

5章

1節 小学校における校内組織の改善と校内研修の進め方

　平成20年1月，中央教育審議会から「幼稚園，小学校，中学校，高等学校及び特別支援学校の学習指導要領等の改善について」（以下，「答申」）が出された。

> 　総合的な学習の時間は，変化の激しい社会に対応して，自ら課題を見付け，自ら学び，自ら考え，主体的に判断し，よりよく問題を解決する資質や能力を育てることなどをねらいとすることから，思考力・判断力・表現力等が求められる「知識基盤社会」の時代においてますます重要な役割を果たすものである。
> 　総合的な学習の時間については，その課題を踏まえ，基礎的・基本的な知識・技能の定着やこれらを活用する学習活動は，教科で行うことを前提に，体験的な学習に配慮しつつ，教科等の枠を超えた横断的・総合的な学習，探究的な活動となるよう充実を図る。このような学習活動は，子どもたちの思考力・判断力・表現力等をはぐくむとともに，各教科における基礎的・基本的な知識・技能の習得にも資するなど教科と一体となって子どもたちの力を伸ばすものである。

　ここでは，思考力・判断力・表現力等が重視される社会において，総合的な学習は重要な役割をもっており，教科と一体となって子どもたちの力を伸ばすものであるという位置づけがされている。
　思考力・判断力・表現力等は，学校で最も大切にしたい力の1つである。つまり，総合的な学習を充実させることは，学校教育を充実させることだといってもよい。
　また，教科と一体となるためには，常に教科との関連を考える必要がある。すなわち，総合的な学習のカリキュラムを考えるということは，教科とのかかわりを考えながら，学校全体のカリキュラムを編成することでもある。
　このようなことから，学校全体の教育方針を立てていくとき，総合的な学習を1つの視点として，校内組織を考えたり，校内研修を考えたりしていくと，全体の構想がバランスよくできると考えられる。
　総合的な学習を視点とした校内組織の編成は，教科の学習を充実させ，学校教育を

幅広いものにしていく。また、総合的な学習を視点とした校内研修は、教科に生きる授業力をつけていくことになる。
　そこで、ここでは総合的な学習を視点として、校内組織を改善すること、校内研修を充実させることを考えていきたい。

1. 校内組織の改善
(1) 総合的な学習の視点から学年を組織
　「答申」には、総合的な学習の改善の基本方針として、次のように記されている。

> 　総合的な学習の時間が適切に実施されるためには、効果的な事例の情報提供や人材育成などの十分な条件整備と教師の創意工夫が不可欠であることは言うまでもない。

　このためには、学年組織のあり方が重要になってくる。総合的な学習の単元開発や指導には、学級での取組だけでなく、学年としての取組が効果的であると考えるからである。
　学年を組織するにあたっては、年齢構成など考慮すべきことが多いが、総合的な学習を実施するときにどのような学習ができるのか、という視点で組織してみるのも1つの方法である。
　総合的な学習では、人と交渉して授業協力者となってもらったり、実際に児童の前で授業を行ってもらったり、と幅広い活動が教師に要求される。外部講師に対する事務的な手続きや、単元全体を見渡すような広い視野も必要である。
　このような総合的な学習に必要な場面を視点に、この教師は単元構想の力がある、この教師は人との交渉ができる、などを具体的に考えて学年を構成していくようにする。そうすると、総合的な学習だけでなく、学年としての取組も柔軟に行えることが多い。各教科よりも、教科横断的な総合的な学習のほうが望ましいと考えるのは、学年としての取組が教科横断的であり、総合的であるからである。

(2) 教科横断型の研究組織
　また「答申」には、総合的な学習の改善の基本方針として、次のように記されている。

> 　教科において、基礎的・基本的な知識・技能の確実な習得やその活用を図るための時間を確保することを前提に、総合的な学習の時間と各教科、選択教科、特別活動のそれぞれの役割を明確にし、これらの円滑な連携を図る観点から、総合的な学習の時間におけるねらいや育てたい力を明確にすることが求められる。

5章 総合を支える校内組織の改善と校内研修の進め方

研究委員会

学校運営に関わる内容の検討
地域連携に関わる内容の検討
教育課程開発のための理論を構築
新たな地域コミュニティの創造
小中一貫教育のカリキュラムの創造
読解力向上のためのカリキュラムの創造

・教育課程の編成　　　・研究計画の作成
・研究組織の検討　　　・研究方法の検討
・「読解力」の視点から育てたい力の系統の検討

学校長，教頭，副教頭，教務主任，
研究主任，6部会の部長・副部長で構成する。

研究6部会：OGTの研究組織と連動

読解部

読解力向上のために「読解メソッド」「読書くらぶ」の開発と授業の創造を推進する。
国語科における確かな力をつけるための基礎・基本の充実を図る。
・小中一貫教育のカリキュラムの創造
・「読解メソッド」「読書くらぶ」における学習内容・授業形態の工夫。具体的な授業の創造
・言語環境整備と推進

数学的リテラシー部

算数・数学の確かな学力をつけるための基礎・基本の充実を図る。
・小中一貫教育のカリキュラムの創造
・読解力向上のための学習内容，指導法の工夫。具体的な授業の創造
・習熟の程度に応じた指導の推進
・学習環境整備と推進
・コンピュータの活用

総合コミュニティ・キャリア教育部

総合コミュニティの創造と地域と学校が響き合う地域コミュニティの創造を推進。
生活科・社会科における確かな力をつけるための基礎・基本の充実を図る。
・小中一貫教育のカリキュラムの創造
・読解力向上のための学習内容，指導法の工夫。具体的な授業の創造
・キャリア教育の計画と実践
・学習環境整備と推進

総合表現部

児童の表現力の育成と向上を図る。
・読解力向上のための学習内容，指導法の工夫。具体的な授業の創造
・かがやき集会，実現かがやきの企画
・表現力を高めるための指導力向上を目指した研修企画

科学的リテラシー部

理科における確かな学力をつけるための基礎・基本の充実を図る。
・小中一貫教育のカリキュラムの創造
・読解力向上のための学習内容，指導法の工夫。具体的な授業の創造
・学習環境整備と推進

英語コミュニケーション部

小中一貫教育における英語学習の在り方を探り，英語活動の充実を図る。
・小中一貫教育のカリキュラムの創造
・読解力向上のための学習内容，指導法の工夫。具体的な授業の創造
・英語研修の企画
・言語環境整備

学年会【学年指導体制】

○教科や総合コミュニティ「かがやき」「ふれあい」，「読解メソッド」などの単元開発，教材研究，教材開発を行う。
　・テーマ内容の検討　　　・学年年間計画の修正と作成
　・単元計画の作成　　　　・指導計画の作成
○教科や総合コミュニティ「かがやき」「ふれあい」，「読解メソッド」などの単元を実践し，個に応じた指導を行う。
　・学習材作成　　　　　　・学習環境整備
　・個に応じた指導と評価　・CTとの打ち合わせ
○「読書くらぶ」の取組を推進する。
　・指導計画の作成　　　　・個に応じた指導と評価

全体研究会

図 5-1　研究組織（京都市立御所南小学校，2007）

総合的な学習を実施していくためには、教科と総合とのかかわりを考え、それぞれでつける力を明確にしていくことが必要である。そこで、研究組織も教科横断的な組織にしておきたい。

研究組織を教科横断的にしておくと、学校全体での取組を行いやすく、だれもが研究に参加できるという利点がある。

教科横断的な研究組織をつくるためには、全体をいくつかの部会に分けておくとよい。「カリキュラム部会」「問題解決力部会」「探究型学習部会」「総合・キャリア部会」など、教科枠を超えた部会を設定しておくと、どの部会でも教科と総合との関係を考えながら研究を進めていくことができる。

これら部会の代表者を研究委員会のメンバーとする、という構成にすると、組織がさらに教科横断型になっていく。研究委員会では、各教科と総合との関連を整理した上で全体のカリキュラムを編成し、子どもに確かな力をつける方向を示していけるようにしたい。

総合的な学習に限らず、教科の研究を進める場合でも、1つの柱として教科横断型の組織をつくっておくと、研究する教科の役割を明確にしやすくなる。その教科が、全体の中でどのような位置づけになるかということを考える場ができるからである。

総合的な学習を視点として研究組織を構成すると、このように教科横断的な組織が生まれてくる。

(3) 校種縦断型の研究組織

さらに「答申」には、総合的な学習の改善の基本方針として、次のように記されている。

> 学校段階間の取組の重複の状況を改善するため、子どもたちの発達の段階を考慮し、各学校における実践を踏まえ、各学校段階の学習活動の例示を見直す。また、近接する小・中・高等学校間で情報交換を行うなど、学校段階間の連携について配慮する。

今後、小・中学校の連携が重視され、6・3制の見直しも検討されようとしている。その意味からも、校種を縦断した研究組織はたいへん重要になってくる。

そのために、小・中学校の教職員が定期的に集まる機会をもつと共に、小・中学校共通の研究組織を一部に取り入れるようにしてみたい。

小・中学校の教職員が定期的に集まる機会は、中学校を中心に設定したい。それぞれの校種で事情が違い、集まることのできる日も調整しにくいが、その調整を行うことから校種間の連携が始まる。

また、小・中学校共通の研究組織を一部に取り入れることによって、小・中学校の教職員が共通のテーマで話し合うことができるようになる。

校種縦断型の組織としては，その柱を国語や算数・数学というような教科の部会にすることが一般的である。縦断するときの視点は，教科など縦に共通していることが必要だからである。このとき，教科だけではなく，総合的な学習にかかわる部会を必ず設定しておきたい。

　総合的な学習にかかわる部会としては，「総合的な学習部会」「問題解決部会」「総合・キャリア部会」などが考えられる。この部会で，小・中学校の学習内容や学習方法を確認しながら，9年間を見通して児童・生徒を育てていくようにしたい。

　中学校の教員がどのように総合的な学習を進めているのかを知ることによって，小学校の教員は小学校の取組でやっておかなければならないこと，育てておかなければならない力を知ることができる。

　同じように，小学校の教員の取組を中学校の教員が知ることによって，職業や自己の将来に関する学習活動を行うときに，小学校での学習を基盤としながら進めていけるようになる。

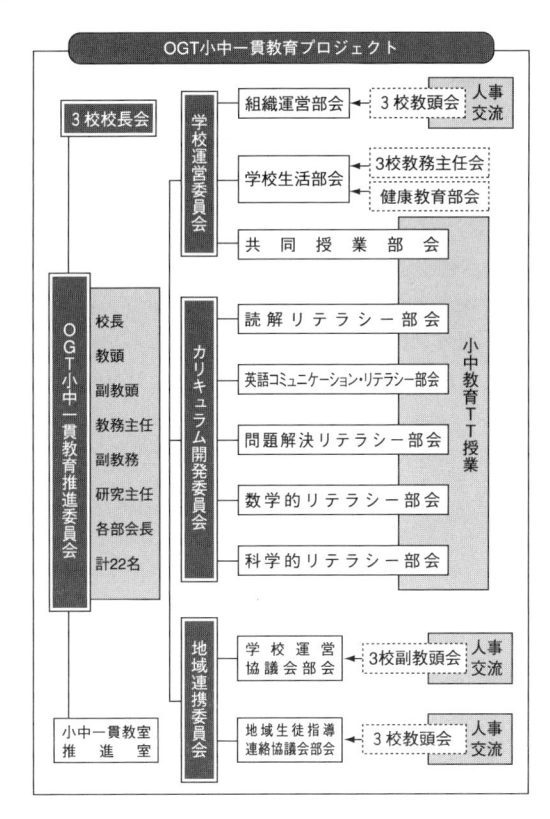

図5-2　小中一貫校（京都御池中学校・御所南小学校・高倉小学校）の組織研究（京都市立御所南小学校，2007）

これらのことから，定期的に集まる機会と校種縦断型の組織は重要である。

2．校内研修の進め方
(1) カリキュラム研修
「答申」には，総合的な学習における改善の具体的事項として，次のように記されている。

> (ア)総合的な学習の時間のねらいについては，小・中・高等学校共通なものとし，子どもたちにとっての学ぶ意義や目的意識を明確にするため，日常生活における課題を発見し解決しようとするなど，実社会や実生活とのかかわりを重視する。また，総合的な学習の時間においては，教科等の枠を超えた横断的・総合的な学習，探究的な活動を行うことをより明確にする。

このように総合的な学習の時間のねらいを明らかにし，横断的・総合的な学習，探究的な活動を行うために，カリキュラムに関する研修をもつようにしたい。

総合的な学習の時間を，カリキュラムの中でどのように位置付け，学校として取組を進めていくのか考えることにより，学校教育全体の目指す方向も明らかになっていく。

このカリキュラムに関する研修は，年度当初にもつことが一般的であるが，年度の後半から最後にかけて行うことも効果的である。

その年度に行ってきた総合的な学習を振り返り，次年度実施するとしたらどのように行っていけばよいのかを検討すると，具体的で有効な方法が出やすい。

振り返るときに，問題発見や課題解決の学習過程がとられていたのか，実社会や実生活とのかかわりはどうだったのか，など視点を決めて行うことにすれば，よりよいカリキュラム編成ができるようになる。

このようにして組まれたカリキュラムを，次年度に修正しながら実施していくようにしたい。

カリキュラムに関する研修は，全体での方向づけを行った後，学年単位，隣接学年単位でもつようにしていく。小学校の場合，低・中・高学年に分けて研修を行うのが有効であろう。

(2) 単元構想の研修
「答申」には，総合的な学習における改善の具体的事項として，次のように記されている。

> (エ)学習活動の例示については，小学校では地域の人々の暮らし，文化や伝統に関する学習活動，中学校では職業や自己の将来に関する学習活動などを例示として加える。

> (オ)小学校において，国際理解に関する学習を行う際には，問題の解決や探究的な活動を通して，諸外国の生活や文化などを体験したり調査したりするなどの学習活動が行われるように配慮する。
> (カ)小学校において，情報に関する学習を行う際には，問題の解決や探究的な活動を通して，情報を受信し，収集・整理・発信したり，情報が日常生活や社会に与える影響を考えたりするなどの学習活動が行われるよう配慮する。

　このようないくつかのテーマ，学習活動のあり方などの基本を踏まえて，総合的な学習の単元を構想することになる。
　総合的な学習では，年間を通して１単元ということもできるが，児童が問題解決のプロセスを理解しやすいのは，１単元が10時間から40時間程度の場合であると考えられる。
　この単元を構想するときに有効な方法として，単元構想図を描くことをあげたい（図5-3）。単元構想図は，問題解決的・探究的な学習過程に沿って，児童の学習の流れを構想したもので，単元全体のイメージをもつために有効である。
　児童の学習の流れを構想するためには，単元の最終的なねらい，目標を明確にする必要がある。目標をはっきりさせてから，その目標に到達できるような課題を設定する。この課題は，各自の課題としてもよいが，学年や学級全体で大きな課題を設定しておくと，子どもどうしが話し合いをするときにも，共通の話題ができやすい。単元構想の中で全体の課題ができれば，その課題が出てくるような体験活動を配列していくことになる。
　このように，単元のねらい，目標から課題や学習活動を配列していくが単元構想図である。
　この単元構想図を検討する研修をもつようにすると，単元計画だけのときよりも，具体的に単元の流れをイメージすることができ，実際の授業に生きる研修になりやすい。研修の時期としては，研究授業前，研究発表前などがある。研究授業前に単元構想図を描くこと，またそれをみんなで検討することで，単元構想のつくり方がわかるようになってくる。

(3) 授業にかかわる研修

　「答申」には，総合的な学習における改善の具体的事項として，次のように記されている。

> (ク)互いに教え合い学び合う活動や地域の人との意見交換など，他者と協同して課題を解決しようとする学習活動を重視するとともに，言語により分析・思考し，まとめ・表現する問題の解決や探究的な活動を重視する。その際，中学校修了段階において，学習の成果を論文としてまとめることなどにも配慮する。

表5-1　6年学習年間計画

期	前期1		前期2		前期3
月	4	5	6	7	8　9　10
総合コミュニティ		コンピュータ　5h	総合「かがやき」雅とともに　35h		総合表現　4h
英語活動		英語の歌やチャンツ、ゲームなどを通して英語に親しむ。自分の思いや			
読解			読解メソッド　挿絵や題名から発想を広げたり、理由や根拠をはっきり		
		読書くらぶ　年間30冊の選定図書を、読書ノートを活用して読書する。そのうちの10冊に			
国語	続けてみよう① 本に親しみ、自分と対話しよう「カレーライス」⑧ 漢字の形と音・意味② 文章を読んで、自分の考えをもとう「生き物はつながりの中に」③	生物はつながりの中に」③ 漢字の広場1② 言葉のひびきを味わおう「短歌・俳句の世界」④ 暮らしの中の言葉①	漢字の広場2② 相手の意見を聞き取り、自分の主張を伝えよう「学級討論会をしよう」⑤ 表現発見bookを作ろう「森へ」「クマよ」④本は友達⑧ 漢字の広場3② 室町時代の文化にふれよう発展教材「柿山伏」「口真似」	ガイドブックをつくって中学校舎での学校生活の様子を伝えよう「ガイドブックを作ろう」⑫	詩を味わおう「船・りんご」③ 同じ訓をもつ漢字① 「共に生きる社会」をめざして伝え合おう「みんなで生きる町」⑬ 漢字の広場4②
	文字の組み立て方「へん」③	文字の組み立て方「かんむり」④	文字の組み立て方「かしら」と「たれ」③	字配り（一）「漢字とかな」④	5年で学習した漢字①
社会	さあ開こう歴史の扉の② 米作りのむらから古墳のくにへ⑦	聖武天皇と奈良の大仏⑧ 源頼朝と鎌倉幕府⑦	3人の武将と全国統一⑥	徳川家光と江戸幕府⑦	江戸の文化をつくりあげた人々⑦ 明治維新をつくりあげた人々⑧
算数	立体⑬	倍数と約数⑪ 平均とその利用⑦ 復習②	分数のたし算とひき算⑩ 計算の見積もり③	復習② **文字と式**⑥	単位量あたりの大きさ⑪ 変わりかたのきまりをみつけて(1)② 復習② 変わりかたのきまりをみつけて(2)②
理科	わたしたちをとりまく環境① ものの燃え方と空気③	ものの燃え方と空気⑩	生き物と養分(1) 植物の葉と日光⑧	生き物と養分(2) 動物に食べられる植物⑦ 自由研究③	自由研究① 土地のつくりと変化⑰
音楽	ふしの重なり合いを味わおう⑧	世界の音楽に親しもう⑦	いろいろなひびきを味わおう⑦		重なり合う音の美しさを味わおう⑧
図画工作	ねん土のひもで② 身近なものをみつめて⑫		ゆらゆらくるくる⑩		心を動かされた場面⑩
家庭	生活を計画的に⑥	生活を計画的に⑧	衣服を気持ちよく⑧		生活を楽しくする物を作ろう⑫
体育	ハードル走⑥	体ほぐしの運動③ マット運動⑥	マット運動③　水泳③ 病気の予防③	水泳⑤ 病気の予防②	水泳②　組体操⑧ 短距離走②　体ほぐし④
道徳	思いやりをもって① 礼儀作法① 男女仲良く①	広い心① 自然のすばらしさ① 楽しいおしゃべり①	みんなの言い分① 友を思うう① 目標に向かって① 私と友だち①	役割を自覚して① はげまし合う心① かけがえのない生命①	男女協力① 志に向かって① わたしの家族① 個性伸長①
特活			日常的・継続的に指導する内容（保健・給食・適応		

算数のゴシック体は小中一貫教育カリキュラムによる移行

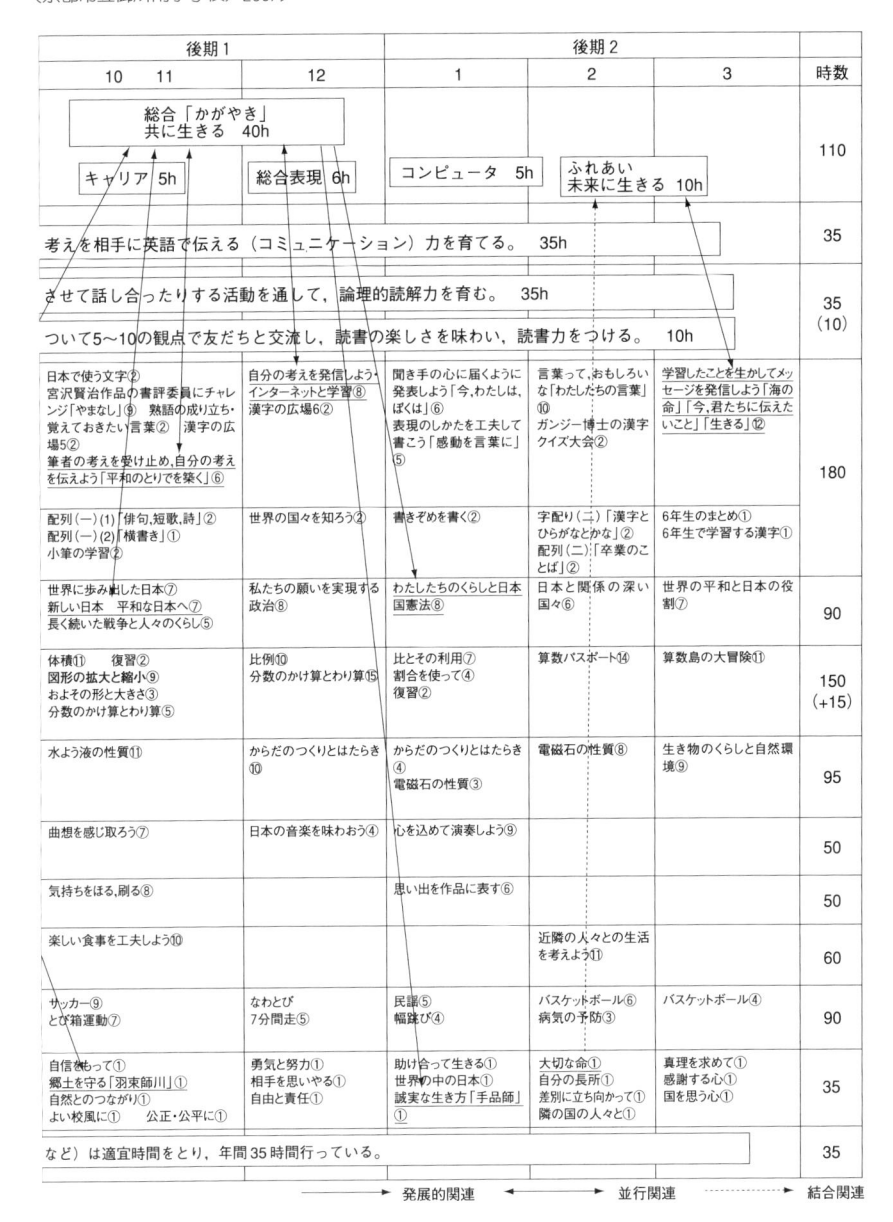

(京都市立御所南小学校，2007)

	後期1			後期2			時数
	10　11	12	1	2	3		
	総合「かがやき」 共に生きる　40h			ふれあい 未来に生きる　10h			110
	キャリア　5h	総合表現　6h	コンピュータ　5h				
考えを相手に英語で伝える（コミュニケーション）力を育てる。　35h							35
させて話し合ったりする活動を通して，論理的読解力を育む。　35h							35 (10)
ついて5～10の観点で友だちと交流し，読書の楽しさを味わい，読書力をつける。　10h							
日本で使う文字② 宮沢賢治作品の書評委員にチャレンジ「やまなし」⑨　熟語の成り立ち・覚えておきたい言葉⑤②　漢字の広場⑤② 筆者の考えを受け止め，自分の考えを伝えよう「平和のとりでを築く」⑥	自分の考えを発信しようインターネットと学習⑧ 漢字の広場⑥②	聞き手の心に届くように発表しよう「今，わたしは，ぼくは」⑥ 表現のしかたを工夫して書こう「感動を言葉に」⑤	言葉って，おもしろいな「わたしたちの言葉」⑩ ガンジー博士の漢字クイズ大会②	学習したことを生かしてメッセージを発信しよう「海の命」「今，君たちに伝えたいこと」「生きる」⑫		180
配列(一)(1)「俳句，短歌，詩」② 配列(一)(2)「横書き」① 小筆の学習②	世界の国々を知ろう②	書きぞめを書く②	字配り(二)「漢字とひらがなとかな」② 配列(二)「卒業のことば」②	6年生のまとめ① 6年生で学習する漢字①		
世界に歩み出した日本⑦ 新しい日本　平和な日本へ⑦ 長く続いた戦争と人々のくらし⑤	私たちの願いを実現する政治⑧	わたしたちのくらしと日本国憲法⑧	日本と関係の深い国々⑥	世界の平和と日本の役割⑦		90
体積⑪　復習② 図形の拡大と縮小⑨ およその形と大きさ④ 分数のかけ算とわり算⑤	比例⑩ 分数のかけ算とわり算⑮	比とその利用⑦ 割合を使って④ 復習②	算数パスポート⑭	算数島の大冒険⑪		150 (+15)
水よう液の性質⑪	からだのつくりとはたらき⑩	からだのつくりとはたらき④ 電磁石の性質③	電磁石の性質⑧	生き物のくらしと自然環境⑨		95
曲想を感じ取ろう⑦	日本の音楽を味わおう④	心を込めて演奏しよう⑨				50
気持ちをほる，刷る⑧		思い出を作品に表す⑥				50
楽しい食事を工夫しよう⑩			近隣の人々との生活を考えよう⑪			60
サッカー⑨ とび箱運動⑦	なわとび 7分間走⑤	民踊⑤ 幅跳び④	バスケットボール⑥ 病気の予防③	バスケットボール④		90
自信をもって① 郷土を守る「羽束師川」① 自然とのつながり① よい校風に①　公正・公平に①	勇気と努力① 相手を思いやる① 自由と責任①	助け合って生きる① 世界の中の日本① 誠実な生き方「手品師」①	大切な命① 自分の長所① 差別に立ち向かって① 隣の国の人々と①	真理を求めて① 感謝する心① 国を思う心①		35
など）は適宜時間をとり，年間35時間行っている。						35

　　　　　　　　　　　　　→ 発展的関連　　←→ 並行関連　　┄┄→ 結合関連

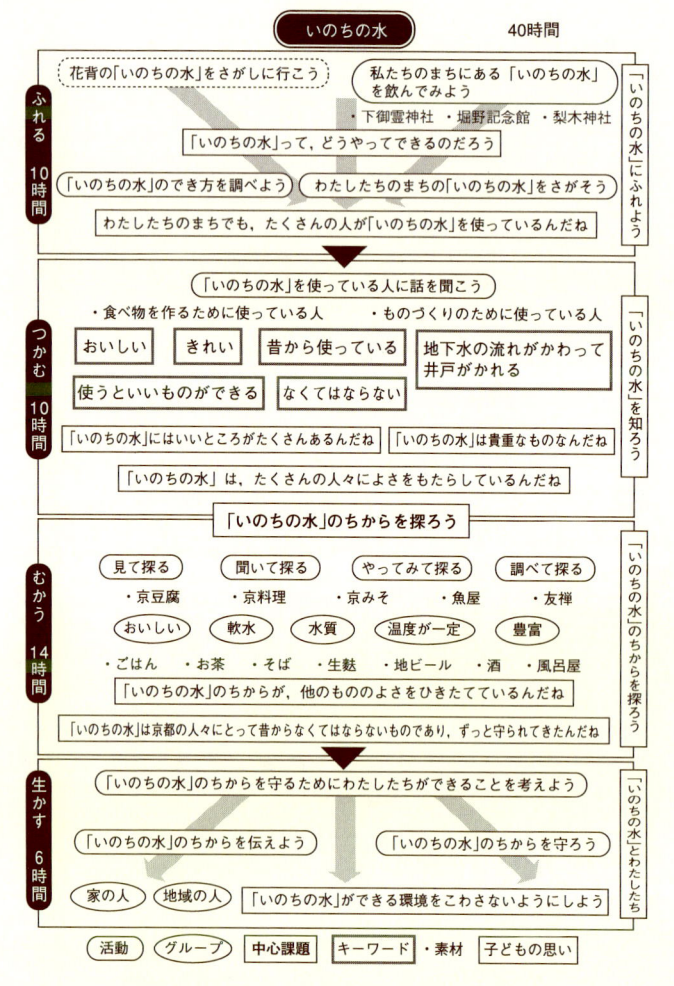

図5-3 単元構造図（御所南小学校4年）（京都市立御所南小学校，2007）

　総合的な学習の授業方法には，さまざまなものがあるが，今後は，問題解決的な学習，探究的な活動を重視するとともに，言語による意見交換，分析，まとめ・表現などを大切にしていくようにしたいということである。

　これは，PISA型読解力における読解の過程と共通している部分が多い。PISA型読解力の読解の過程は，課題設定，情報活用，記述，コミュニケーションとして考えることができる。そこで，これからの総合的な学習の授業として，PISA型読解力の視点を取り入れ，課題設定力，情報活用力，記述力，コミュニケーション力をつけていくようにしていくとよい。

言語的テキスト，非言語的テキストから自分の考えをつくる読解の過程は，そのまま総合的な学習に生かされ，反対に総合的な学習で付けた力は，読解力の育成にもつながっていくと考えられる。

PISA型読解力の視点を入れた総合的な学習の授業では，まず，問題解決的な学習，探究的な活動にして，課題設定の場面を第一に考えていくようにしたい。身近なこと，自分が驚いたことなどから問題を発見し，それを追究課題にしていくためには，教師の的確な支援が必要である。

次に，PISA型読解力の視点を入れた総合的な学習の授業では，課題解決のための情報活用力をつけてくようにしたい。文章で書かれた資料，表やグラフの資料，人から学んだ資料など，さまざまな資料から自分の考えをまとめていけるようにしていくということである。

3番目に，PISA型読解力の視点を入れた総合的な学習の授業では，言語による分析，思考を大切にしたい。調べたことを分析したり，まとめたりするときには，いくつかの方法がある。それを学年に応じて教えていく必要がある。また，実際に考えたことを記述していく力を付けていくようにしたい。

4番目にPISA型読解力の視点を入れた総合的な学習の授業では，教え合い・学び合い，意見交換する場を意識的に取り入れるようにしていきたい。総合的な学習で調べたり体験したりしてきたことを交流するとき，司会・進行を児童がするようにして，児童がつけてきた力を活用できるようにしたい。これがコミュニケーション力となっていく。

学ぶ力			
発見力 （ふれる）	設定力 （つかむ）	解決力 （むかう）	活用力 （生かす）
身の回りの人・自然・社会に興味や関心をもち，問題を発見する力	発見した問題から意味ある自分の課題を設定し，その課題に向かって見通しをもつ力	自分の課題に向かって，さまざまな方法で追求し，自己評価しながら問題に迫り課題を解決する力	学んだことを活用したり，自分の生活や学習，地域や社会に生かしたりする力
↑	↑	↑	
課題設定力	情報活用力	記述力	コミュニケーション力
児童の思考や思いに沿った活動単位ごとの学習課題（めあて）を設定する力	必要な情報を収集したり選択したり，自分の考えを構築していく力	相手意識をもち，自分の考えを効果的な方法で表す力	互いの考えを理解し合う中で，自分の考えを深めていく力
読解力の視点からつけたい力			

図 5-4　総合的な学習でつけたい力（京都市立御所南小学校，2007）

総合的な学習の授業を，PISA型読解力に代表される言語力の育成という視点から考えると，授業の研修も行いやすくなる。どの教科での学習方法も，総合的な学習に生かせるからである。

総合的な学習を重点的なテーマとしていない場合であっても，言語力の育成という視点を通して，各教科の研究授業を総合的な学習に生かせるようになる。

(4) 評価の研修

「答申」には，総合的な学習における改善の具体的事項として，次のように記されている。

> (ウ)各学校において，総合的な学習の時間における育てたい力や取り組む学習活動や内容を，子どもたちの実態に応じて明確に定め，どのような力が身に付いたかを適切に評価する。

総合的な学習の評価を行うときには，まず育てたい力を明確にする必要がある。この場合の育てたい力は，学校全体のカリキュラム，児童の実態などから考えなくてはならない。

総合的な学習の評価の研修をしては，講師を招いての研修を1つの方法としたい。学校として育てたい力がどのようについてきているのかを，外部講師によって判断してもらい，その視点や評価の根拠を，それからの評価に生かしていくようにするのである。

また，評価の研修としては，ワークショップ型の研修も行いたい。評価の視点を決めた上で，教師が授業を見て評価し，その評価を自分たちで交流するようにする。それによって，授業者が見えなかった児童の姿も見えるようになってくる。

さらに，児童による自己評価の方法も考えておきたい。児童に自己評価の力をつけることは，問題解決の力を身に付けることにもつながるからである。

(5) 学校間・学校段階間連携の研修

「答申」には，総合的な学習における改善の具体的事項として，次のように記されている。

> (イ)学校間・学校段階間の取組の実態に差がある状況を改善するため，総合的な学習の時間において育てたい力の視点を例示する。その際，例示する視点は，学習方法に関すること，自分自身に関すること，他者や社会とのかかわりに関することなどとする。

総合的な学習を行う場合，校区内の小・中学校で同じ人材に来ていただいたり，よく似たテーマで学習を展開したりすることがある。

5章　総合を支える校内組織の改善と校内研修の進め方

		3・4・5年	6・7年	8・9年
学ぶ力	発見力	よく聞き、よく見、直接ふれ、主体的にかかわる活動を通して、驚いたことや不思議に思うことを見つけ、見つけたことを比べながらもっと調べてみたい問題を発見することができる。	細かいところまでよく見たり、思いや気持ちを考えながら話を聞いたり、体験したりしながら今までと違った角度から見つめ直し課題につながる問題を発見することができる。	細かいところまでよく見たり、相手が伝えようとしていることを考えながら話を聞いたり、体験したりしながらさまざまな角度から見つめなおし課題につながる問題を発見することができる。
	設定力	多くの体験や友達との交流から、自分が調べてみたい課題をもち、予想を立て、その課題を解決する方法や毎時間の活動予定などを教師と相談して決めることができる。	多くの体験や友達との交流から、自分が調べてみたい意味ある課題を決め、予想を立て、その課題を解決するための視点を明らかにし、課題を解決する方法や時間の使い方などを自分で考えて決めることができる。	自己の個性・興味・関心や友達との交流から、自分が調べてみたい意味ある課題を決め、予想を立て、その課題を解決するための視点を明らかにし、長期的な展望をもち課題を解決する方法や時間の使い方などを自分で考えて決めることができる。
	解決力	学習を振り返りながら、課題に対する考えをまとめ友達と交流することを通してより確かなものにすることができる。	学習を振り返りながら、よりよい活動を重ね、課題に対する考えをまとめ友達と交流することを通して深めることができる。	計画を見通しながら、よりよい活動を行い、課題に対する結果を吟味し考えを重ねることを通して深めることができる。
	活用力	追求して見つけたことをかかわった人に広めたり自分の生活の中で実践したりしていこうとする。	追求して学んだことをさまざまな人に広めたり、自分の生き方に生かしたり、新たな問題を考えたりすることができる。	追求して学んだことを世の中に広めたり、自分の生き方に生かしたり、新たな問題を考えたりすることができる。また、自分の身に付けた力を自分の生活の中で伸ばし個性にまで高めることができる。
読解力の視点からつけたい力	課題設定力	テキストやテーマをもとに、2～4時間の学習における「めあて」を設定することができる。	テキストやテーマをもとに2～4時間における「めあて」を設定することができる。また時間の使い方の見通しをもつことができる。	テキストやテーマをもとに2～4時間における「めあて」を設定することができる。また学習方法や時間の使い方に見通しをもつことができる。
	情報活用力	必要な情報を得るための方法を知り、言語様式、非言語様式のさまざまなテキストを抽出し、解釈分析したり評価したりすることができる。	必要な情報を得るための適切な方法を選び、言語様式・非言語様式のさまざまなテキストを収集し、必要な情報を抽出し、解釈分析したり評価したりすることができる。	必要な情報を得るための適切な方法を選び、言語様式・非言語様式のさまざまなテキストから収集し、解釈分析したりいろいろな観点から評価したり批判したりすることができる。
	記述力	自分の見つけたことを伝えるためのさまざまな方法を知り、相手や目的を意識して自分の考えを筋道立てて文章を書いたり絵や図、表やグラフ、写真などの非言語様式で表現したりすることができる。	自分の見つけたことを伝えるためのさまざまな方法を選んで相手や目的を意識して自分の考えを論理的に筋道立てて、表現様式を意識した文章を書いたり、絵や図、表やグラフ、写真などを効果的に構成して表現したりすることができる。	自分の見つけたことを伝えるためのさまざまな方法を選んで相手や目的を意識して自分の考えを論理的に筋道立てて、さまざまな表現様式を意識した文章を書いたり、絵や図、表やグラフ、写真などを効果的に構成して表現したりすることができる。
	コミュニケーション力	相手の考えを評価して受け止めたり、自分の考えを的確に相手に伝えたりすることで、互いの考えを広げ深めたりすることができる。	相手の考えを評価して受け止めたり、自分の考えを相手が納得できるように伝えたりするとともに、互いの考えを吟味しあうことで考えを広げたり深めたりすることができる。	相手の考えを評価して受け止めたり、自分の考えを相手が納得できるように筋道立てて伝えたりするとともに、互いの考えをその場に照らしあわせて吟味しあうことで考えを広めたり深めたりすることができる。
自立する力	将来設計力	将来の夢や将来の希望をもち、日常生活や学習と将来の生き方との関係に気づくことができる。	憧れの職業をもち、仕事における役割の関連性や変化に気づくことができる。	さまざまな職業の社会的役割や意義を理解し、自分にふさわしい職業や仕事への関心・意欲を高めることができる。
	職業理解能力	働く人と出会ったり、働く様子を見たりして働くことの楽しさがわかる。	働く人へのインタビューや施設・職場見学等を通し、働くことの大切さや苦労がわかる。	さまざまな職業を理解し、体験しながら、働くことの意義を理解することができる。

図5-5　小中一貫校でつけたい総合的な学習の力（京都御池中学校・御所南小学校・高倉小学校）（京都市立御所南小学校，2007）

校区内の小・中学校間では，育てたい力や学習のテーマなどを調整しておく必要がある。この調整ができていると，子どもたちが計画的に力をつけていくようになる。

そのために，小・中学校の研究組織に，総合的な学習に関する部会をつくっておくとよい。キャリア教育などに関する内容を含んだ部会とすることもできる。

この部会の中で，小・中学校の教員が，その地域内の児童・生徒に育てたい力，学習のテーマなどについて話し合うようにする。

時間的にとりにくいこともあるので，他の部会をつくるときに，柱の1つとして総合的な学習を入れるようにしておきたい。

(6) 地域力活用のための場の設定

「答申」には，総合的な学習における改善の具体的事項として，次のように記されている。

> (ケ)各学校における総合的な学習の時間の学習活動が一層適切に行われるよう，効果的な事例の情報提供やコーディネートの役割を果たす人材の育成，地域の教育力の活用など，支援策の充実を図り，十分な条件整備を行う必要がある。

総合的な学習を実施していくとき，地域人材が大切なのは，これまでの実践の中からも明らかである。各学校でも，多くの授業協力者に依頼していることだろう。今後は，これら授業協力者（ボランティア）だけでなく，ボランティアをコーディネートする方も必要になってくる。

そのために，学校支援ボランティアの組織を，学校として編成するようにしたい。学校支援ボランティア全体のコーディネーターをつくるという方法もあるが，ボランティアをいくつかのまとまりに分け，グループごとにコーディネーターをおくという方法もある。

これらのコーディネーターは，学校教育に参加するという立場から，参画するという立場に近くなるので，「学校運営協議会」の母体とすることもできる。また，学校運営の外部評価者となっていくこともある。

総合的な学習でさまざまなボランティアとのかかわりができている現在，このようなコーディネーターまで取組を進めていくことは，総合的な学習を実社会，実生活とより深く結びつけていくことにつながっていく。

2節　中学校における校内組織の改善と校内研修の進め方

新学習指導要領において総合的な学習の時間の章が新設されるなど，その重要性が改めて確認され，より一層の充実が求められた。しかし，総合的な学習の時間の実施

状況を見ると，大きな成果をあげている学校がある一方，当初の趣旨・理念が必ずしも十分に達成されていない状況もみられることが指摘されている。とりわけ，中学校における課題が数多く指摘され，改善の方向性が示された。中学校における取組の課題としては，特に，ねらいや育てたい力を明確にして評価することや関連する教科や特別活動との関係を整理すること，指導計画を見直したり実施状況を再点検したりすることが求められている。そのためには，校内組織を改善し，校内研修を進めていくことが必要となることは言うまでもない。この節では，中学校における①校内組織の工夫と改善，②カリキュラム作成のための研修の進め方，③指導方法の改善のための研修の進め方について述べていきたい。

1. 校内組織の工夫と改善
(1) 教育課程を編成する組織

　総合的な学習の時間と教科や特別活動等との関係を整理するために，教育課程を見直す組織（教育課程編成委員会）が必要となる。これは本来，地域や学校の特色を生かしながら，学校の教育課程編成の基本方針を教員間で共通理解するための組織であることを忘れてはいけない。また，管理職と教務主任が中心となり，学年主任や特別活動の主任，総合的な学習の時間の主任，教科主任らで委員会を組織し，学校評議委員や保護者の意見，学校評価などを参考にしながら，中学校教育の目標や目的に照らし合わせ，教育課程を編成していけるとよい。

　その際，必修教科や道徳の指導内容を整理することはもちろんだが，特に総合的な学習の時間は，実社会や実生活とのかかわりを重視した上でそのねらいを明確化し，指導内容を整理しなければならない。また，特別活動は，特に学校行事のねらいを明確にしてその内容を整理する必要がある。指導内容が似ていてもねらいが異なれば，当然アプローチの仕方は異なるであろう。そして，教科等と総合的な学習とを関連付けながら，学習したことが相互に生かし合えるような教育課程を編成していくことが期待される。

　特に総合的な学習の時間の指導内容を決める上で，小学校との取組の重複を改善する工夫が必要となる。近接する小・中の総合的な学習の時間の主任会で指導内容の情報を交換したり，小・中・高で学習履歴を記録する学習カルテ（図5-6-1および5-6-2）などを作成して情報を交換することが望ましい。

(2) 総合的な学習の時間の内容（領域）に関する研修組織

　学習指導要領に示されている学習活動の例をあげると，国際理解，情報，環境，福祉・健康の4つの学習課題について，中学校における教科の専門性を生かした組織を編成することができる。新学習指導要領では，これらに「職業や自己の将来に関する学習活動」が加わった。これらの学習課題に基づいて単元を開発する場合，国際理解の領域では英語科や社会科，音楽科，保健体育科などの教員が，情報の領域では技

わくわくタイム活動記録表

6年　　組　　　　　　　

	自分の課題	調べた方法　活動したこと	考えたこと　わかったこと
4・5・6月	ITの波に乗って	ローマ字でキーボードを打てるようにする。色を変える。字の大きさを変える。	先生に教えてもらう。やりかたを知っている友達に聞く。	パソコンにローマ字で打ったのは、初めてじゃなかったけど、上手にできてとてもよかった。
7・8・9月	わが町、歴史発見	熊谷の花火大会について調べる。	実際に花火大会を見に行ったり、インターネットや本などで調べたりする。	熊谷の花火大会は、メッセージ花火が多いことがわかった。いろいろなところから花火を見に来る人がたくさんいることがわかった。
10・11・12月	環境について考える	「電気」について調べる。電気の使い方を考えなおす。	電気の使用量を一週間測った。そのあと節約する作戦を考えてまた一週間測ったら、使用量が減っていた。	いつも何気なく使っている電気だけど、もう少し考えてから使えば節約にもなるし、環境問題を考える第一歩にもなると思った。
1・2・3月	世界の人々と（ボランティア活動を通して）	「オーストラリア」の食べ物や気候、観光地などについて調べる。	本やインターネットで「オーストラリア」のことについて調べる。オーストラリア出身の方に来てもらって調べてもわからなかったことを聞く。	「オーストラリア」は日本とあまり時差がなく、旅行しやすい国であることがわかった。日本とオーストラリアは学生の交流がたくさんあることがわかった。

図 5-6-1　学習カルテの例①

A　基本的なウィンドウズの操作

チェック	項　目
1段階	A-1　はじめ・おわり
☑	①ウィンドウのがめんがだせる
☑	②マウスのダブルクリック
☑	③ソフトをたちあげる
☑	④マウスのクリック（左・右）

C　基本的なソフトの操作力
（ウィンドウズのペイント）
（一太郎スマイルのペイント）
（デイジーコラージュ）

チェック	項　目
1段階	C-1　せんをひく・いんさつ
☑	①マウスでじゆうにせんをひく

D　基本的なソフトの操作力
（一太郎スマイル・ワード）
（エクセル）

チェック	項　目
1段階	D-1　もじにゅうりょく・いんさつ
☑	①もじをクリックパレットで打つ

E　インターネット

チェック	項　目
1段階	E-1　ページのみかた
☐	①インターネットのウェブページをみる

B　周辺機器の利用

チェック	項　目
1・2・3段階	B-1　デジタルカメラ
☑	①しゃしんをとる
☑	②とったしゃしんをえらぶ
☑	③いんさつする
☑	④いらないがぞうをけす
4段階	B-2　イメージスキャナー
☐	①スキャナーでよみこみ、保存する
☐	②よみこんだ画像を他のソフトにはりつける
5段階	B-3　写真の加工
☐	①写真の大きさをかえる
☐	②写真の明るさ・コントラストなどをかえる
6段階	B-4　MO、CD-R
☐	①MOに保存する
☐	②CD-Rに保存する

操作できるようになったらチェックしましょう！

段　階	身につけてほしい学年
1・2段階	小学校1・2・3年
3・4段階	小学校4・5・6年
5　段階	中学校1・2・3年
6　段階	中学校での発展操作

図 5-6-2　学習カルテの例②

国際理解に関する内容

教科	関連のある内容	具体的実践例
音楽	・国歌からイメージされる諸外国の様子	・オリンピックの表彰式で流れる国歌を聴き，その国について図書を使って調べてみる。国歌のテンポや曲想からどのような国民性があるか考える。
	・和楽器についての理解	・我が国の伝統文化である和楽器について理解を深め，海外の楽器と比較して，自国の文化をより深く知る。
社会	・国旗に視点をあてた諸外国の理解	・国旗に視点をあてて，クイズ形式を取り入れ，どこの国の国旗かを当てさせる。国旗のもつ意味等，インターネットや図書を用いて調べさせる。
英語	・ALTの目から見た日本	・ALTを講師に招き，外国の生活の様子と外国人から見た日本のよさや興味深いことについて，講演を聴き理解する。
保健体育	・サッカーワールドカップの参加国	・サッカーワールドカップに参加した国が，どこにあり，どのような民族が住んでいるかを調べる。

環境に関する内容

教科	関連のある内容	具体的実践例
理科	・酸性・アルカリ性 ・化学反応式の理解 ・環境破壊	・窒素酸化物や硫黄酸化物が原因で酸性雨が降ることを調べさせ，酸性になることがH^+を含むイオン反応式で表されていることを知る。 ・酸素が紫外線によってオゾンとなり，それがフロンガスによって破壊されている現状を調べ，化学物質の密接なかかわりを知る。 ・パックテストの実験方法を学習する。
技術・家庭 社会	・食糧問題や人口問題の理解	・人間が生きていく上で必要な栄養素の学習から，食糧不足の地域の食生活を見つめなおす。また，人口問題に悩む国の政策等について調べる。
音楽	・自然音，環境音	・環境としての「音」に関心をもち，さまざまな音を聞こうとする。 ・身の回りにある自然の音（水や風等）や心を和ませる音について理解を深め，よりよい環境作りに生かすようにする。
社会 理科 技術・家庭	・森林破壊やエネルギー問題の理解	・森林の伐採が無計画に行われている地域を，世界地図の中で確認する。また，伐採された木材を多く消費している国の経済状態について調べる。 ・石油産出国の現状を調べる。また，その輸入国の経済状態を調べる。 ・自然エネルギーを積極的に活用しようとしている国や地域の政策等について調べる。

図5-7 各領域における具体的実践例

術・家庭科や国語科，数学科などの教員が，環境の領域では理科や社会科，技術・家庭科，音楽科などの教員が，福祉・健康の領域では社会科や技術・家庭科，保健体育科，養護教諭，特活主任などの教員が連携し，各教科等の主任をリーダーとした組織を編制して単元を開発することができる（図5-7）。

　このとき，学年ごとに授業を構成することを意識して，各学年の教員がバランスよく配置されることが望ましい。教科担任制の壁を乗り越え，横断的・総合的な単元が開発できるような工夫をしていくためにも，開発された単元をまとめ，指導計画を体

系的に構成していくコーディネーターの役割も重要となるであろう。
　もちろん，学校規模やカリキュラムの構成などによって，実態に即した組織の編成を工夫することが望ましいが，中学校においては，教科の専門性を生かした組織を編成することで，より発展的な学習活動の展開が期待できる。

(3) **総合的な学習の時間の指導に関する研修組織**
　総合的な学習の時間のねらいを明確にした上で育てたい力を具体化し，それを3年間を見通して段階的に生徒に身に付けさせていくことが大切である。そのためには，学年間で連携を図るとともに，学年ごとに具体的な目標や内容を定めて学習活動を展開していかなければならない。つまり，学年会を中心とした，総合的な学習の時間の担当者の組織を充実させていく必要がある。
　各学年の総合的な学習の時間のリーダーと単元の開発にかかわった教員が中心となり，共通の資料を作成したり授業計画を作成したりして，共通の目標やねらいが達成できるようにしていく。学級の独自性を生かしつつ，担当教科の枠を越えた実践ができるよう工夫していきたい。
　また，学級単位でスキル学習を進めていく場合には，スキルの内容によって学年の教員が連携し，指導していけるとよい。また，学年単位で学習が進められていく場合にも，他学年とのつながりを意識した計画が重要となるであろう。

2. 指導計画作成のための研修の進め方

(1) **ねらいや育てたい力を明確化するための全体研修**
　実社会や実生活とのかかわりを重視し，学習指導要領に示された目標をふまえた上で，育てたい力を明確化して共通理解することは，総合的な学習の時間を充実させるために必要不可欠なことであろう。各校における総合的な学習の時間の全体計画で，学習方法に関して育てたい力，自分自身に関して育てたい力，他者や社会とのかかわりに関して育てたい力を整理し，評価規準として具体化していく。そして，全体計画や活動計画，評価規準などの資料（図5-8, 図5-9）をもとにした全体研修の場を設け，共通理解を図ることが必要である。
　自校における総合的な学習の時間の目標を明確に定め，その重要性を認識することで，総合的な学習の時間の充実に向けた意識を高め，教員間の温度差を埋めていきたい。また，道徳や特別活動と同様，全教員が担当者であるという共通意識をもつことが大切である。そのためにも，年度当初に指導計画を作成する段階のみならず，総合的な学習の主任がリーダーシップを発揮して，年度の途中や終わりにも全体研修を研修計画に位置付けておくべきである。

(2) **単元を構成するための研修**
　総合的な学習の時間と各教科や特別活動等との関係を整理したり，小・中の取組の重複に配慮したりしながら，単元を構成することが求められる。新学習指導要領では，

5章　総合を支える校内組織の改善と校内研修の進め方

活動の計画（各学年とも年間70時間で計画）

学び方を学ぶ	課題解決学習		
第1学年	第2学年		第3学年
基礎講座	環境学習	福祉学習	国際理解学習	生き方

第1学年 基礎講座	第2学年 環境学習	第2学年 福祉学習	第2学年 国際理解学習	第3学年
学習する上で、習得しなければならない事項について、体験的に学ぶ。 ○コンピュータの使い方 ・コンピュータの利用方法 ・コンピュータの扱い方を含めた活用方法 ・Windowsアプリケーションの利用 ・ネットワークシステムの利用 ・ネチケット モラルについて ○図書室の利用 ・図書室の使い方 ・書籍・新聞等の資料の探し方とその使い方 ○話し、あいさつの習得 ・人とふれあう中で、体得しなければならないマナーについて ○話し合いの方法の習得 ・論理的に考え、発表できるよう討論の仕方 ・レポートのまとめ方の習得 ・筋の通ったよりよいレポートの作り方（まとめ方の例を参考にして）	入門講座 環境について学ぶ過程での基礎・基本 ・環境学習の意義 ・自然界からの恩恵 ・自然界の調和 ・食物連鎖、物質循環 ・自然と人間のかかわり 自然と生命、開発と産業 ・環境汚染、公害の発生 ・地球環境の破壊 ・消費者としての自覚 ・家庭から廃棄されたごみと排水 ・蓮田市の環境整備活動（施設の見学と浄化運動） ・各種ボランティア活動 課題設定・課題解決 ↓ 発表	入門講座 福祉について学ぶ過程での基礎・基本 ・基本的人権 ・憲法、国民生活と福祉 ・身の回りの生活 ・高齢者、幼児とのふれあい ・思いやりの心 文学と道徳 ・社会生活の課題 ・蓮田市の現状 ・社会の一員としての役割（障害者にふれる） ・ボランティア活動を含めて 課題設定・課題解決 ↓ ↓ ↓ ↓ 発表	入門講座 国際理解について学ぶ過程での基礎・基本 ・国際理解学習の意義 ・異文化社会から学ぶ ・世界は一つ ・民族を超えた人類愛 ・各種国際機関の活躍 ・国連、民間機関の紹介 ・故郷蓮田を知ろう 歴史、自然、文化等 ・世界各地の様子 生活、文化等 ・今、世界は 人口、食料、自然破壊等 ・私たちにできること 課題設定・課題解決 ↓ ↓ ↓ ↓ 発表	課題 「卒業研究」に向けて 健康 人権 情報 消費生活 等について ↓ ↓ ↓ ↓ ↓ ↓ 発表

図5-8　3年間の活動計画の抜粋

総合的な学習の時間「CLT タイム」評価規準

―「CLT タイム」のねらい
実社会や実生活とのかかわりを重視し，
1. 学び方やものの考え方，主体的・創造的に問題解決する能力や態度を育てる。
   体験的学習を重視し，課題を見つける力，多様な情報を活用する力，表現する力，評価する力などを伸ばす。
2. 探究活動を通して，自己の生き方を考える力を育てる。
   よりよく問題を解決していく活動の中で，地域社会とのかかわり方や自分の生き方についての自覚を深める。
3. 教科や特活などで身に付ける力を，学習や生活に生かす能力を育てる。
   各教科や道徳及び特別活動で身に付ける知識や技能等を相互に関連づけ，それらが総合的に働くようにする。

		1 年生	2 年生	3 年生
学習方法に関すること	課題設定能力	小学校からの学習を発展させ，自分自身で興味・関心をもった問題を見つけだし，自分なりの課題を設定することができる。	1年生の学習を通して，自分の日常生活や地域社会に目を向け，問題解決的な学習となるような課題を設定することができる。	1，2年生の学習を通して，より広い視野で社会を見通し，問題点は何かに気づき，追究の視点を明確にして課題を設定することができる。
	問題解決能力	問題解決のための方法を知り，自分なりに計画を立てることができる。追究する方法を学び，最後までねばり強く，課題解決に向け努力する。	問題解決のために，自ら積極的に調査体験等の計画を立てることができる。課題に対する自分の考えをもちながら学習を進めることができる。	問題解決のために，多様な方法を考えながら，自ら積極的に計画を立てる。解決の見通しをもちながら，より深い追究をすることができる。
	情報活用能力	情報を収集するための方法（図書，PC，インタビュー，調査，観察など）を知り，課題の解決に必要な情報を収集できる。収集した情報や調査体験した内容を，自分なりに工夫してまとめることができる。	情報を収集，処理，整理したりしながら，課題の解決に必要な情報を選んで収集することができる。収集した情報や調査体験した内容を，いろいろな方法を使ってわかりやすくまとめることができる。	情報を分析したり，取捨選択したりしながら，目的に応じた情報を効率よく収集することができる。収集した情報や調査体験した内容を，いろいろな方法を使って効果的にまとめることができる。
社会とのかかわりに関すること	コミュニケーション能力	他の人の考えや意見を聞き，理解しようとする。地域の人々とのふれあいや交流を通して相手を理解したり，自分の意見を伝えたりしようとする。	他の人の考えを尊重しながら，理解しようとする。地域の人々とのふれあいや交流を通して相手を理解したり，自分の意見を工夫して伝えたりしようとする。	他の人の考えや立場を尊重しながら，理解しようとする。地域の人々との交流を通して相手を理解したり，相手の立場に立って自分の意見を伝えたりしようとする。
自分自身に関すること	自己の生き方	調査体験などを通して，自分についての理解を深め，課題に対する結論をしっかりと持ち，自分の考えや感想を交えて発表することができる。	調査体験のふれあいや交流を通して，自分が地域社会にどうかかわっていったらよいか，自分の考えをしっかりと持って発表することができる。人としての望ましい生き方の自覚を深めることができる。	調査体験のふれあいや交流，話し合いなどを通して，現代社会の問題に気づき，自分の考えを提言として発信することができる。自己の生き方を見つめ直し，将来にわたって豊かに生きようとする。

図 5-9　大原中学校の評価規準表

職業や自己の将来を考える学習活動が追加されたが、従来、特別活動の進路学習で行われてきた職場体験学習や上級学校訪問学習を、そのまま総合的な学習の時間枠を使って行うのは適切ではない。総合的な学習の時間の目標や趣旨に従い、単元を開発しなおす必要がある。地域や学校の特色や生徒の特性に応じ、地域性のある創造的な単元を開発していくためには、何よりも教員自身が地域を知ることを目的とした研修を行う必要がある。学校評議委員や保護者、地域の方々との連携を図り地域の特色を知るとともに、生徒にとって魅力的な教材を発掘し、単元を構成することが総合的な学習の時間の充実につながるからである。

また、研修の場で学習課題ごとに学習活動の具体例を提示し、学年の研修組織でそれをもとに単元を構成していく方法も有効であろう。たとえば、第2学年で福祉に関する単元を構成する場合、社会科の教員は基本的人権に関する見地から、技術・家庭科の教員は身のまわりの生活に関する見地から、特活主任やボランティア担当者は、幼児や高齢者に対するサポートや福祉施設などでのボランティア活動に関する見地から具体的な活動例を示す。それを第2学年の担当教員が生徒の発達段階や特性、目標や育てたい力に応じてアレンジし、単元の学習計画や評価計画（図5-10）を構成していく方法である。

いずれにしても、生徒の学習意欲を喚起し、問題の解決や探究活動へと発展的に展開していくことのできる単元を協働して構成することが期待される。

(3) 授業を構成するための研修

単元を構成することができたら、次に授業計画（学習活動のまとまりや1単位時間ごとの学習計画）を立てることが必要となる。図5-11に、2時間の学習指導計画の例を示す。

各学年の総合的な学習の時間のリーダーと単元の開発にかかわった教員が中心となり、生徒の興味・関心や学習内容、学習方法に融通性をきかせながら、課題を解決していくための手段をいくつか用意しておくとよい。情報を収集したり発信したりする方法や地域の施設や設備を利用する方法、地域の人材を活用する方法などを適切に判断し、授業を構成していくことになる。その際、過去の実践や小・中・高の取組などをもとにして、目的に応じた地域の人材や施設・設備の活用例をコーディネーターがあらかじめ整理しておくと効果的である。

その際、地域の施設や設備のパンフレットや、地域の人材バンクをまとめておくだけでなく、目的に応じた活用例をまとめておくとよい。どんな目的のときにはどこで何ができるのかまでデータベース化しておくと、効果的に調査・体験を行うことができ便利である。

単元全体の評価計画　【評価の観点は次のように省略して記入する。「課題を設定し追究する能力→課題」「コミュニケーション能力→コミュ」「学習への主体的, 創造的な態度→態度」「自己の生き方→自己」】

学習過程	時数	主な学習活動	（観点）評価の規準の具体例【方法】
第一次 つかむ 10時間	1	《○○苑, △△寮訪問についての話し合い》 ・○○苑, △△寮の概要資料をもとにした説明を聞く。 　高齢者の方や障害がある方とのふれあい体験, 意識調査の結果 　○○苑, △△寮の位置, 利用者・高齢者の方の生活の様子 　訪問の目的・交流の概要など	（課題）体験や調査結果の話し合いの中で高齢者の方や障害がある方の気持ちを考えようとする。　　　　　　　　【観察, 自己評価】 （課題）自分なりの交流の目的・意義を見いだしている。　　　　　　　【観察, 自己評価】
	2	《訪問の計画の立案》 ・ふれあう会の計画を立てる。 　プログラム, 係り分担, 個別のふれあい内容, 高齢者の方と接するときの注意点, マナーなど ・今後の予定・準備を考える。 ・訪問に際しての事故防止についても考える。	（課題）訪問するときの自分なりのめあてをもって意見を発表しようとする。 　　　　　　　　　　　　【観察, 自己評価】 （態度）ふれあう会の計画の立案に当たって, どんなことをいっしょにやったら楽しい訪問となるかを考え話し合いに参加している。 　　　　　　　　　　　　【観察, 自己評価】
	3	《○○苑, △△寮への訪問》 ・ふれあう会を運営したり, 参加する。 ・目的別にそれぞれの生徒がふれあう。 ・感想のメモを取る。	（自己）高齢者の方や障害がある方と交流しながら, 多様な考え方や生き方を理解しようとしている。　　　　　　【観察, 自己評価】 （コミュ）積極的に交流し, 相手を理解したり, 自分の考えを伝えようとしたりしている。　　　　　　　　　　　　　　　【観察】
	2	《訪問の感想等のまとめ》 ・資料や訪問時の写真等を参考に各自が, 感じたこと, 気づいたこと, 感想等をまとめる。	（態度）訪問したときのメモをもとに, まとめている。　　　　　　　　　【自己評価】
	3	《訪問の感想の話し合いと追究する課題の決定》 ・感動したこと, 不思議に思ったことなどを含めて感想を話し合う。 ・事前に提示した概要の資料や訪問時の写真, 友達の追究課題等を参考に追究したい課題を考える。 ・カードに課題をまとめる。 ・自分の追究したい課題が, どのグループに入るか考え, 自分で決定する。 ・カードによる分類で「車椅子の体験」「○○苑への訪問」「△△寮への訪問」「校内・校区の調査」等の追究課題のグループに分かれる。 ・グループごとに活動計画の概略を作成する。 ・各グループが提示する伝言板に, 課題追究の際にわからないことを書き, 助言を求める。	（コミュ）訪問や交流する体験を通して, 感想を他の人に伝わるように発表したる。他の人の感想を自分の感想と比べながら聴こうとする。　　　　　　　【観察, 自己評価】 （態度）自分の感想をきちんと説明したり, 友達の感想を参考にしている。 　　　　　　　　　　　　【観察, 自己評価】 （課題）訪問や交流, 話し合いを通して, より深まりのある課題を設定しようとしている。　　　　　　　【観察, 自己評価】 （課題）グループ内の他の生徒と相談したり, 伝言板の意見を参考にしながら, 活動計画を立てている。　　　　【相互評価, 自己評価】
	1	《追究する課題についての話し合い》 ・活動計画書の内容について, 課題が追究する価値があるか, 追究の見通しがあるかなど, 持ち寄った資料や伝言板の助言を参考に話し合う。 ：	（課題）グループの活動計画が, 深められ, 追究する価値のあるものになっているか話し合っている。　　　　【観察, 相互評価】

図5-10　福祉に関する単元の学習・評価計画

分	学習活動	教師の支援・留意事項
20	・調べた留学生の出身国の言語であいさつをし，自己紹介をする。 ・調べた地域の特色や日本を代表する文化を紹介する。留学生からの質問を受け，答える。 〈例〉郷土の特産物，日本の歌など	・生徒たちが自主的に運営できるようによく打合わせをしておく。 ・10コースに教師が1人ずつ入る。 ・温かい雰囲気で留学生を迎える工夫をする。 ・自己紹介は名前と簡単なあいさつ程度にするが，しっかり言えるように支援する。 ・郷土を代表する事物を誇りとするとともに，今後も郷土にかかわりそのよさを継承・発展させていこうとする意欲を育てていく。
15	・留学生の出身国の話を聞く。 　①自然，衣食住，文化など 　②出身国の問題点，日本に期待すること 　③出身国と日本の違い ・ポイントになるところはメモを取る。	・①～③については，前もって留学生に連絡し，準備を依頼する。 ・日本との違いを理解するだけでなく，アジアの人の思いや願いを理解し，アジア諸国が抱える問題点やその原因についても気づくことができるようにする。
45	・討論　テーマ別に小グループ（3～5人）に分かれて話し合う。留学生はグループを回りながら，話し合いに参加してもらう。 　テーマA：なぜ日本の中学校では制服を着用するのか。 　テーマB：なぜ日本人はあいまいな表現をして外国人に悪い印象をもたれるのか。 　テーマC：なぜ日本では国際結婚に反対されることが多いのか。 ・自分が興味をもったテーマを選択し，さらに情報収集し考えを深め，自分なりの意見をもって臨む。 ・各グループで話し合ったことを，各代表が簡単にまとめて報告する。 ・全体で質疑，意見交換を行う。 ・留学生の感想を聞く。	・テーマごとに話し合いが活発になるように，具体的な例やポイントを決めて進める。（テーマBであれば，「頼まれごとを断るときの表現」など） ・「違い」を認め合うことの大切さと，日本人の考え方も理解してもらえるように，自分の意見をしっかりもつことの重要性に気づくことができるようにする。
10	・活動中に質問できなかったことや，疑問に思ったことを出し合い，交流1の閉会を行う。	・補足が必要な場合は教師が支援してまとめていく。 ・留学生に感謝の意を表せるよう工夫する。
10	・今日の学習活動を振り返って，自己評価カードに記入する。（活動してわかったこと，自分なりに進歩したことなど）	・国際社会と自分とのかかわり方を立ち止まって考え直し，日本人としての自覚をもち，ともに生きていくための考えを深めることができるようにする。

図5-11　2時間の学習指導計画

3. 指導方法改善のための研修の進め方

(1) 授業研究会における研修

　小学校と中学校の学校種間の取組の実態の差や取組の重複を改善するためには，教育委員会が中心となり，互いに授業研究会や研究発表会に参加できるしくみを整えることが期待される。近接する小・中学校の授業実践を互いに公開しあったり，先進校の授業研究会や研究発表会から直接学んだりすることは，指導方法を改善するうえで，大きな収穫が得られると思われる。

　力量のある教師の授業を参観することで，生徒に適した教材の開発の仕方や学習活動の組み立て方，学びの実感を味わわせることばかけの方法なども直接学ぶことができるであろう。校内でも積極的に授業を公開し，他の教員の意見はもちろん，学校評議委員や保護者にも門戸を開き，学校関係者の意見にも耳を傾けることは，授業改善を促す手がかりにもなる。

(2) 体験型・ワークショップ型の研修

　研究授業と異なり，教員相互で行える体験型あるいはワークショップ型の研修は，放課後や長期休業中でも行うことのできる，効果的な研修会である。

体験型の研修とは、コーディネーターや単元開発のリーダーが同僚の教員を対象として模擬授業を行う研修会である。単元の開発にかかわらなかった教員が指導を行う場合、当初から開発にかかわってきた教員の意図や教材の扱い方、学習活動の組み立て方を直接見聞きすることは、単元の理解にたいへん役立つといえる。学習の流れを構想していく具体的な手立ても得られ、指導力の向上が期待できる。

　ワークショップ型の研修（図5-12）とは、グループをつくり、グループごとに意見を出し合い課題を解決していく研修会である。指導者や講師から教わろうとする研修と異なり、自分たちで問題を解決していこうとする能動的な研修であるといえる。課題や成果を共有化することもでき、より実践向きの研修である。

　これらの研修は、職員間の交流を図ることで、単元の共同開発にもつながっていくであろうし、指導のあり方を研鑽することにもなり、実践的な研修会であるといえる。

ワークショップ型研修会の例

　総合的な学習の時間のワークショップ型研修会については、村川雅弘氏（2005）のSCS講義の例を紹介する。

①ワークショップの手順説明
②個人ごとの成果と課題のカード化
③グループごとのKJ法による構造化
④グループごとの短冊による成果と課題の整理
⑤グループごとの発表しながらの短冊の整理
⑥短冊を活用した講義とコメント

　従来型の授業研究会では、特に他校からの教師も多いので、遠慮してなかなか発言もできない。そこで、複数の学校の教師が校種を超えてグループを構成し、ワークショップを行うことで、すべての人が意見や感想を述べることができ、それが研究会の成果として反映することができるのではないかと考えた。各グループには、異なる学校の教師が入るようにする。
　まず、授業を思い出したり、その時のメモを参考にしたり、指導案を見直したりしながら、個人ごとに付箋に「本時の成果と課題」を書き出す。約束事は「1枚に1項目」である。
　各人の付箋への書き出しが一段落したグループから整理を始める。まずは、お互いの書いた付箋を見合ったり、自分の書いたものを読んで紹介し、それに関連することがらを書いた人の付箋を重ねたりするなど、グループごとに整理の仕方を工夫する。
　この研修で取り入れたのが短冊づくりである。各グループで整理できたら、模造紙上に構造化することは行わずに、その小見出し（同じような記述内容の付箋を集めたときにできる島（まとまり）につける見出し）に当たる言葉を短冊に書いてもらう。色もピンク（成果）とブルー（課題）の2種類に分ける。限られた時間の中で短冊づくりまで手ぎわよく行うようにする。
　最後は、グループごとに代表者が1、2名出てきて、短冊を黒板上で整理しながらの発表と簡単な協議を行う。3つのグループの発表が終わるころには、本時の成果と課題だけでなく、研究主題に関することが整理されていく。
　また、学校の教師だけでなく、多様なメンバーで構成された、地域の素材を生かした単元づくりワークショップは、ぜひとも学校現場で取り入れてほしい取組である。年間指導計画が固まり、地域の素材を生かした単元づくりを始めるころに行うのがベストである。教師だけで内容・活動を決定していくのでなく、まさにその道の専門家に参画してもらうことは、その学習内容をより価値あるものにするだけでなく、実践段階におけるゲストティーチャーやボランティアを確保することにもつながる。設計段階からかかわってもらうことは、子どもの実態や総合的な学習の趣旨を理解してもらうよい機会にもなる。じっくり時間をかけたい場合には、夏季休暇の比較的ゆとりのあるときに行ってもよいだろう。

図5-12　ワークショップ型の研修

(3) 成果と課題を把握する評価の研修

　総合的な学習の時間を改善し，充実させていくためには，成果をきちんと把握し，課題を明らかにしなければならない。総合的な学習の時間が学習の成果をあげているのかどうかが問われている。横断的・総合的な学習や探究的な学習になっていたかどうかの視点から，教科等で身に付けた知識や技能が，実生活や実社会に関する課題を解決する力にまで高まっていることを成果として確かめることが大切である。

　生徒の学習の成果を明らかにするためには，生徒にどんな力がついたのかを，評価規準や評価計画をもとにして具体的に評価する必要がある。また，生徒にアンケートをとり集計結果を分析することも，生徒の意識の変化を知る有効な手段であろう。成果が明らかになれば，課題も見えてくるはずである。改善のポイントを絞り，検討すべき組織と日程を決めたい。そして，次の指導の重点を決めた上で改善策を立てていけるとよい。

　教師の側から見た成果を明らかにするためには，自己点検と相互評価が有効であろ

「総合的な学習の時間」の実践についての自己点検・相互評価

1　育てたい資質や能力の観点
　①他の学年の「総合的な学習の時間」の内容を知っている。
　②自校の「総合的な学習の時間」のねらいを意識して，単元の授業を行っている。
　③「総合的な学習の時間」が教科と関連している例をあげることができる。
　④自校の「総合的な学習の時間」のねらいに基づいて，子どもの身に付いた資質や能力を説明できる。

2　教材開発や教材研究の観点
　①地域のどこに，どんな人や施設や自然があるか知っている。
　②地域に出て，興味関心をそそられる教材を見つけったことがある。
　③研修会や研究授業などをきっかけに，教員同士が話し合って共同で教材を開発したことがある。
　④教材が子どもに適しているかどうかを，教材化の視点をふまえて判断することができている。
　⑤教材開発の中で，地域とのつながりを深めていくことができている。

3　学習活動の組み立てや展開の観点
　①活動のつながりや発展を意識して，学習活動を組み立てている。
　②子どもがこれまでに，どんな「総合的な学習の時間」の学習をしてきたか知っている。
　③子どもの興味関心を高める，新しい活動を取り入れている。
　④子どもの学習の流れに対応できる，柔軟な展開を計画している。
　⑤学習活動に適した場所や時間割，学習環境を工夫している。

4　教師の子どもへの指導の観点
　①子どもの意欲や主体性を引き出すほめ言葉や，子どもの気づきを意味づけたり価値づけたりする言葉をかけている。
　②子どもの考えを取り上げたり意見を求めたりして，子ども同士の交流を促している。
　③「総合的な学習の時間」の特質をふまえた子どもの学びのエピソードを話すことができる。
　④学習活動の中で生まれてくる矛盾や考え方のズレ，壁などに気づかせ，それを大事に扱っている。
　⑤「総合的な学習の時間」で学んだことが，学習や生活，自己の生き方に役立っているという実感を味わわせようとしている。

図 5-13　自己点検・自己評価

う。そのためのチェック・リストをあげておく (図5-13)。

　自己点検の結果をもとにして相互評価を行い，教員がどんな指導力をつけていかなければならないのかという課題を明確にしていく。そして，今後どんな研修をどのくらい行えばよいのかを検討し，次の研修計画を立てていくことが必要である。

6章 海外の総合的学習の動向

1節 アメリカにおけるサービス・ラーニング

1. コミュニティ・サービスからサービス・ラーニングへ

　近年のアメリカにおける教育改革は，生徒たちの学力向上を最優先に掲げ展開されている。そして，経済界の指導者，政治家たちは，世界市場におけるアメリカの国際競争力向上のため，この教育改革の陣頭指揮を執ってきた。この教育改革は，高い学力スタンダーズを明示し，それに基づいた試験と評価，新しい卒業要件等によって生徒や学校にその要求を満たす責任をとらせようとしている。これらのスタンダーズ運動に関する見解は多様であるが，一般にアメリカの教師や保護者たちは，このスタンダーズに基づいた教育改革の広義の目的に賛同し支援してきた。しかし，一方で，教師たちは，テストのために教えること，スタンダーズの要求を満たし，よい成績をとり，よい評価を得ることで生徒の学習意欲を高めることができないという懸念を示している。そして，この事実はいくつかの研究からも明らかとなった（National Commission on Service-Learning, 2002）。

　このような生徒の学習に対する無関心さや無気力さを解消する1つの試みとして，アメリカでは，1990年代初頭からボランティア体験，福祉体験，インターンシップ体験などの社会体験を学校の教育活動の一環として行うことが盛んになってきた。それはコミュニティ・サービスとよばれ，多くの学区や学校で実施されてきた。しかし，1990年代半ばになると，コミュニティ・サービスはその普及の一方で，強制労働と同じであるという批判や授業としての意義や創意工夫が十分ではないと反論されるようになった。近年では，このコミュニティ・サービスとは異なるサービス・ラーニングが登場し，その教育的意義が注目されている。

　では，コミュニティ・サービスとサービス・ラーニングはどのように異なるのか。合衆国教育省（U.S. Department of Education）の教育統計のための全米センター（The National Center for Education Statistics: NCES）が，1999年の春にサービス・ラーニングとコミュニティ・サービスに関する調査を行った。

　この調査に用いられた資料（Service-Learning and Community Service in K-12 Public School）の定義から見てみると，コミュニティ・サービスは「カリキュラム

に基づいていないが、学校によって認められ、もしくは学校を介して行われる地域社会へのサービス活動である」と定義されている。そしてコミュニティ・サービスは「強制的な場合もあれば自発的な場合もある。一般的には明示化された学習目標、組織化された振り返り、批判的な分析を含まない。おもに学校内であるが学校外の活動も含まれる」と述べられている。そして地域社会へのサービス活動は、組織された学校のプログラムや学校が支援するクラブによって行われるプロジェクトとは切り離されて行われる学校規模のイベントである。サービス活動の実例として、地域の公園を掃除したり、高齢者の家を訪問したり、食べ物が必要な人に食べ物を集め分配したりする活動を含んでいる。

　一方、サービス・ラーニングは「教室での教授と地域社会へのサービス活動とを統合するカリキュラムに基づいたコミュニティ・サービス」と定義されている。そのサービスは、「アカデミックなコースやカリキュラムに関連して組織されている。明確に述べられた学習目標をもっている。設定された時間を超え持続可能な方法で、地域社会が実際に必要とすることに注目する。教室での議論、発表、書き方の指導などを含む正規にスケジュール化、組織化された振り返り、批判的な分析活動を通して、生徒がサービスから学ぶのを援助する」と述べられている。

2. サービス・ラーニングの目的と意義

　サービス・ラーニングは、合衆国政府主導型の強力な政策と有機的なボトムアップの運動が融合し、さまざまな形で展開されている。例えばケロッグ財団（W. K. Kellogg Foundation）は、1998年からサービス・ラーニングの実施と展開を支援している。それは「行為における学習」（learning in deed）とよばれた。1998年から2002年までで1300万ドルを資金援助し、合衆国中の学校がサービス・ラーニングを採用し、幼稚園から第12学年の子どもたちにサービス・ラーニングを学ぶ機会を提供するというものであった。

　さらに、ケロッグ財団は、2000年、合衆国の諸学校におけるサービス・ラーニングの現状を調査・研究するために「全米サービス・ラーニング委員会」（National Commission on Service-Learning）を任命した。合衆国のジョン・グレン（John Glenn）元上院議員が委員長となった。この委員会は18の教育機関や政府機関、地域の指導者から構成された。1年間にわたって各学校を訪問し、生徒、教師、他の支持者たちにサービス・ラーニングに関する聞き取り調査を行い、調査データを収集し、2002年1月に『行為における学習』（*Learning in Deed*）という報告書を公表した。この報告書によれば、サービス・ラーニングは特に下記の達成を目的にするという。

　○自分自身の学習に対する責任をもたせ、学校の諸活動に参加する動機を与えることにより、生徒の学校教育からの離脱を転換する。

〇学習のために現実生活の文脈を用意することや，学校で学んでいることが実践的に重要だという感覚を生徒たちに与えることにより，スタンダーズに基づいた改革を強化し拡大する。

〇市民としての行為に関与することを通して，生徒たちに市民的資質を準備させ，教育の公的な目的を促進する。

〇そのようなサービスにアカデミックな要素を加えながら，生徒たちにサービスに積極的にかかわる意欲をもたせる。

〇暴力と性的な活動を減らし，責任感を強め職業技術を発達させることにより，若者の個人的，職業的な発達に貢献する。

ジョージア大学「学校改善プログラム講座」のC. グリックマン（Carl Glickman）は「アメリカの教育の最も高い基準は，生徒たちがいかにしてすべての者たちの『人生と自由と幸福の追求』という民主主義社会の進歩に貢献するために自分たちのアカデミックな学習を利用するかということである。サービス・ラーニングは，まさに生徒たちがより大きなコミュニティに貢献するときにアカデミックな学習を深めるための媒体である」（National Commission on Service-Learning, 2002）と述べている。

サービス・ラーニングは，地域社会の要求に応え行動するための十分に組織されたサービスに積極的に参加することを通して，生徒たちが学び発達するカリキュラム方略である。その課題は，生徒たちだけでなく地域社会にとって切実な問題である。それは，教師が一方的に与えた課題ではなく，またその参加は表面的，形式的な参加ではない。まさに現実的な課題と向き合い，生徒どうしが協力し，また大人たちの支援や援助を求め，大人ともコミュニケーションし協同しながら，その課題の解決に向けて，1つひとつ問題を克服していくのである。

そこには子どもは未熟だから参加できない，そのような課題を与えるのは可哀想だという発想は存在しない。発達段階は考慮されるべきであろうが，責任ある市民，社会の形成者，変革者として子どもを認めるという子ども観の転換がある。子どもを将来の有能な市民と考えるだけでなく，現在の地域社会の価値ある構成員と考えるのである。サービス・ラーニングは，子どもたちの市民としての責任感を増すだけでなく，アカデミックなカリキュラムにも統合され，各教科領域の学力を高める活動でもある。

3. サービス・ラーニングの実践例

では，サービス・ラーニングではどのような実践が行われているのか。以下，もう少し詳細に述べたい。ここではカリフォルニア州にある「東海岸保護団体」（East Bay Conservation Corps: EBCC）が出版している初等学校用のサービス・ラーニングのガイドブックの第3学年「地域のお年寄りとかかわる」という実践例を取りあげ

る (EBCC Institute for Citizenship Education and Teacher Preparation and the Elementary Level of the EBCC Charter School, 2003)。

　このクラスの教師は,「子どもたちにお互いに思いやり，尊敬する態度を育て，親類や家族の大切さと自分たちの祖先の歴史を学ぶこと」をこのプロジェクトの目的として設定した。

　学校が始まって最初の1か月間，子どもたちは学区を散策し，近隣の地図を描き，地域社会の要求について予想した。教師は，子どもたちにお年寄りとかかわることに興味をもたせ，地域社会の人々と交流させたいと考えていたので,「地域の高齢者センター」と連携することを計画した。そこで，まず「高齢者センターの目的」,「家族の大切さ」,「お互いに世話をすること」について話し合った。

　教師は，センターを訪問する前に，子どもたちを準備させたかったので,「ハンディキャップの自覚訓練」から始めた。それによって，子どもたちは，お年寄りやハンディキャップをもった人々についての偏見や差別について学び，それを経験した。子どもたちは，視界をぼやけさせるためにワセリンを塗った眼鏡をつけた。この活動のねらいは，子どもたちがハンディキャップを自覚し，身体の不自由な人々に共感することであった。子どもたちはまた，キング牧師 (Martin Luther King, Jr.) やヘレン・ケラー (Helen Keller) のような偏見や差別そして困難を克服した人に関する本を読んだ。

　お年寄りへの関心と偏見や差別の問題に取り組んだ後で，教師は，生徒たちがセンターを訪問する準備ができたと感じた。定期的なコミュニケーションによって,「高齢者センター」のコーディネーターと確かなパートナーシップを築き，子どもたちが2週間に1度，そのセンターを訪問するスケジュールを立てた。

　その年度の間，子どもたちは，そのセンターのお年寄りと親しくなった。子どもたちはお年寄りと会話したり，いっしょに歌を歌ったり，インタビューを行ったり，スカーフをいっしょに編んだりした。子どもたちは，教室に戻ってくると，詩をつくったり，日記をつけたりすることによって自分たちの経験を振り返った。

　その年度の終わりに開催された学校全体の「サービスのお祝い」のイベントで，子どもたちは，芸術の授業でつくった装飾用の紙キルトをプレゼントし，出席できたお年寄りたちに敬意を表した。また，お年寄りの友人たちに献げる感謝の詩を読んだ。子どもたちは，お年寄りたちと仲よくなることができ，特にハンディキャップをもつお年寄りに対する尊敬と理解を深めた。

　このサービス・ラーニングが各教科とどのように関連しているかが，表6-1のようにそのカリキュラム単元表に記載されている。

　表6-2, 表6-3に示されたようにEBCCチャーター・スクールでは,「準備」「実施」「振り返り」「実演とお祝い」「評価」という密接に関連した（本質的に統合され有機的に関連した) 5つの段階が学習過程の要素として設定されている。カリキュラ

6章 海外の総合的学習の動向

表6-1 各教科領域との関連（コンテント・スタンダーズと関連した知識および技能）(EBCC Institute for Citizenship Education and Teacher Preparation and the Elementary Level of the EBCC Charter School, 2003を一部改変)

知識	コンテント・スタンダード
国語／文学	
生徒たちは，お年寄りと会話する	1.0 読み：生徒たちは，話す技能を発達させる
生徒たちは，お年寄りにインタビューをする	1.0と2.0 聞く話す方策：生徒たちは，口頭でのコミュニケーションでじっくりと聞き，適切に答える
生徒たちは，お年寄りのインタビューからメモをとる	2.0-2.2 書くことの応用：生徒たちは，経験に基づいて物語を書き，なぜその出来事を忘れられないのかについて洞察する
生徒たちは，お年寄りに感謝の手紙を書く	2.2-2.3 書くことの応用：生徒たちは，日付，あいさつ，本文，結び，署名が全部そろった親しみのある手紙を書く
生徒たちは，「高齢者センター」を訪問したことについての詩を書く	2.0 書くことの応用：生徒たちは，親しみのある物，行事，経験を記述し説明する作文を書く
生徒たちは，感謝の気持ちを表わすために，お年寄りのお友だちに詩をささげる	2.0 話すことの応用：生徒たちは，親しみのある経験や興味のあることについて簡単な朗読をしたり，口頭で発表をしたりする
数　学	
生徒たちは，紙のキルトのプロジェクトで作業をし，計測や形状をよく知るようになる	2.0-2.6 計測と幾何学：生徒たちは，形状を扱う
生徒たちは，家族の構成員の年齢の違いをグラフにし，年齢の差を計算する。生徒たちは，足し算，引き算，掛け算，割り算に加えて，数学的な推論を使う	1.0-1.4 統計，データ分析，確率：生徒たちは，数的なデータを収集し，棒グラフや他の表示の仕方でそのデータを記録し，整理し，表示し，解釈する
社会科／歴史	
生徒たちは，自分たちの祖先，家族の歴史，世代について学ぶ	2.1, 1-3 影響を及ぼす人々（第2学年）：生徒たちは，昔に起こったことと昨日起こったことを区別する。生徒たちは，家族の歴史をたどり……その生活を比較・対照し，……生活の中の重要な出来事を整理する。
生徒たちは，お年寄りに近隣で育ったことやその生活についてインタビューし，今日の生活とそのときの生活とを比較する	3.2 継続と変化（第3学年）：生徒たちは，彼らが誇りに思っている一生の間での重要な貢献について書く
生徒たちは，個人の行為と性格，そして自分たちが他の人の生活においていかに影響を及ぼすかを理解する	2.5 影響を及ぼす人々（第2学年）：生徒たちは，個人の行為の重要性を理解し，昔からここしばらくまでの英雄たちが，どのようにして他の人々の生活に影響を及ぼしたかを説明する
芸　術	
生徒たちはお年寄りたちの紙の記念品のキルトを創る	3.0 生徒たちは歴史と文化に関連して視覚芸術を理解する（第3学年）
生徒たちはリサイクルした素材を使ってお年寄りのために，額縁，装飾品，絵，カード，本のような贈り物をつくる	4.0 生徒たちは芸術の要素，デザインの原則，美的な特性を基準にして自分たちの作品を含む，芸術作品を分析し，評価し，意味を引き出す
音　楽	
生徒たちは，EBCCチャーター・スクールの合唱の教師とともに，異なる文化の歌を学び歌う。そして年寄りと一緒に歌う	3.0 生徒たちは音楽の歴史的な貢献と文化的な次元について理解する

表 6-2 各段階での教師および生徒の役割（EBCC Institute for Citizenship Education and Teacher Preparation and the Elementary Level of the EBCC Charter School, 2003を一部改変）

準備（PREPARATION）	実施（IMPLEMENTATION）
○教師は「高齢者センター」とのパートナーシップを取り決める ○教師は地域社会と家族との関係について教える ○教師は障害の自覚訓練を行う ○教師は対立の解決についての授業を教える ○教師は生徒たちに「私たちは他の人を助けるために何をしたいか。何ができるか」についての話し合いをさせる ○生徒たちは地域社会を散策し、「地域の高齢者センター」を訪問する	○生徒たちはお年寄りとかかわる ○生徒たちはお年寄りの人生についてインタビューする ○生徒たちはお年寄りと一緒に歌を歌う
振り返り（REFLECTION）	実演とお祝い（DEMONSTRATION/CELEBRATION）
○生徒たちは自分たちがお年寄りから学んだことについての物語を伝える ○集団での話し合いで、クラスで、公園で自分たちの経験について振り返る ○生徒たちは自分たちが考えたこと、経験したことについて書くために日記をつける ○生徒たちは「高齢者センター」の行き帰りの間、形式ばらない振り返りをする	○生徒たちはお年寄りに感謝のカードや手紙を書き、リサイクル素材で贈り物をつくる ○生徒たちはその年度の終わりにある学校規模の「サービス祝賀会」のイベントで、紙の記念品のキルトをつくり、詩をささげる

表 6-3 評価（単元完了時）（EBCC Institute for Citizenship Education and Teacher Preparation and the Elementary Level of the EBCC Charter School, 2003を一部改変）

生徒は何を学んだか。	証拠
生徒たちは明確に述べ、十分に書く方法を学んだ	クラス委員会の本、感謝のカードと手紙で、生徒たちの表現と関心に関する資料
生徒たちは明確に述べ、十分に話す方法を学んだ 生徒たちはお互いに尊敬し、ケアした	その年度の終わりにある学校規模の「サービス祝賀会」のイベントでの詩の発表 生徒たちのお互いの関係、またお年寄りとの関係を通して、クラスや学校の文化を象徴する生徒たちの写真
生徒たちは幾何学と形状を学んだ	その年度の終わりにある学校規模の「サービス祝賀会」のイベントで紙の記念品のキルトを発表しささげた
生徒たちは当時と今の人々の歴史を学んだ	家系図、お年寄りへのインタビューを書き写したものなどの生徒の作品
プロジェクトの評価	
○適切なインタビューの技術と技能を生徒たちに準備させることに、より多くの時間を費やす ○より構造的な振り返りの時間を予定に入れる ○キルトを作成するときに数学のカリキュラムにより関連させる	

ム単元表には、各段階における教師および生徒の役割が明記され、また評価もコンテント・スタンダーズに関連させながら、証拠となる資料も提示し、具体的に述べられている。さらに、サービス・ラーニング自体の評価である「プロジェクトの評価」が

明記されていることに注目すべきである。これらは，今後，日本の「総合的な学習の時間」において参考になるであろう。

以上，教師と生徒の役割を含めた「プロジェクトの進め方」，「他教科等との関連」，「評価の仕方」に関して，今後，日本の「総合学習の時間」の展開においても参考にすべき点が多いように思われる。

2節 イギリス

1. 総合的な学習で求められる教師の能力

　教科書や決まった教育内容がない総合的な学習は，平成10年の学習指導要領で新設されて以来，日本のこれまでの教師の役割を大きく変えてきたといえる。そこで教師に求められた力は，教科書や指導書を頼りに「どのように教えるか」という，これまでの指導力に加えて，教育内容そのものを企画する，いわば「何を教えるか」というカリキュラム編成能力である。

　このような変化は，平成元年の学習指導要領で小学校1，2年に導入された「生活科」で，ある程度の方向が示されていたといえよう。低学年の社会と理科を廃止し，設置された生活科は，児童の具体的な活動や体験を積極的に取り入れながら，国語科や音楽科など他教科との関連を図って指導することを内容としている。ここでは教師に授業の指導力以上の教育内容の企画能力が求められたが，教科として導入された生活科が「総合的な学習」と最も異なっていたのは教科書の存在であり，対象が小学校1，2年に限られていたことである。総合的な学習が導入されてから，すべての教師にこのカリキュラム編成能力が必要となり，教師に求められる能力が，「どのように教えるか」から「何をどのように教えるか」に拡大されてきたことになる。この逆ともいえる変化に直面したのが，後述する近年のイギリスの学校教育である。

2. イギリスのトピック学習

　戦後教育において，「児童中心主義（child centred）」教育として名高いイギリスの初等教育は，子どもの気持ちや活動を大切にすることを基本として，教科間の区分がゆるやかなカリキュラム構成を特徴としている。これは，1967年のプラウデン報告書（Plowden Report）によって，それまでの初等教育における児童中心的思想が改めて支持され，欧米諸国に波及して大きな影響を与えたイギリスの授業形態である「トピック学習」として，現在に受け継がれている。

　子どもが興味関心を示して学習活動に広がりをもたせることができる中心テーマをトピックに設定して，1か月から3か月の一定期間で学習計画が立てられる。教科中心のカリキュラムの構成とは異なり，1つのトピックを探究する過程において，教科で学んだ力を活用するとともに，教科の学習内容を必要な学びとして習得していく。

このようなイギリスのトピック学習を紹介した『子どものための学校 イギリスの小学校から』(稲垣，1984) は，小学校の授業と子どもの活動を実際の観察と具体的な資料で生き生きと描きだし，トピック学習の成立の背景や歴史を通してその教育的意義を検証している。そこで描写されている教育活動は，教科の枠組みにとらわれることなく子どもの関心を中心にすえて授業を構成している。「トピックを選択し，それをどのように構成し，そのような学習として展開させていくかは教師の力量に大きく依存している」(稲垣，1984, p. 61) とあるように，この教育方法は，教師のカリキュラム編成能力が問われることになり，学校組織として教師間の協力が重要となる。

子どもの興味関心を大切にしてテーマを設け，実際の活動や体験学習を重視して授業を構成する点で，日本の総合的な学習とイギリスのトピック学習は共通している。しかしながら，各教科とは別に時間を設けて実施されている日本の総合的な学習と，教科の学習を構成する教育方法であるイギリスのトピック学習は，教科とのかかわりにおいて，それぞれに求められる機能は明らかに異なっている。

3. 教育改革とトピック学習

近年になって，イギリスのトピック学習の位置づけを大きく揺さぶることになったのは，教育改革の源流ともいえる「1988年教育改革法」で導入された，「ナショナル・カリキュラム」である。この制度の導入以降，イングランドとウェールズでは，すべての公立初等・中等学校で，教育大臣の定める全国共通カリキュラムに準拠した指導が行われている。ナショナル・カリキュラムは，4つのキー・ステージとよばれる段階で構成されており，内容は教科ごとに詳しく規定され，重要とされるコア教科[★1]と基本教科[★2]に加え，宗教教育や性教育などのクロスカリキュラも必修となっている。なお，教科の時間配当および他領域の指導は各学校の裁量に委ねられており，7, 11, 14, 16歳で，コア教科を中心に到達目標に基づいて全国共通テストが行われている。

また，基礎学力の向上を目的として，1998年および1999年に策定された「全国リテラシー・ニュメラシー戦略 (National Literacy and Numeracy Strategies)」により，初等学校に導入された読み書き計算のための特設の授業時間は，学校教育の枠組みに大きな変化をもたらしている。

これら教育改革におけるカリキュラム上の動向は，教師に求める役割を変化させ，従来のトピック学習を柱としたイギリスの授業形態に変更を迫るものであった。一連の教育改革により，イギリスの授業全体の中で，教科の位置づけや具体的な教科内容の扱いがより鮮明になり，授業構成の教師裁量範囲が限られることになった。「ナショナル・カリキュラム」や「全国読み書き計算指導要綱」(Department for Children, Schools and Families, 2006) の行政が示した基準に基づき指導し，教育効果を全国共通テストで測るというしくみの中で，イギリスにおける教師の役割の中心が，

「何をどのように教えるか」から「何を使ってどのように教えるか」にシフトすることになったのである。

4. 学校のカリキュラム開発と学習スキーム

学校現場で実践レベルのこのような変化が受け入れられ定着するには，混乱や試行錯誤を通して一定の時間を必要とした。現在では，カリキュラムや資格を取り扱う中央行政組織の「資格カリキュラム庁」(Qualifications and Curriculum Authority: QCA) が，ナショナル・カリキュラムとそれに沿った授業モデルを示しながら，各学校に対して，それぞれの学校の子どもたちの実態や学習状況に合わせて，授業計画や評価方法を含めたカリキュラム開発 (customise) を求めている。

同庁は，カリキュラム開発の要である学習スキーム (a scheme of work) の説明の中で，中心的な授業方法としてトピック学習を推奨している。また，カリキュラム開発の参考として，ある教科内容を他教科内に入れ込む (embed)，教科内容をトピック学習に適応させる (adapt)，トピックどうしを結合させる (combine) という，

表6-4 トピック学習のカリキュラム例 (QCA, 2002より作成)

初等学校3・4年　春学期前半期		月	火	水	木	トピック：図形と構造　金
8:45 8:55 10:20			図形と構造 (芸術／情報 伝達技術) (85分)	ゲーム (50分) 図形と構造 (理科／35分)	算数 (50分) 体育 (35分)	3・4年集会 (9:15まで) 算数 (50分) 歌唱(音楽) (35分)	書き方 (9:15まで)(20分) 算数 (55分)
10:40		集会(全校)	集会(学級)	集会(学級)		集会(学級発表)
11:00		休み時間				
		ゲーム (50分)	ゲーム (50分)	ゲーム(50分) ゲーム(50分)	ゲーム (50分)	ゲーム (50分)
12:10 13:10		昼食				
13:15		出席確認				
14:15		算数 (60分)	読み書き (60分)	読み書き (60分)	体育 (14:05まで)(50分)	読み書き (60分)
15:25		宗教教育 (70分)	図形と構造 (芸術／情報 伝達技術) (70分)	図形と構造 (理科／デザイン・技術) (70分)	作文 (80分)	人格・社会・ 健康教育 (70分)

時間配当 3・4年生 年間時間数	英語	240	情報伝達技術	35	音楽	35
	数学	171	歴史	41	体育	41
	理科	80	地理	41	宗教教育	41
	デザイン・技術	50	芸術・デザイン	35	人格・社会・健康教育／市民性教育	35
					合計	855

カリキュラム編成上の手法をあげている。表6-4は，その一例として示された，「図形と構造（shapes and structures）」をトピックとして，理科，図工，情報伝達技術，デザイン・技術の教科を総合化した，初等学校3，4年の週程である。イギリスでは，各教科の授業時間数の配当が各学校に任されているため，年間授業時間も明示されている。

5. トピック学習の存続

　日本の学習指導要領にあたるナショナル・カリキュラムの導入とその後の教育改革の中で，イギリスの学校現場は大きく変化してきた。教科書や各教科の配当授業時間数の規定がない学校教育制度では，各学校で児童生徒の実態に応じたカリキュラム開発が行われている。そこでは，「何を使ってどのように教えるか」という，教師のカリキュラム編成上の一定の裁量が認められているため，伝統的なトピック学習は，全国的なカリキュラム基準と評価制度と共存して機能している。

3節　ドイツ

1. スタンダード化した教育課程の基準

　国際学力調査（TIMSS 1995とPISA 2000）によって，いわゆる"学力ショック"に見舞われたドイツ。アメリカに次ぐ多数のノーベル賞受賞者を輩出してきたドイツであるが，自国の教育制度への自負がみごとなまでに打ち砕かれる結果となった。学力への信頼を回復するため，常設文部大臣会議（KMK）は，2002年にアクション・プログラム「7つの行動分野」を決議した（原田，2007）。このプログラムでは，おもに移民家庭を対象にする就学前段階からの言語能力の向上，読解力や数学・自然科学の基礎理解に関する改善，教育的に不利益な条件を負う子どもへの支援等，学力の向上と教育の機会均等の理念を両立させようとする政策が打ち出された。ここで注目されるのが，教育スタンダードに基づく授業の質保証である。

　一般に，学力低下に危機感を抱く世論が形成されると，教科別に配当された基礎的・基本的な知識・技能の徹底した習得をうながす施策に重点をおき，行為・活動をともなう知の実践化や統合化のための措置が後退すると考えられやすい。

　そもそも基礎・基本とは，back to the basicのように読・書・算（3 R's）を中心に指すこともあれば，エッセンシャリズムのように精選された教えるべき共通の指導事項を指すこともある。近年，ドイツにおいて導入された教育スタンダードでいえば，「児童生徒が特定学年までに獲得すべきコンピテンシーを定めたもの」と説明されている。教えるべき教育内容の精選もさることながら，各教科に共通する教科横断的な学力の枠組みを定めた上で，それぞれで育成する資質や能力を厳選し，その習得を図ることで学力の質を保証しようとしている。これについては，ドイツの小学校におい

て子どもの主体的な学習活動や身近な生活現実の解明を尊重してきた統合教科「事実教授」(Sachunterricht) も例外ではない。

　事実教授学会は，中核的な内容の枠組みと共通に身に付ける学力（コンピテンシー）を厳選した学会版スタンダードを2002年に公表し，現在に至るまで，各州の文部省はそのスタンダードに示された内容を学習指導要領に取り入れる動きをみせている。

　2008年3月に公示された日本の新学習指導要領では，総合的な学習の時間を通して育てようとする資質や能力及び態度の視点として，学習方法に関すること，自分自身に関すること，他者や社会とのかかわりに関することの3つが例示された。ドイツにおいてこれらに相当するのが，方法コンピテンシー，自己コンピテンシー，社会コンピテンシーである。本稿では，これらドイツのコンピテンシーの規定を参考に，総合的な学習の時間で育成する学力について考えることにする。

2. 教科横断的授業の要としての「事実教授」

　事実教授は，実生活・実社会の事象や現象を探究的に解明することを目標とし，小学校の第1学年から第4学年に設置されている。自然や技術，社会の内容を中核に地域や身近な素材を取り上げ，教科横断的授業（総合的学習）の要として，児童の現実生活をリアルに解明する行為志向の学習を大切にしてきた。このことは現行学習指導要領でも，「複数教科の内容や考え方，学習方法を相互に関連付け，包括的な理解にいたること」(MBJS u. a., 2004, S. 12) を重視する立場から，教科の枠を超えて授業内容を取り扱うことをくり返し求める記述がなされている。

　ドイツでは学力向上策を積極的に展開している。かといって教科内容を横断的・総合的に関連づける措置や教科横断的な力の育成を後退させたわけではない。このことは，ベルリン文部省の教育中期計画「学校開発計画2006-2011」でも次のように述べられている。「新しい小学校教授学は，児童と事象への方向づけにおいてバランスをとることを特徴にしており，各教科への細分化を避けるために教科発展的・関連的授業を取り入れる」(Senatsverwaltung für Bildung, Jugend und Sport, 2006, S. 52) とし，知のネットワーク化（知の総合化）を重要な教育課題にしている。学力の向上という場合の学力とは，学習者1人ひとりが習得した知を教科の枠を超えて実践的に活用することができる力を，すなわち現実の複雑な課題に対応する力や問題解決力の育成を含んでいるからである。

　教育スタンダードの導入後，かつてよりも明確に規定された点は，「児童は，ますます，自立的かつ自覚的に世界を調べ認識するための方法を活用するよう学習し，それにより方法のレパートリーを広げていく」(MBJS u. a., 2004, S. 22) としたところである。すなわち，「学習するための学習」など主体的学習のための形式知といわれてきたコンピテンシーの習熟を重視しているのである。

3. 各教科の枠を超えて育成するコンピテンシー

　コンピテンシーの意味については，ヴァイネルトの定義が参考になる。OECDのDeSeCo報告書『キー・コンピテンシー』(Rychen & Salganik, 2003／今西ら訳, 2006) でもしばしば引用される彼は，コンピテンシーを「所定の問題を解決するために，個々人が自在に操作でき，そして習得可能な認知的能力・技能であるとともに，多種多様な状況下での問題解決に効果的かつ十分に責任を自覚して役立てるために，その認知能力及び技能と結合した動機や意欲，社会性である」(Weinert, 2001, S. 27-28) と定義する。それは「習得した力を活用する，知識を入手する方法を得る，各教科の関連性を理解する，適切な行為を決定する，活動に際し技能を使いこなせる，経験と結び付けることができる」(BMBF, 2003, S. 74-75) などの資質・能力を指し，現実のさまざまな問題解決にいたるプロセスを想定した時，一段高次の学習活動に導いていく「めあて」として機能するものである。

　ドイツ各州の学習指導要領の多くにみられるのは，各教科に共通する枠組みとして上位概念に行為コンピテンシーを据え，それを事象コンピテンシー，方法コンピテンシー，社会コンピテンシー，自己コンピテンシーの4つのファクターに分類して示すやり方である。これらは，認識力や社会的な力，技能や行動習慣・態度の相互的な関係の中で構築される力であり，知的操作性の習熟を重視している。従来のように座学で教科書の内容を記憶させれば自然に身に付くとは考えられていない。授業内容を学習者の必然的な学びの文脈やシチュエーション，蓄積された学習ソース（既習知・既有経験などの学習資源）と結び付けて行われる，知的な営みを通して育むものである。「行為コンピテンシー」とは，教科の枠を超えてこの学習ソースを試行錯誤しながら自ら活用するなかで育成される。問題解決の過程で主体的に知識・技能を活用することによって，学習者に知のネットワークが形成されると考えられている。

　以下，行為コンピテンシーの各ファクターの枠組みを示しておきたい。

4. コンピテンシー・ファクター

　上記4つのコンピテンシー・ファクターは，「事実教授」ではその固有の視点からどのように規定されているのだろうか (MBJS u. a., 2004, S. 17-18)。

　第1の事象コンピテンシーは，「社会と自然・技術の現象の理解」を前提に，以下のような資質・能力の育成を「めあて」にする。民主主義や権利に関するルール，人権の理念を理解し，適切な行動がとれるようになること。空間に関するさまざまな体験をもとに自然現象について物理や化学や生物学の説明を頼りに理解すること。時間の観念を発達させ，人の営みによってつくられ変えられていく生活の諸条件が説明できるようになること。技術の基礎知識，作用と条件の関連性，技術知識の活用，技術を用いたことの結末について批判的に向かい合う姿勢を身に付けること。また，メディアで提供された情報を活用し，判断力や自分で情報を提供する力を育成することで

ある。社会生活を営む上での基本的なルールの理解と行動様式の習得，自然現象や技術等の理解がおもなものである。

事象コンピテンシーが活用的な知識理解を主とするのに対し，第2の方法コンピテンシーは，学習技能やものの見方・考え方の習得・活用に重点をおく。これらの力については，対象や状況に応じて戦略的に使いこなせるかどうかという実践的活用性を重視し，特定の教材にしか使用できない，パターン化された操作知の獲得を目指しているのではない。

方法コンピテンシーとして例示されているのは，①参考資料等を使って情報を集め，精査（整理・分析）し，実際に調査すること，②問題解決までの見通しを立て，事実に基づいて立証していくこと，③追究対象による違いや類似点，共通点を見いだすため，細目を列挙したり一般化したりすること，④自然や社会の現象を観察・記録・分析し，判断すること，⑤身に付けた基礎技術を活用し，簡単なものを計画・制作すること，⑥学習結果をプレゼンテーションで発表すること，などである。観察やインタビュー，実際に対象に働きかけてえられた認識を通して，自分と社会との関連性を解明する力や，課題設定の仕方や仮説の立て方，実験や試行を通して結論を導き出す力を育成していく。

第3の社会コンピテンシーは，他者を尊重し，責任ある行動をとる態度を育成するものである。自分自身と身のまわりの環境に責任をもち，そのことを自分で確かめたり他者と確認しあったりする経験をすること，共同体としての結びつきの体験をすること，人の多様性に気づき，他者と寛容の心をもって交わること，他者（異性）を十分に理解してつき合うために人の身体に関する知識とつなげて考えられること，女の子と男の子の間で異なる興味や考え方，役割意識と対峙し，互いに認め合えること，などである。ある歴史的な出来事についてその時代の社会条件を理解するために，視点を転換させてものごとをとらえることができること，他者の問題を扱う時に，その当事者の考えを踏まえられること，他者とコミュニケーションをとる時に事実に基づいて説明する姿勢をとることなどを具体的にあげている。

第4の自己コンピテンシーについては，自ら気付き，自己を制御したり動機づけたりして，自己の能力への自信を深めることである。自らが拠って立つ価値尺度を発達させ，その正当性や共同体に対する自らの意味を経験すること，自分の状況と重ね合わせて歴史上の出来事を省察すること，年齢相応に環境にやさしい行動がとれること，自然科学的な関連性を解明し，問題解決を探究すること，生活を豊かにする技術を経験すると同時に，技術のネガティブな作用についても反省的にとらえられることなどが，そのおもなものである。

5. 事実教授のスタンダード

以上のようなコンピテンシーは，事実教授のスタンダード（学習指導要領）に定め

られた7つのテーマ領域の学習を通して育成を図っていく。それは，①「自分に気付く」，②「いっしょに生活する」，③「自然現象を解明する」，④「空間を発見する」，⑤「時間と歴史を理解する」，⑥「技術を把握する」，⑦「メディアを利用する」である。

テーマ領域として示された単元の枠組みは，従前の学習指導要領とほとんど変わらない。スタンダードの考え方を導入して以後大きく変化したのは，その単元を通して育成するコンピテンシーを明確に定めたところである。

「いっしょに生活する」のテーマ領域では，学習活動を通して次のような資質・能力を育むことが期待されている（MBJS u. a., 2004, S. 19）。

○自国と他国におけるさまざまな共生のあり方を具現する。
○自他および環境への責任を自覚し，民主的な決定に参加する。
○消費欲や消費行動に影響を及ぼす諸要因を分析する。
○グローバル化する生産の例をあげ，行き着く先の結論を説明することができる。
○家族，クラス，学校において共同生活する場合の権利を明らかにし，それに付随する義務を守る。
○争いの原因を取り上げ，争いを制御する方策を用い，さまざまに起こりうる暴力を認識し，適切に対処する。

単元水準で具体化されたコンピテンシーは，育てようとする資質や能力を指す一方，単元内容を通して学ぶことが期待される教育的価値や規範となる行動を明示している。これは，単元活動を通して子どもに学ばせたい学習事項のことであり，より高次の学習に導いていく「めあて」（目指す旗印）として機能することが期待されている。ドイツの学習指導要領には，こうしたコンピテンシーが2学年ごとに示され，学校段階間の接続も図られている。

6．おわりに

最後に，事実教授学会版スタンダードに示された「空気」のテーマを例に，内容と経験の連関性について述べておきたい（Gesellschaft für Didaktik des Sachunterrichts, 2002）。

内容の連関性については，児童が空気のテーマと対峙する時，空気がある場所を占めていること，抵抗の原因となっていること，重量があること，温めると膨張することを発見する。これが物理の視点である。次に，空気には酸素が含まれていること，私たちの呼吸及び燃焼過程や酸化の過程において空気が大切な役割を果たしていることを学びとる。これが化学と生物の視点である。そして，空気の汚染が環境に害を及ぼす影響を与えることは，エコロジーの視点である。

経験の連関性については，観察や実験や測定を通して，空気が全体として底知れぬ

重さを有していること，地球上のすべての対象に大きな圧力をかけていることを，児童は経験する。これが物理の視点である。そして，この気圧を人は食物を瓶詰めにして保存するために利用していること（家庭科の視点），気圧の変化が天気に作用していること（気象学や技術の視点）も経験する。ピーナッツ・クリームが入った真空パックを開けたときの膨張など，日常生活の諸現象から理解が可能になるという。

17世紀にマグデブルク市長ゲーリッケが，水気圧計の実験を通して歴史上初となる天気予報を行った史実は，いかに人類が自然の法則性を探究し，新たな知識の構築をなしたかを示すものである。これは，歴史的な視点である。

以上のようにドイツの小学校教育では，テーマを多面的・多角的に探究する学習活動を通して知のネットワークを張り巡らせるとともに，各教科を横断してコンピテンシーを累積的に育成することを重視している。

4節 フランス

1. はじめに

フランスの初等・中等教育は，小学校5年，中学校4年，高校3年の単線型システムを採用しており，義務就学は満16歳までである。近年少しずつ修正されつつあるものの，教育政策・制度は全般的に中央集権的である。第2次大戦後，初等教育においては，児童中心主義などの影響で，系統化された教科の枠組を取り払って大領域を導入し活動中心のカリキュラムを据えたり，旧来の教科を児童の関心と発達段階を踏まえた学習課題を軸にした教科に再編したりするなど，固定的な枠組を打破する試みがつづいている。対して中等教育では，それが歴史的にみてエリート階層の専有物であったという経緯や，教科の専門家として育成されてくる教員がその枠組を堅守する傾向が強いことなどにより，教育課程の柔軟化や総合化，教育方法の新基軸が試みられることはほとんどなかった。しかし，中等教育が大衆化されたことに加え，社会構造や知のありかたの流動化，従来型の教科教育の行きづまりと生徒たちの学習意欲・学力の後退といった先進国に共通する事情，さらには移民子弟の増加に伴うと一般には説明される青少年たちの逸脱の社会問題化などが，初等・中等教育全体における新たな取組を要請した。1990年代以降，試行錯誤を経ながらではあるが，総合的な教育活動への模索がつづいている。本稿では特に中等教育（中学校・高校）での取組について論述することとする。

2. 中学校：発見の過程（IDD）

フランスは1995年から複数学年をサイクル（cycle）として包括的に扱い，教育課程や教育活動を長期的な視野で運用するようになっている。中学校の4年間は，1年生（フランスでは第6学年）＝適応サイクル，2・3年生（第4・第5学年）＝中間サ

イクル，4年生＝進路決定サイクルに分けられる。このサイクル実施と同時に，学習方法の改善を図るため教科横断的なテーマ学習の実践に取り組まれることとされたが，前述のような古い体質からの脱却はむずかしく，授業実践における個々の教員の裁量が非常に大きいこともあって，実際には空文化していた。この折の取組は，直訳すれば「多様化された道筋」とよぶものである。その後，社会党内閣の下で中等教育改革に意欲的だったアレーグル教育相，ロワイヤル副教育相のコンビが教育内容の改良を強く推進したこともあり，「多様化された道筋」は複数教科を交差させる「横断的学習」へと改編され，時数を確保した上で必修化された。

現行の枠組である「発見の過程」（itinéraires de découverte: IDD）は，2002年4月の通達により，翌年にかけ学年進行的に，中間サイクル（2・3年生）に導入されることが定められた。

中間サイクルの段階（飛び級や落第がないとすれば満13・14歳）は，心身の発達が顕著な時期であり，進路決定を見据えた学習の必要性が生じることもあって，その学習内容に細心の注意が払われなければならない。この時期の取り組み方によっては，生徒自身が学校での学習に主体的な意味を見いだし，自ら課題に向き合うことが可能になる。IDDは，カリキュラムの原理として教科横断性（interdisciplinarité）を採用し，生徒たちに実際的で問題意識をもちやすいテーマとの出会いをうながし，教育方法としてはプロジェクト学習（projet）を採って，生徒自身の計画・実行と教員チームによる支援，形成的評価を通した学習上の自律性の獲得にねらいを置く。

IDDの配当時数は年間72時間，週あたり2時間と定められている。教育課程上，教科に「外付け」されている日本の総合的な学習の時間とは異なり，2つの教科との接続が義務づけられている。このために教科のもち時間が減るというのではなく，逆にIDDとの接続によって教科自体の時数を拡張することも可能とされる（表6-5）。教科とIDDの関係は相補的なものとされ，教科において学んだ内容を生徒たちが主体的に深め，IDDで取り組んだことを教科学習にフィードバックすることができる。系統化が進んで，ともすれば学習の意味を見いだしがたくなっていた教科の再生という期待も含んだ措置といえよう。「教科の専門家」である教員は，互いに連携し，生徒たちの学習活動を計画的に支援する。

IDDにおいては，4つのテーマ領域という大きな枠組の設定が必須である。それは，「自然と人体」「芸術と人間性」「言語と文明」「創造と技術」である。この領域をもとに，より具体的で実際的なテーマをアレンジするのは各学校及び教員チームの役割とされる。そこでは，教科横断的であること，分野のかたよりがないこと，学習目標が具体的かつ適切であること，生徒がその中で自分の嗜好や適性を確認できるようなものであることが求められる。2つの教科との接続は，ときにそれぞれの内容を単純に並列することで終わりかねないが，IDDでは個別の知識・スキルの習得ではなく，そこに通底する論理やビジョンへと生徒を導くことが重要であるとされる。

表 6-5　中学校中間サイクルの教育課程

学習領域	2年生（第5学年） 週の配当時数（共通）	2年生（第5学年） IDDとの接続により可能な時数	3年生（第4学年） 週の配当時数（共通）	3年生（第4学年） IDDとの接続により可能な時数
○必修の教育活動				
フランス語	4h	5h	4h	5h
数学	3.5h	4.5h	3.5h	4.5h
第1現代外国語	3h	4h	3h	4h
第2現代外国語			3h	
歴史・地理・公民教育	3h	4h	3h	4h
科学・技術				
生命と地球の科学	1.5h	2.5h	1.5h	2.5h
物理と化学	1.5h	2.5h	1.5h	2.5h
技術	1.5h	2.5h	1.5h	2.5h
芸術教育				
美術	1h	2h	1h	2h
音楽教育	1h	2h	1h	2h
身体・スポーツ教育	3h	4h	3h	4h
学校裁量の時間	0.5h		0.5h	
○随意の教育活動				
ラテン語	2h		2h	
地域言語			3h	
○学級活動の時間	学年ごとに年10h			

（フランス国民教育省公式サイト　http://www.education.gouv.fr/cid80/horaires-par-cycle.html より）

　生徒は，自分の意思で学習主題を選択する。4つのテーマ領域のうちから2学年で少なくとも2つを選択することが必須で，少人数のグループにわかれ，教員の支援を受けながら探究的に学習する。中学生の主体的な活動であるから，試行錯誤や失敗はつきものであるが，そのプロセスこそが「発見の過程」である。何よりも自ら主題を「選択」したことの意味が，結果や責任を伴って体感されよう。そのことは，この年代に必要な自律性の獲得に大きくかかわってくるものであり，中等教育の重大な使命とされる進路への教育の一環をなすものでもある。過程全体を通して自己の能力・適性や関心に気づき，それを生かす道筋と出会えるからである。
　学習活動は，最終成果物というかたちでまとめられる。その作成と報告は，自発性，適切な支援要請，スケジュール管理，ねばり強さ，選択能力，聴衆を前にした口頭発表の方法など，IDD自体の目的にかかわって，重要な教育的意味をもつことになる。

3. 高校：指導付個人学習（TPE）

　高校における取組も中学校のIDDと同様の背景をもち，学習のパターンや原理も類似しているが，学習内容がより高度化すること，その評価が高校修了資格試験バカロレアに算入されることに特色がある。

表 6-6　2008-2009，2009-2010年度のTPEの学習テーマ一覧

経済・社会コース	文学コース	科学コース	
		生命・地球の科学選択	エンジニアリング科学選択
人間と自然 拘束と自由	人間と自然 拘束と自由	人間と自然 拘束と自由	人間と自然 拘束と自由
企業とその地域戦略 権力と社会 家族 消費	イマージュ 現実，表象 作品とテクニック 権力の形態の相貌	モデル，モデル化 科学者と科学，昨日と今日 環境と進歩 科学的発展と技術的実現	モデル，モデル化 エンジニアリングと科学：共有された歴史 環境と進歩 科学的発展と技術的実現

(2008年6月19日の通達　http://www.education.gouv.fr/bo/2008/25/MENE0800484N.htm より)

　高校に設けられた教科横断的な学習は，Travaux Personnels Encadrés（TPE）と称する。筆者は「指導付個人学習」と表現しているが，より直訳的に言えば「統率された個人的学習」となろう。2～4人の生徒が，複数（少なくとも2つ以上）の教科にまたがった主題を選んで探求的な学習活動をおこなうもので，関連教科の教員が支援・指導する。中学校のIDD以上に生徒の高い自立（律）性が要求される活動である。

　小グループを組んだ生徒は，全国共通のテーマ領域（表6-6）から関心のあるものを選び，教員の指導の下でそれをさらに具体的な主題にしていくが，学習主題の設定それ自体がTPEの重要な学習活動の一環である。中学校では教科横断性という表現が用いられているが，高校では多元的領域性（multidisciplinarité）という語が併用され，複雑で多様な人間・社会・自然に対するマルチなアプローチが意図される。TPEは，高校1年生（フランスの呼び方では第2学年）の全員に必修で課され，その評価はバカロレアの事前試験に組み入れられる（ただし平均以下の場合には算入が見送られる）。このため，テーマ領域もバカロレアのコースごとに設定されている。

　TPEの学習目標は，教科のそれと矛盾・対立するものではない。教科の目標が示しているものに対して多様な視野とアプローチで取り組むものであり，その過程は生徒たちの人間・社会・自然に対する知的思考の深さにつながるものとなろう。また，学習活動を通じて，自己の能力・適性をそれまで以上に確認し深めることにもなるし，進路決定において新たな可能性をみることにもなりうる。そこにおける主題の選択，共同作業，文献検索，討論，発表（口頭発表，論文，パネル，ウェブサイトなど）といった活動は，生徒たちの学習スキルを高めるだけでなく，社会生活および職業上のスキルを準備するものでもある。

4. 問題点と課題

　日本の総合的な学習の時間と比較してみると，フランスの中等教育での取組には，体験というよりは知的なものへのこだわりがあるように見える。学校教育の目的の根幹に知の伝達ということが厳然として据えられているのである。しかし，欧州ないし

地球全体を巻き込む大きな変化が作用し、特に中等教育では市民性の育成や職業準備といった面を重視せざるをえなくなっていて、それが新たな取組をうながしているのも事実である。

　ただ、それが定着して効果をあげるようになるには、なお曲折が予想される。生徒の側では、十分な問題意識を獲得できないまま「主体」的な活動に従事させられ、振り回されただけで何も身に付かないといった現象が指摘される。教員の側も、知識を伝える専門家としての立場からアドバイザーないし資料係としての役割への切り替えが予想以上に困難であるという。また従来、フランスの中等教員の業務はほぼ教科指導に集約されていたが、準備・調整・個別指導などそれ以外の勤務時間が大幅に増えてしまい、自治体や学校が超過分の手当てを増やさなければならなくなってきた。フランスの教育は集権的ではあるが、一方で各学校や教員の裁量権もかなり許容されるため、「必修」ではあっても実際にはおこなわないケースが多くなっている。中学校のIDDについては、2004年1月の通達で「他の支援方法」による代替措置が可能であるとされ、それを根拠に実施を見送るところが多くなった。

　今後さまざまな修正や改善は避けられないと思われるが、21世紀型の総合的な教育活動自体が歩みを止めることはないであろう。心身の面でも社会的にも大人への飛躍を支える中等教育では、初等以上に学習の意義を生徒自身が了解し、その成果を真に内面化する必要があるからである。伝統的に、学校や公教育に「社会づくり」を期待するコンセンサスが、フランスにはある。新しい教育活動への取組もまた、21世紀の新しい社会を創造するという大きな視野のもとでとらえなおす必要があるだろう。

5節　フィンランド

1. はじめに

　今や、「学力世界一」とも称されるフィンランド。書店には、「フィンランドの」と冠された教育書が並び、フィンランドの教育に関する情報が、マスメディアに氾濫する——。10年前にはまったく予想されなかった状況が今、日本のそして世界の教育界の中で生まれている。

　さまざまなメディアが紹介するフィンランドの教育の「姿」は、まるで、日本の現状の写し鏡にも見える。なぜなら、その多くは、日本が抱える問題を解決するためのヒントを探すかのように提示されているからである。

　その中には、もちろん、近年、日本で大きな議論を呼んでいる総合的な学習に関するものも含まれる。もともと、「図画と歴史を合わせたような授業でエジプトについて勉強する」「物理と化学と健康教育を合わせたような授業で薬物とアルコールについて勉強する」といったような、合科学習の手法を用いた授業実践が広く行われてきたこともあり、「フィンランドでは総合学習的な学習のあり方が一般的である」

という理解に基づく説明や紹介がなされている。

そこで，本稿では，そうした情報の基盤にあるもの，すなわち，これらがカリキュラム上，どのように位置づけられ，提供されているのか，という点から，フィンランドにおける総合的な学習の状況について明らかにしたい。

2．フィンランドにおける「総合的な学習」

フィンランドにおいて，「総合的な学習」に相当するのは，「教科横断的テーマ (Aihekokonaisuudet)」あるいは「統合的・教科横断的テーマ (Eheyttäminen ja aihekokonaisuudet)」とよばれるものである。これは，その名の通り，教科を超えて扱われることをあらかじめ企図して設定された学習テーマである。そのため，カリキュラム上，教科としては扱われておらず，国レベルの授業時間数の規定においても，時間数は設定されていない。

この背景には，その運営のあり方を，自治体や学校など，現場により近いところに委ねていることがある。教科横断的テーマの位置づけは，現行のカリキュラムにおいて，「さまざまな教科において，各教科の特性と子どもの発達段階に応じた方法」で実施されるものであり，「カリキュラムを編成する際に，各教科や行事などの内容に含めるなど，学校の運営方針として示されるべきものである」と規定されているように，「学習へのアプローチ方法」としての緩やかなものである。そのため，これを特定の「科目」や「時間」を設定して実施するか，既存の教科や日常の学校生活の中に落とし込んで実施するかは，国のカリキュラムに基づき，詳細な教育内容を決める立場にある自治体や学校などの裁量とされているのである。実際，国のカリキュラムも，「複数の教科で連携して，テーマとして，あるいはプロジェクトとして」実施することも，自治体や学校の裁量で「選択科目として」時間を設定して実施することも可能と規定している (Opetushallitus, 2000)。

3．教科横断的テーマ導入の目的と背景

教科横断的テーマが導入された背景には，まず，社会が変化するスピードが加速化する中で，「環境の変化に学校が迅速に対応することを可能にする」(Opetushallitus, 1994) 機能を担うことが期待されていることがある。このことは，設定されているテーマの多くが，学際的で，現代的課題と結びついたものであることにも現れている。

さらに，1994年のカリキュラム改訂時に，カリキュラム観の転換がおこなわれたことも要因の1つとしてあげられるだろう。これは，「中央集権的で，教科中心主義的で，合理主義的な系統主義モデル」から「子ども中心で，現場志向の」経験主義モデルへの転換である (Nevalainen et al., 2001; Rauste-von Wright & von Wright, 1995; Nikkanen & Lyytinen, 1996)。こうした変化が，教科横断的テーマという，教科とは異なる新たな教授・学習活動上の単位（区分）を，カリキュラムにおいて設定

することにつながったのである。

4. カリキュラムの内容

では，カリキュラムにおいて，教科横断的テーマの内容は，どのように記述されているのだろうか。

導入当初の1994年のカリキュラムでは，教科横断的テーマの位置づけについて触れた上で，具体的なテーマをあげ，その内容と目的を記している。こうした構成は，現行のカリキュラムにおいても踏襲されているが，その内容がより詳細になっていること，さらに，目標が「児童・生徒が〜するようになる」という形つまりは，学習者を主語としてめざすべき姿として示されていることなどにおいて，変化がみられる。

しかし，新カリキュラムにおける最大の変更点とされている「到達目標」が，教科横断的テーマには記されていない。これは，教科横断的テーマが教科として位置づけられないことや，それゆえに，標準化された成績評価基準としての側面をもつ「到達目標」（4〜10の7段階で行われる成績評価の「8」相当に設定されている）を設定する必要性がないことなどによるものと考えられる。

5. 教科横断的テーマの内容

次の表6-7は，1994年及び2004年のカリキュラムにおいて取りあげられた教科横断的テーマの具体的な内容とその目的をまとめたものである。

1994年のカリキュラムでは，国際理解教育，消費者教育，交通安全教育，家族教育，健康教育，情報通信技術，メディア教育，環境教育，起業家教育というトピックが，2004年のカリキュラムでは，人としての成長，文化的アイデンティティと国際性，コミュニケーションとメディア・リテラシー，参加的市民性と起業家精神，環境・福祉・持続可能な未来への責任，安心と交通安全，人間と科学技術というトピックがそれぞれ取りあげられている。

1994年と2004年のカリキュラムを比較すると，①「教科横断的テーマ」から「統合的・教科横断的テーマ」へと，その名称が一部変更された点，②テーマの数が9から7へと減少した点など，若干の変更が見られるが，内容については，基本的に大きな変化は見られない。

6. おわりに

教科横断的テーマとして設定されているトピックは，いずれも，1990年代以降，学校教育が新たに直面することとなった教育的課題である。国のカリキュラムは，具体的なテーマを設定する一方，自治体や学校が新規にトピックを開発することも認めている。こうしたことから，教科横断的テーマが，既存の教科では，十分には対応できない内容を取り扱うと同時に，各自治体や学校の実情に応じた教育実践を実施する

表 6-7 カリキュラムにおいて取りあげられた教科横断的テーマおよびその目的（Opetushallitus, 1994; 2004）

1994年カリキュラム	2004年カリキュラム
国際理解教育 異文化に対する知識と理解を深めること，すべての人の尊厳と人権を保障すること，平和を構築すること，世界の富の公正な分配を行うこと，持続可能な開発を促進すること目的とする	文化的アイデンティティと国際性 子どもたちが，フィンランドおよびヨーロッパの文化的アイデンティティの本質を理解し，自身のアイデンティティを確立すること，異文化理解と国際化を促進することを目的とする
環境教育 生物の多様性を保持し，持続可能な開発を推進するために，子どもたちの環境に対する価値や意識を涵養し，責任をもった行動をとることができるよう導くことを目的とする	環境・福祉・持続可能な未来への責任 環境と人類の幸福のために行動し，持続可能な未来のために貢献できる市民を育成することを目的とする
消費者教育 知識と分別をもった消費者になるよう，授業や学校生活を通じて，消費者としての判断を導く要因や，選択の結果が自分の人生や環境に与える影響について，批判的に検討する力を育むことを目的とする	
交通安全教育 交通安全に関するルールや，安全を確保するための知識や技術，さらには，乗り物が自然や，経済，雇用に与える影響について学ぶことを目的とする	安心と交通安全 子どもたちが身体的・精神的・社会的視点から安心と安全について理解することを促し，責任をもって行動するよう導くことを目的とする
健康教育 健康を維持・促進するための基本的な知識と技能，能力を身に付け，健康増進に努める態度を育てることを目的とする	
家族教育 青少年の成長を支援し，家族生活の基盤をつくることを目的とする	人としての成長 子どもたちの全人的な発達およびライフ・マネジメントに必要な技能の発達を支援していくことを目的とする
情報通信技術 コンピュータや基本的なプログラムを使用するための基礎知識と新しい知識や情報を獲得する手段を身に付けさせること，および，コンピュータを使うことに対する興味関心を育むことを目的とする	人間と科学技術 子どもたちに，科学技術と人間の関係性および日常生活における科学技術の重要性を理解させることを目的とする（機材や設備等の操作方法等から，これらにかかわる倫理的・道徳的問題までを含む）
メディア教育 創造性教育やメディア教育を行うことを目的とする（マスメディアに関する教育もその一部であるが，その中核をなすのは，母語と芸術系の教科や，外国語や音楽，歴史，公民などの関連教科である）	コミュニケーションとメディア・リテラシー 表現力や対話力を高めること，メディアの位置づけと重要性に関する認識を深めること，メディア・リテラシーを高めることを目的とする
起業家教育 起業家精神の出発点である，主体性，創造性，根気などを育むことを目的とする	参加的市民性と起業家精神 社会を構成するさまざまな主体の役割を認識し，市民として活動するために必要なコンピテンシーと起業家精神を身に付けることを目的とする

ための受け皿ともなっていることがわかる。

近年，自治体や学校が，既定の，あるいは新規に開発したトピックを活用して，特殊化・個性化に活用する事例も出てきている。実際，起業家教育や，メディア・リテラシー教育など，先駆的な事例として，海外などにも紹介されているものも少なくない。

一連の取組は，1990年代の教育改革により進められた現場への権限委譲，さらには，それにより導入され，浸透しつつある学校を基盤とするカリキュラムの開発の進展とともに，現場に根づきつつある。

6節　韓国

1. 教育課程（学習指導要領）における位置づけ

韓国の学校教育の基本は，日本の学習指導要領に相当する「教育課程」に記載される。現在は1997年に改訂された「第7次教育課程」が実施される一方で，7度目の改訂にあたる「2007年改訂教育課程」が明らかにされ，実施の準備段階にある。そのため，ここでは，まず第7次教育課程に基づき，日本の「総合的な学習の時間」に相当する「裁量活動」の特徴について考察する。その上で「2007年改訂教育課程」における改訂内容を紹介する。さらに，学校現場での実践例として，2つの中学校の裁量活動を紹介することを通じて，総合的な学習の新たな展開への課題を提起したい。

(1) 第7次教育課程における裁量活動

①時間配分の特徴

「第7次教育課程」は国民共通基本教育課程と高等学校選択中心課程から構成され，国民共通基本教育課程は初等学校6学年，中学校3学年，高等学校1学年の計10年間で編成，運営される。その内容は教科，裁量活動，特別活動で構成され，上述したように，裁量活動が総合的な学習の時間に対応する。

まず裁量活動に配当される時間数を紹介しよう。韓国は年間34週が基準だが，初

図6-1　創意的裁量活動「命を育む」より

表 6-8　裁量活動に配当される時間数

学年区分	初等学校						中学校			高等学校		
	1	2	3	4	5	6	7	8	9	10	11	12
裁量活動	60	68	68	68	68	68	136	136	136	204	選択科目	

等学校では1学年から実施され，配当時間は1学年が60時間，2学年以上が68時間と日本より少ない（表6-8）。

ただし，1・2学年では，入学直後に「私たちは1年生」（8時間），その後は「賢い生活」（理科＋社会），「楽しい生活」（音楽＋図工），「正しい生活」（道徳），あわせて4種の統合活動が実施される。低学年における総合性と体験・活動の重視は，日本以上ともみなせる。

中学校は各学年共通に136時間，高等学校は国民共通基本教育課程の最終学年になる1学年に204時間が配当される。したがって，中学・高校の裁量活動は，日本の総合的な学習よりも時間数が多いが，より明確な相違点は，活動内容と時間配分の構成基準が教育課程に明記されていることである。

②構成上の特徴

韓国の裁量活動は「教科裁量活動」と「創意的裁量活動」という性格の異なる2つの活動によって構成され，その位置づけも学校段階で異なる。教科裁量活動は「国民共通基本教科の深化・補充学習」と「選択科目学習」に分けられるが，選択科目は中学・高校の教育課程であって初等学校にはない。

初等学校では「教科の深化・補充学習」よりも児童の「自己主導的学習能力」を促進させる創意的裁量活動の重視が教育課程に明記される。また，「主題探求，小集団共同研究，学習方法の学習，統合的教科横断的学習など，多様な教育プログラムを学校と教師，児童の要求と必要にしたがって編成し，選択的に運営する」とも記載される。初等学校の裁量活動は日本の総合的な学習と類似した実践を志向しているといえよう。

他方，中学校では教科裁量活動が重視され，136時間中102時間（週4）が充てられ，創意的裁量活動には34時間（週1）である。教科裁量活動は，その名称が示唆するように，学習活動としては通常の教科学習の延長にある。加えて，ここでも日本と異なり，扱い方が明記される。すなわち，選択科目として，「漢文，コンピュータ，環境，生活外国語（ドイツ語，フランス語，スペイン語，中国語，日本語，ロシア語，アラブ語）」が示され，この学習に時間配分を優先し，余った時間を国民共通基本教科の深化・補充学習の当てることが求められる。

さらに，創意的裁量活動においても，初等学校と異なり，子どもたちの自由な活動を求める「自己主導的学習」にかわって，「学校の独特な教育的必要，学生の要求」に対応した教科横断的内容の教育を意味する「汎教（범교）」が重視される。

高等学校では，教科裁量活動の年間履修単位数を10単位にして，国民共通基本教科の深化・補充学習に4～6単位，選択中心教育課程の選択科目に4～6単位を充てることが明記される。さらに，創意的裁量活動も含めて，生徒の適性と進路を考慮することから，11・12学年（高校2・3学年）の選択中心教育課程との連携を求めている。

(2) 2007年改訂教育課程での位置づけ
①時間配分の変化
　10年にわたる第7次教育課程の実施を踏まえて発表された2007年改訂教育課程の裁量活動おける最も明確な変化は，次の表6-9が示すように，時間配当の減少である。
　初等学校は第7次教育課程と同一だが，中学校は136時間から102時間に，高等学校は204時間から102時間に減少した。その理由は明記されないが，2007年改訂は学校週5日制全面実施が前提のため，総時間数の減少を裁量活動の時間数削減で対処したことが想定できる。日本と同様に，教科学習という意味での学力重視への転換を反映した改訂ともみなせる。
　ただし，韓国の場合は，より高度な学習を意味する「深化学習」よりも「能力と適正，進路を考慮し，教育内容と方法を多様化」することを目的にした，「水準別教育課程」を重視する改訂内容になっている。この点は，裁量活動の各学校段階の構成上の改訂部分においても確認できる。

②構成上の変化
　2007年教育課程は，裁量活動が教科裁量活動と創意的裁量活動で構成される点は第7次教育課程と同じである。ただし，そのことを明記した部分のあとに，「裁量活動の領域別履修時間（単位）数は，学校が市・道教育庁の指針に従い，編成する」との文が加えられた。第7次教育課程においても，裁量活動は全国一律ではなく，市・道教育庁の方針にしたがって実施されてきた。この方向をより明確にするものといえよう。
　この点を代表に，2007年改訂教育課程の裁量活動に関する記述内容から，10年間の実施に基づいて学習のありかたをより明確にする意図が読み取れる。例えば，初等学校では「創意的裁量活動として運営」と明記される。他方，中学校では「選択科目学習時間に中心をおいて運営」が，また高等学校でも「選択中心教育課程の選択科目学習，または国民共通基本教科の深化・補充学習として運営」が明記される。初等学校は子どもたちの学習への意欲や態度を培う自由な活動を，中学校は時代の変化が求

表6-9　時間配当の変化

学年 学年区分	初等学校						中学校			高等学校		
	1	2	3	4	5	6	7	8	9	10	11	12
裁量活動	60	68	68	68	68	68	102	102	102	102	選択科目	

める新たな教育課題の学習，高等学校は実質的に既存科目の補充にと，裁量活動の目的が実態にそうかたちで明確にされたといえよう。
　その意味で，日本の総合的な学習との比較で類似しているのは，初等学校のみになったかに見える。だが実際に個別中学校で実施される教育課程運営計画や活動実践をみると，むしろ中学校の裁量活動にこそ，日本の総合的な学習が参考にすべき課題を見いだすことができる。

2. 公立中学校の実践にみる裁量活動の特徴：大田市立ドゥリ中学校の学校教育課程運営計画から

①裁量活動時間配当表と選択科目学年別クラス編成表

　まず，大田市立ドゥリ中学校の2007年度『学校教育課程運営計画』から裁量活動の時間配当表を紹介しよう（表6-10）。

　ドゥリ中学校は，2006年度に開校し，2007年度は2学年のみだが，裁量活動は前節で確認したように，教科裁量活動に102時間，創意的裁量活動に34時間配当されている。また教科裁量活動には選択科目に34時間，基本教科深化・補充活動に68時間が，創意的裁量活動には教科横断的な汎教に24時間，自己主導的学習に10時間があてられる。

　選択科目は，次の学年別編成表にあるように，日本語3クラス，漢文4クラスが用意される。生徒は日本語と漢文のいずれか1つを選択し，毎週1時間，クラス単位で学習する（表6-11）。

　国民共通基本教科の深化・補充学習では，1年生には英語が必修，科学と道徳が選択で，2年生には国語と英語が必修として用意される。これらの学習は各教科の時間割と統合して，学級単位に水準別（深化と補充）グループ編成により行われる。

表6-10　裁量活動時間配当表（大田市立ドゥリ中学校，2007年度『学校教育課程運営計画』を一部改変）

区分	教科裁量活動		創意的裁量活動	
	選択科目学習	国民共通基本教科深化・補充	教科横断的学習「汎教(범교)」	自己主導的学習
配当時間	102時間		34時間	
	34時間	68時間	24時間	10時間

表6-11　選択科目学年別クラス編成表

学年＼学級	1	2	3	4	5	6	7
1	日本語	日本語	日本語	漢文	漢文	漢文	漢文
2	日本語	日本語	日本語	漢文	漢文	漢文	漢文
3	・	・	・	・	・	・	・

②創意的裁量活動編成表と担当教師

次に，創意的裁量活動の編成表を紹介しよう（表6-12）。

教科横断的な汎教は，1年生対象に性教育，人性教育，進路教育，2年生対象に環境教育，安全教育，統一教育が準備され，それぞれ8時間が充てられる。教材には，学校で作成したものと大田市教育庁による指導資料が用意される。また，自己主導的学習としては，個人別または小集団単位に独自の課題に基づく学習活動が想定されている。そしてこれらは，学級単位に実施されるが，指導は担任ではなく裁量活動を専門に担当する教員が行う。ドゥリ中学校では選択教科漢文の専任教員が担当する。選択教科日本語は，国史教育が専門だが日本留学経験と日本語教育資格をもつ教頭が担当している。

このようにドゥリ中学校の創意的裁量活動は，教科裁量活動と同様に，学習形態では通常の教科と重なる部分が多い。だが学習内容では，専任教員もしくは高い能力と資格をもった教員とともに選択科目が配置されていることに注目したい。時代の変化に即応するための教科横断的学習においても，テーマと教材が明確にされ専任の指導教員がいることを重視したい。これらは，子どもたちが生きる現在と未来の要請に応えるために，既存教科の枠組みを超える学習実践の具体化に必要不可欠な条件として評価すべきと考える。

③大田市立外三中学校の創意的活動「命を育む」から

裁量活動の豊かな可能性を示すユニークな実践を紹介しよう。大田市立外三中学校の創意的裁量活動「命を育む」である。

「1人が1つの命（生命体）を育てる」ことにより，命の尊さを理解し，動植物だけではなくまわりにあるすべてのものに，愛情と配慮の心をもつようになることが活動の目的である。新学期に活動の仕方を指導し，次のような順序で進められる。

①生徒1人ひとりが自分で育てる植物や動物を学校にもってきて，夏休み・冬休み以外は教室の中で育てる。
②生命体（動植物）の特徴を調べ，対話録を作成する。

表6-12　創意的裁量活動編成表

領域区分	プログラム名			時間配当	時間運営	教材	備考
	1学年	2学年	3学年				
汎教 科 （教科横断的学習）	性教育（性暴力予防教育含む）	環境教育		8	24　定時制	学校作成 中学校創意的裁量活動指導資料	
	人性教育	安全教育		8			
	進路教育	統一教育		8			
自己主導的学習	個人別または小集団編成 プロジェクト課題			10	10	10	

③対話録を学校のホームページに掲載する。
④ポスターや絵などの大会を開き，優秀な作品に賞を与える。

　実際にどのような活動が行われているかを知るために，ホームページに載せられた対話録を2つ紹介しよう。

1年生―私のペペへ
　こんにちは。／ペペに会ってから2か月が経ったよ。／まだ花は咲いていないけどすくすくと育っていくあなたを見ると気持ちがよくなるの。／今まで育てた植物はよく枯れてしまったけどこれからは大事にしていきたいな……。／この間，美術の時間にあなたを描いたけど明暗処理がうまくできなくてごめんね。／それじゃ，またあしたね！／お休み！

2年生―物語15番目
私：お〜い。／生命体：なに？／私：花が一本しか咲いていないね？／生命体：そうよ，水が足りないの……。／私：そうか？　ごめんね！　ここ最近急がしくて，すっかり忘れてたんだ。／生命体：まだ大丈夫！　でもこれからは気をつけてね！／私：わかった。明日からは水いっぱいあげるね！／生命体：ありがとう！　でもあまり多いのもよくないのよ！／まだお花は1本しか咲いていないけどがんばっているミンドゥンちゃんがかわいかった！／あまりいろいろやってあげられなくてミンドゥンちゃんに悪いと思ったけど明日からは私もがんばるから枯れないでね！　よろしく！

　活動を指導する日本語教育担当の都京姫先生の評価も紹介しておこう。

　最初は関心がなくても，自分の関わり方で生命体の変化することを知って愛着を持つようになり，自分が必要な存在であることに気づきます。時間が経つとクラスの他の生命体にも関心や愛情を持ち，命の尊さや大事さを理解していくようになります。

　国と文化を超えて，命あるものとの個性豊かな体験活動の重要性を示す2つの対話録と都京姫先生の評価である。さらに，だれもが自由に見ることができる学校のホームページに掲載され，活動実践の表現に賞を与えることにも注目しておきたい。学習の内容や方法だけでなく，評価においても，子どもたちの表現力と情報環境を積極的に活用し，学校の外の世界に開かれること。子どもたちが現実に生きる未来からの要請に応じた問題解決能力の育成を目的とするなら，避けることができない実践例と位置づけたい。

註)
★1　英語・数学・理科の3科目。

★2 技術（デザインと情報，情報技術）・歴史・地理・音楽・美術・体育・現代外国語（中等学校のみ）・公民の 8 科目。

【資料１】 小学校指導要領 第５章 総合的な学習の時間

●第１ 目標

　横断的・総合的な学習や探究的な学習を通して，自ら課題を見付け，自ら学び，自ら考え，主体的に判断し，よりよく問題を解決する資質や能力を育成するとともに，学び方やものの考え方を身に付け，問題の解決や探究活動に主体的，創造的，協同的に取り組む態度を育て，自己の生き方を考えることができるようにする。

●第２ 各学校において定める目標及び内容

１ 目標

　各学校においては，第１の目標を踏まえ，各学校の総合的な学習の時間の目標を定める。

２ 内容

　各学校においては，第１の目標を踏まえ，各学校の総合的な学習の時間の内容を定める。

●第３ 指導計画の作成と内容の取扱い

１ 指導計画の作成に当たっては，次の事項に配慮するものとする。

(1)体計画及び年間指導計画の作成に当たっては，学校における全教育活動との関連の下に，目標及び内容，育てようとする資質や能力及び態度，学習活動，指導方法や指導体制，学習の評価の計画などを示すこと。

(2)地域や学校，児童の実態等に応じて，教科等の枠を超えた横断的・総合的な学習，探究的な学習，児童の興味・関心等に基づく学習など創意工夫を生かした教育活動を行うこと。

(3)第２の各学校において定める目標及び内容については，日常生活や社会とのかかわりを重視すること。

(4)育てようとする資質や能力及び態度については，例えば，学習方法に関すること，自分自身に関すること，他者や社会とのかかわりに関することなどの視点を踏まえること。

(5)学習活動については，学校の実態に応じて，例えば国際理解，情報，環境，福祉・健康などの横断的・総合的な課題についての学習活動，児童の興味・関心に基づく課題についての学習活動，地域の人々の暮らし，伝統と文化など地域や学校の特色に応じた課題についての学習活動などを行うこと。

(6)各教科，道徳，外国語活動及び特別活動で身に付けた知識や技能等を相互に関連付け，学習や生活において生かし，それらが総合的に働くようにすること。

(7)各教科，道徳，外国語活動及び特別活動の目標及び内容との違いに留意しつつ，第１の目標並びに第２の各学校において定める目標及び内容を踏まえた適切な学習活動を行うこと。

(8)各学校における総合的な学習の時間の名称については，各学校において適切に定めること。

(9)第１章総則の第１の２及び第３章道徳の第１に示す道徳教育の目標に基づき，道徳の時間などとの関連を考慮しながら，第３章道徳の第２に示す内容について，総合的な学習の時間の特質に応じて適切な指導をすること。

２ 第２の内容の取扱いについては，次の事項に配慮するものとする。

(1)第２の各学校において定める目標及び内容に基づき，児童の学習状況に応じて教師が適切な指導を行うこと。

(2)問題の解決や探究活動の過程においては，他者と協同して問題を解決しようとする学習活動や，言語により分析し，まとめたり表現したりするなどの学習活動が行われるようにすること。

(3)自然体験やボランティア活動などの社会体験，ものづくり，生産活動などの体験活動，観察・実験，見学や調査，発表や討論などの学習活動を積極的に取り入れること。

(4)体験活動については，第１の目標並びに第２の各学校において定める目標及び内容を踏まえ，問題の解決や探究活動の過程に適切に位置付けること。

(5)グループ学習や異年齢集団による学習などの多様な学習形態，地域の人々の協力も得つつ全教師が一体となって指導に当たるなどの指導体制について工夫を行うこと。

(6) 学校図書館の活用，他の学校との連携，公民館，図書館，博物館等の社会教育施設や社会教育関係団体等の各種団体との連携，地域の教材や学習環境の積極的な活用などの工夫を行うこと。
(7) 国際理解に関する学習を行う際には，問題の解決や探究活動に取り組むことを通して，諸外国の生活や文化などを体験したり調査したりするなどの学習活動が行われるようにすること。
(8) 情報に関する学習を行う際には，問題の解決や探究活動に取り組むことを通して，情報を収集・整理・発信したり，情報が日常生活や社会に与える影響を考えたりするなどの学習活動が行われるようにすること。

【資料２】　中学校学習指導要領　第４章　総合的な学習の時間

● 第１　目標
　横断的・総合的な学習や探究的な学習を通して，自ら課題を見付け，自ら学び，自ら考え，主体的に判断し，よりよく問題を解決する資質や能力を育成するとともに，学び方やものの考え方を身に付け，問題の解決や探究活動に主体的，創造的，協同的に取り組む態度を育て，自己の生き方を考えることができるようにする。

● 第２　各学校において定める目標及び内容
１　目標
　各学校においては，第１の目標を踏まえ，各学校の総合的な学習の時間の目標を定める。
２　内容
　各学校においては，第１の目標を踏まえ，各学校の総合的な学習の時間の内容を定める。

● 第３　指導計画の作成と内容の取扱い
１　指導計画の作成に当たっては，次の事項に配慮するものとする。
(1) 全体計画及び年間指導計画の作成に当たっては，学校における全教育活動との関連の下に，目標及び内容，育てようとする資質や能力及び態度，学習活動，指導方法や指導体制，学習の評価の計画などを示すこと。その際，小学校における総合的な学習の時間の取組を踏まえること。
(2) 地域や学校，生徒の実態等に応じて，教科等の枠を超えた横断的・総合的な学習，探究的な学習，生徒の興味・関心等に基づく学習など創意工夫を生かした教育活動を行うこと。
(3) 第２の各学校において定める目標及び内容については，日常生活や社会とのかかわりを重視すること。
(4) 育てようとする資質や能力及び態度については，例えば，学習方法に関すること，自分自身に関すること，他者や社会とのかかわりに関することなどの視点を踏まえること。
(5) 学習活動については，学校の実態に応じて，例えば国際理解，情報，環境，福祉・健康などの横断的・総合的な課題についての学習活動，生徒の興味・関心に基づく課題についての学習活動，地域や学校の特色に応じた課題についての学習活動，職業や自己の将来に関する学習活動などを行うこと。
(6) 各教科，道徳及び特別活動で身に付けた知識や技能等を相互に関連付け，学習や生活において生かし，それらが総合的に働くようにすること。
(7) 各教科，道徳及び特別活動の目標及び内容との違いに留意しつつ，第１の目標並びに第２の各学校において定める目標及び内容を踏まえた適切な学習活動を行うこと。
(8) 各学校における総合的な学習の時間の名称については，各学校において適切に定めること。
(9) 第１章総則の第１の２及び第３章道徳の第１に示す道徳教育の目標に基づき，道徳の時間などとの関連を考慮しながら，第３章道徳の第２に示す内容について，総合的な学習の時間の特質に応じて適切な指導をすること。
２　第２の内容の取扱いについては，次の事項に配慮するものとする。
(1) 第２の各学校において定める目標及び内容に基づき，生徒の学習状況に応じて教師が適切な指導を行うこと。
(2) 問題の解決や探究活動の過程においては，他者と協同して問題を解決しようとする学習活動や，

言語により分析し，まとめたり表現したりするなどの学習活動が行われるようにすること。
(3)自然体験や職場体験活動，ボランティア活動などの社会体験，ものづくり，生産活動などの体験活動，観察・実験，見学や調査，発表や討論などの学習活動を積極的に取り入れること。
(4)体験活動については，第1の目標並びに第2の各学校において定める目標及び内容を踏まえ，問題の解決や探究活動の過程に適切に位置付けること。
(5)グループ学習や異年齢集団による学習などの多様な学習形態，地域の人々の協力も得つつ全教師が一体となって指導に当たるなどの指導体制について工夫を行うこと。
(6)学校図書館の活用，他の学校との連携，公民館，図書館，博物館等の社会教育施設や社会教育関係団体等の各種団体との連携，地域の教材や学習環境の積極的な活用などの工夫を行うこと。
(7)職業や自己の将来に関する学習を行う際には，問題の解決や探究活動に取り組むことを通して，自己を理解し，将来の生き方を考えるなどの学習活動が行われるようにすること。

【資料3】　総合的な学習の時間に関する改善の基本方針

　総合的な学習の時間は，変化の激しい社会に対応して，自ら課題を見付け，自ら学び，自ら考え，主体的に判断し，よりよく問題を解決する資質や能力を育てることなどをねらいとすることから，思考力・判断力・表現力等が求められる「知識基盤社会」の時代においてますます重要な役割を果たすものである。
　総合的な学習の時間については，その課題を踏まえ，基礎的・基本的な知識・技能の定着やこれらを活用する学習活動は，教科で行うことを前提に，体験的な学習に配慮しつつ，教科等の枠を超えた横断的・総合的な学習，探究的な活動となるよう充実を図る。このような学習活動は，子どもたちの思考力・判断力・表現力等をはぐくむとともに，各教科における基礎的・基本的な知識・技能の習得にも資するなど教科と一体となって子どもたちの力を伸ばすものである。
(中央教育審議会『幼稚園，小学校，中学校，高等学校及び特別支援学校の学習指導要領等の改善について（答申）』　2008年1月17日　より)

【資料4】　体験活動の充実

　現在，特別活動や総合的な学習の時間などにおいて行われている様々な体験活動の一層の充実を図ることが必要である。その際，体験活動をその場限りの活動で終わらせることなく，事前に体験活動を行うねらいや意義を子どもに十分に理解させ，活動についてあらかじめ調べたり，準備したりすることなどにより，意欲をもって活動できるようにするとともに，事後に感じたり気付いたりしたことを自己と対話しながら振り返り，文章でまとめたり，伝え合ったりすることなどにより他者と体験を共有し，広い認識につなげる必要がある。これらの活動は，国語をはじめとする言語の能力をはぐくむことにもつながるものである。
(中央教育審議会『幼稚園，小学校，中学校，高等学校及び特別支援学校の学習指導要領等の改善について（答申）』　2008年1月17日　より)

【資料5】　言語活動の充実

　国語以外の各教科や総合的な学習の時間等においても，様々な言語活動を通して言語能力を身に付ける指導が必要である。(中略)
　総合的な学習の時間は，「各教科で身に付けた知識や技能等を相互に関連付け，学習や生活に生かし，それらが総合的に働くようにする」というねらいのもとに実施されるものであり，PISA調査における，知識・技能を幅広く活用する力を評価するとの趣旨と合致している。また，具体的な学習に当たっても，児童生徒が自ら調べ・まとめ・発表するなどの活動が行われているが，これは，テキストから情報を取り出し，解釈し，熟考し，自分の意見を論ずることを内容とする「読解プロセス」と相通

ずるものがある。したがって，読解力の育成に当たっては，総合的な学習の時間において，体験活動等を通して芽生えた課題意識を基にして，課題の解決に必要な情報を獲得し，それを自分の知識・技能と結び付け，自分なりの考えを深め，自分なりの言葉でまとめ，表現するところまで含めて学習を完結させることが期待されるところである。その際，統計資料や測定データなどを活用して論理的な文章を書くこと，自分の考えを数式などを使って説明することなどの活動も有効なものと考える。
(文部科学省『読解力向上に関する指導資料』 2005年12月 より)

【資料6】　総合的な学習の時間における指導計画の作成

[指導計画の要素]
　総合的な学習の時間の指導計画の作成に際しては，以下の七つについて考える必要がある。
1) この時間を通してその実現を目指す「目標」
2) 目標を実際の学習活動へと実践化するために，より具体的・分析的に示した「育てようとする資質や能力及び態度」
3) 「目標」の実現にふさわしいと各学校が判断した学習課題からなる「内容」。この「内容」を定めるに当たっては，学習対象や学習事項等によって，学習課題を具体的・分析的に示すことが考えられる。
4) 「内容」とのかかわりにおいて実際に児童が行う「学習活動」。これは，実際の指導計画においては，児童にとって意味のある問題の解決や探究活動のまとまりとしての「単元」，さらにそれらを配列し，組織した「年間指導計画」として示される。
5) 「学習活動」を適切に実施する際に必要とされる「指導方法」
6) 「学習の評価」。これには，児童の学習状況の評価，教師の学習指導の評価，1)～5)の適切さを吟味する指導計画の評価が含まれる。
7) 1)～6) の計画，実施を適切に推進するための「指導体制」

[全体計画と年間指導計画]
　全体計画とは，指導計画のうち，学校として，この時間の教育活動の基本的な在り方を示すものである。具体的には，各学校において定める目標，育てようとする資質や能力及び態度，内容について明記するとともに，学習活動，指導方法，指導体制，学習の評価等についても，その基本的な内容や方針等を概括的・構造的に示すことが考えられる。
　一方，年間指導計画とは，全体計画を踏まえ，その実現のために，どのような学習活動を，どのような時期に，どのように実施するか等を示すものである。具体的には，1年間の時間的な流れの中に単元を位置付けて示すとともに，学校における全教育活動との関連に留意する観点から，必要に応じて各教科，道徳，外国語活動及び特別活動における学習活動も書き入れ，総合的な学習の時間における学習活動との関連を示すことなどが考えられる。
　このように，全体計画を単元として具体化し，1年間の流れの中に配列したものが年間指導計画であり，年間指導計画やそこに示された個々の単元の成立の拠り所を記したものが全体計画であり，この二つは関連し対応する関係にある。したがって，各学校においては，それぞれを立案するとともに，二つの計画が関連をもつように，十分配慮しながら作成に当たる必要がある。
(文部科学省『小学校学習指導要領解説　総合的な学習の時間編』2008年8月　より)

【資料7】　総合的な学習の実施による特別活動の代替

　5　総合的な学習の時間における学習活動により，特別活動の学校行事に掲げる各行事の実施と同様の成果が期待できる場合においては，総合的な学習の時間における学習活動をもって相当する特別活動の学校行事に掲げる各行事の実施に替えることができる。

本項の記述は，総合的な学習の時間においてその趣旨を踏まえると同時に，特別活動の趣旨をも踏まえ，体験活動を実施した場合に特別活動の代替を認めるものであって，特別活動において体験活動を実施したことをもって総合的な学習の時間の代替を認めるものではない。また，総合的な学習の時間において体験活動を行ったことのみをもって特別活動の代替を認めるものでもなく，望ましい人間関係の形成や公共の精神の育成といった特別活動の趣旨を踏まえる必要があることは言うまでもない。このほか，例えば，補充学習のような専ら特定の教科の知識・技能の習得を図る学習活動や運動会のような特別活動の健康安全・体育的行事の準備などを総合的な学習の時間に行うことは，総合的な学習の時間の趣旨になじまないことは第5章総合的な学習の時間に示すとおりである。
(文部科学省『小学校学習指導要領解説　総則編』2008年8月　より)

■引用・参考文献■

■序章
中央教育審議会　2008　（答申）幼稚園，小学校，中学校，高等学校及び特別支援学校の学習指導要領等の改善について（2008年1月17日）
文部科学省　2008　小学校学習指導要領

■1章
中央教育審議会　1996　（第一次答申）21世紀を展望した我が国の教育の在り方について（1996年7月19日）
中央教育審議会　2003　（答申）初等中等教育における当面の教育課程及び指導の充実・改善方策について（2003年10月7日）
中央教育審議会　2005　（答申）我が国の高等教育の将来像（2005年1月28日）
中央教育審議会　2008　（答申）幼稚園，小学校，中学校，高等学校及び特別支援学校の学習指導要領等の改善について（2008年1月17日）
教育課程審議会　1998　（答申）幼稚園，小学校，中学校，高等学校，盲学校，聾学校及び養護学校の教育課程の基準の改善について（1998年7月29日）
文部科学省　1998　小学校学習指導要領
文部科学省　1998　中学校学習指導要領
文部科学省　1999　小学校学習指導要領解説　総則編（2004年3月一部補訂）
文部科学省　1999　中学校学習指導要領解説　総則編（2004年3月一部補訂）
文部科学省　2008　小学校学習指導要領
文部科学省　2008　中学校学習指導要領
文部科学省　2008　小学校学習指導要領解説　総合的な学習の時間編
文部科学省　2008　中学校学習指導要領解説　総合的な学習の時間編
文部科学省教育課程課　2007　初等教育資料　12月号　東洋館出版

■2章
中央教育審議会　1996　（第一次答申）21世紀を展望した我が国の教育の在り方について（1996年7月）
中央教育審議会　2008　（答申）幼稚園，小学校，中学校，高等学校及び特別支援学校の学習指導要領等の改善について（2008年1月17日）
原田信之（編著）　2008　平成20年度改訂中学校教育課程講座総合的な学習の時間　ぎょうせい
文部科学省　2005　読解力向上に関する指導資料―PISA調査（読解力）の結果分析と改善の方向（2005年12月）

■3章
光村図書　2005　国語六（上）創造・（下）希望
文部科学省　2008　小学校学習指導要領（平成20年3月公示）
東京書籍　2005　新しい社会6（上）・（下）
山形県立高富小学校　2007　平成19年度指導計画・便利帖綴り
山形県立高富小学校　2007　総合的な学習の時間　全体計画
山形県立高富小学校　2007　「つけたい力」表
山形県立高富小学校　2007　教科との関連表

■4章
【1節】

横浜国立大学教育人間科学部附属横浜小学校（編）　2000　子どもがつくる総合学習―総合単元の開発と学年プラン　東洋館出版社

【3節】

越谷市立越ヶ谷小学校　2001　平成13年度　研究紀要　pp.25-26.
埼玉県総合教育センター　2006　平成18年度小中高の系統的指導法開発実践講座報告書
　　http://www.center.spec.ed.jp/d/h18/h18-da08/index.htm（2009年5月閲覧）

■5章
【1節】

中央教育審議会　2008　（答申）幼稚園，小学校，中学校，高等学校及び特別支援学校の学習指導要領等の改善について（2008年1月17日）
京都市立御所南小学校　2007　学校大好き！　コミュニティ・スクール

【2節】

熊谷市教育委員会　2005　コンピュータ操作児童生徒用個人カルテ
熊谷市立西小学校　2005　わくわくタイム活動記録表
熊谷市立大原中学校　2007　総合的な学習の時間評価規準表
文部科学省　2008　中学校学習指導要領　総則編
村川雅弘、2005　『総合的な学習』の「これまで」と「これから」　SCS講義
埼玉県教育委員会　2001　埼玉県中学校教育課程指導資料
埼玉県教育委員会　2002　埼玉県中学校教育課程評価資料
埼玉県教育委員会　2003　埼玉県中学校教育課程指導実践事例集

■6章
【1節】

EBCC Institute for Citizenship Education and Teacher Preparation and the Elementary Level of the EBCC Charter School　2003　*Service-Learning as Civic Engagement: A Resource Guide for the Elementary Grades.*

National Commission on Service-Learning　2002　*Learning in Deed: The power of service-learning for American schools.*

Skinner, R. & Chapman, C.　1999　*Service-Learning and Community Service in K-12 Public Schools.* National Center for Education Statistics.
http://nces.ed.gov/pubs99/1999043.pdf（2009年7月閲覧）

【2節】

Central Advisory Council for Education　1967　*Children and their primary schools* ('The Plowden Report'), London: Her Majesty's Stationery Office.
Department for Children, Schools and Families　2006　*Primary framework for literacy and mathematics.*
稲垣忠彦（編）　1984　子どものための学校 イギリスの小学校から　東京大学出版社
Qualifications and Curriculum Authority　2002　*Designing and timetabling the primary curriculum: A practice guide for key stages 1 and 2*, p.33.

【3節】
BMBF（Hrsg.） 2003 *Zur Entwicklung nationaler Bildungsstandards—Eine Expertise.*
Gesellschaft für Didaktik des Sachunterrichts (GDSU) 2002 *Perspektivrahmen Sachunterricht.* Klinkhardt.
原田信之（編著） 2007 確かな学力と豊かな学力（「ドイツの教育改革と学力モデル」参照） ミネルヴァ書房 pp. 77-103.
(MBJSと略記) Ministerium für Bildung, Jugend und Sport des Landes Brandenburg, Senatsverwaltung für Bildung, Jugend und Sport Berlin, Ministerium für Bildung, Wissenschaft und Kultur des Landes Mecklenburg-Vorpommern (Hrsg.) 2004 Rahmenlehrplan Grundschule Sachunterricht.
Rychen, D. S. & Salganik, L. H. (Eds.) 2003 *Key competencies for a successful life and a well—functioning society.* Cambridge, MA: Hogrefe & Huber. 今西幸蔵他（訳） 2006 キー・コンピテンシー──国際標準の学力をめざして── 明石書店
Senatsverwaltung für Bildung, Jugend und Sport (Hrsg.) 2006 Bildung für Berlin, Schulentwicklungsplan für die Jahre 2006 bis 2011.
Weinert, F. E. 2001 Vergleichende Leistungsmessung in Schulen—eine umstrittene Selbstverständlichkeit. In: Weinert F. E. (Hrsg.), *Leistungsmessungen in Schulen.* Beltz Verlag.

【4節】
フランス国民教育省 2008 中学校中間サイクルの教育課程
http://www.education.gouv.fr/cid80/horaires-par-cycle.html（2009年6月閲覧）
Ministere Education Nationale Enseignement Superieur Recherche 2006 Liste des thémes de TPE de la classe de premiére des séries générales en vigueur à la rentrée de l'annee scolaire 2008-2009.
http://www.education.gouv.fr/bo/2008/25/MENE0800484N.htm（2009年7月閲覧）

【5節】
Nevalainen, R., Kimonen, E., & Hämäläinen, S. 2001 Curriculum changes in the Finnish comprehensive school: The lessons of three decades. In E. Kimonen (Ed.), *Curriculum Approaches.* Jyväskylä: University Printing House. pp. 123-138.
Nikkanen, P., & Lyytinen, H. K. 1996 *Oppiva koulu ja itsearviointi.* Jyväskylä: Jyväskylän yliopisto. pp. 51-57.
Opetushallitus 1994 *Peruskoulun opetussuunnitelman perusteet 1994.* Helsinki: EDITA Oy. pp. 28-33.
Opetushallitus 2004 *Perusopetuksen opetussuunnitelman perusteet 2004.* Vammala: Vammalan Kirjapaino Oy. pp. 36-41.
Rauste-von Wright, M., & von Wright, J. 1995 *Oppiminen ja koulutus.* Porvoo: WSOY. p. 132.

【巻末資料】
文部科学省 2005 読解力向上に関する指導資料
文部科学省 2008 小学校学習指導要領（2008年3月）
文部科学省 2008 中学校学習指導要領（2008年3月）
中央教育審議会 2008 （答申）幼稚園，小学校，中学校，高等学校及び特別支援学校の学習指導要領等の改善について（2008年1月17日）
文部科学省 2008 小学校学習指導要領解説 総則編（2008年8月）
文部科学省 2008 小学校学習指導要領解説 総合的な学習の時間編（2008年8月）

索 引

●あ行
生きる力　13, 15, 31

●か行
外国語活動との関係　25
学習課題　23, 47, 52, 59
学習活動　52
学習過程の展開　67
学習カルテ　119
学習観　4
学習事項　37, 45
学習の評価の計画　45
学習の履歴　102
学力ショック　140
学校教育課程運営計画　156
学校教育法施行規則　20, 35
学校に基礎をおくカリキュラム開発　34
カリキュラム開発　139
カリキュラムに関する研修　110
環境教育　152
環境問題　7, 26

キー・コンピテンシー　29, 33
起業学習　84
起業家精神　152
キャリア教育　84
教育スタンダード　140
教科横断的テーマ　151, 152
教科との関連表　61
教材の価値　72
教師の指導力　71
協同的な学び　40
協同の学び　82

経験主義モデル　150
経験の連関性　144
研究組織　108
言語活動　21, 37
現代的課題　34

行為コンピテンシー　142
行為における学習　132

校種縦断型の組織　109
交流活動　80
コーディネーター　118
国際理解教育　152
コミュニケーション力　115
コミュニティ・サービス　131
コンテント・スタンダーズ　136
コンピテンシー　142
コンピテンシー・ファクター　142

●さ行
サービス・ラーニング　132
裁量活動　154

資格カリキュラム庁　139
自己コンピテンシー　143
自己主導的学習　157
自己の生き方　5
事実教授　141
事象コンピテンシー　142
自尊感情　6
指導計画　33
指導付個人学習　148
指導方法　52
市民的資質　133
社会コンピテンシー　143
消費者教育　152
情報活用力　115
職業選択　10
職場体験　9

全国共通テスト　138
全体計画　44, 50
全米サービス・ラーニング委員会　132

相互評価　129
総則　26
育てようとする資質や能力及び態度　6, 7, 24, 45, 50, 55, 65, 72

●た行
体験型の研修　128
体験活動　21, 26, 36, 39, 42, 49
探究的な学習　15, 19, 21, 37, 39, 47, 49, 67
単元計画　48, 65
単元構想図　111
単元構想力　73
単元配列の構造　47

地域人材　118
知識基盤社会　13, 18, 35

索 引

知の総合化　33,141

DeSeCo 報告書　142

特別活動との関係　25
トピック学習　137

●な行
内容の連関性　144
ナショナル・カリキュラム　138
7つの行動分野　140

年間指導計画　46,61

●は行
発見の過程　146

PISA 型読解力　26,37,114
ビオトープ　77

評価規準　102,122
評価計画　125
評価の研修　116
評価の方法　48

プラウデン報告書　137
プロジェクト学習　146

方法コンピテンシー　143
ポートフォリオ　102

●ま行
学び方段階表　100

問題解決　3,5,11
問題解決力　81

●わ行
ワークショップ型研修会　128

執筆者一覧（執筆順）

嶋野　道弘	文教大学教育学部	序章
田村　　学	文部科学省初等中等教育局教育課程課	1章
原田　信之	岐阜大学大学院教育学研究科	2章，6章3節
大村　統子	岐阜県教育委員会	3章
大内美智子	横浜市立川上北小学校	4章1節
山田　　智	柏崎市立第一中学校	4章2節
竹森　　努	三郷市立前間小学校	4章3節
西　孝一郎	京都市立御所南小学校	5章1節
芳川　貴史	熊谷市立大幡中学校	5章2節
中野　真志	愛知教育大学生活科教育講座	6章1節
冨田　福代	関西国際大学大学院人間行動学研究科	6章2節
古賀　　毅	日本橋学館大学リベラルアーツ学部	6章4節
渡邊　あや	熊本大学大学教育機能開発総合研究センター	6章5節
馬居　政幸	静岡大学教育学部	6章6節

編者紹介

田村　学（たむら・まなぶ）

1962年　新潟県生まれ
現　在　文部科学省初等中等教育局教育課程課　教科調査官
　　　　国立教育政策研究所教育課程研究センター　教育課程調査官
　　新潟大学教育学部卒業。新潟県の上越市立大手町小学校や上越教育大学附属小学校で生活科・総合的な学習の時間を実践。研究主任などを経験し、カリキュラム開発に取り組む。日本生活科・総合的学習教育学会常任理事。文部科学省の小・中・高等学習指導要領解説（総合的な学習の時間編）編集担当者。

著　書
　　いのちを育てる総合学習　全6巻（単著）　童心社　2001‐2002年
　　読解力向上をめざした授業づくり（共編著）　東洋館出版社　2006年
　　番町小発新学習指導要領の方向性を踏まえた言葉と体験でつくる理科・生活科の授業（監修・分担）　東洋館出版社　2007年
　　新学習指導要領を生かした「生活科」「総合」の授業づくり（監修・分担）　小学館　2008年

原田信之（はらだ・のぶゆき）

1963年　岡山県生まれ
現　在　岐阜大学大学院教育学研究科（教職大学院）准教授（博士・教育学）
　　創価大学大学院教育学研究科博士後期課程単位取得退学。ドイツの大学で客員研究員（エッセン大学，ヒルデスハイム大学）や客員教授（オルデンブルク大学）を歴任。日本生活科・総合的学習教育学会常任理事。文部科学省の小・中学校学習指導要領解説（総合的な学習の時間編）作成協力者。

著　書
　　子どもが生きている授業（共編著）　北大路書房　1994年
　　21世紀の学校をひらくトピック別総合学習（共編著）　北大路書房　1999年
　　教育方法・技術と実践理念（編訳）　北大路書房　2004年
　　学び続ける学校（共編著）　東洋館出版社　2006年
　　確かな学力と豊かな学力（編著）　ミネルヴァ書房　2007年
　　平成20年改訂中学校教育課程講座　総合的な学習の時間（編著）　きょうせい　2008年　ほか

リニューアル 総合的な学習の時間

| 2009年10月20日 | 初版第1刷印刷 | ＊定価はカバーに表 |
| 2009年10月30日 | 初版第1刷発行 | 示してあります。 |

編 著 者　　田　村　　　　学
　　　　　　原　田　信　之
発 行 所　　㈱北大路書房

〒603-8303　京都市紫野十二坊町12-8
　　　　　電　話　(075) 431-0361㈹
　　　　　Ｆ Ａ Ｘ　(075) 431-9393
　　　　　振　替　01050-4-2083

© 2009　　　　　　　印刷・製本／創栄図書印刷㈱
検印省略　乱丁・落丁はお取り替えいたします。
　　　ISBN978-4-7628-2695-5　Printed in Japan